王人博 等——著

洋为中用

——中国法政知识考古——

北京大学出版社
PEKING UNIVERSITY PRESS

目 录

序言：中国宪制中的概念和术语　　　　　　王人博　001

论宪法中的人民概念　　　　　　　　　　　杨　陈　001

"共和"考论　　　　　　　　　　　　　　　刘艺灵　053

宪政的中国语境　　　　　　　　　　　　　王人博　083

宪法概念的起源及其流变　　　　　　　　　王人博　117

"国体"词义考　　　　　　　　　　　　　　王本存　139

庶民的胜利
　　——中国民主话语考论　　　　　　　　王人博　181

民权词义考论　　　　　　　　　　　　　　王人博　223

中国现代性的椭圆结构
　　——"八二宪法"中的"建设者"述论　　王人博　267

序言：中国宪制中的概念和术语

王人博

一

这是由我和三位年轻人共同完成的一本有关中国宪制文化方面的书。我们探讨了深刻影响中国宪制制度以及文化的几个关键性概念，诸如人民、宪政、民主、民权、共和、国体等。中国宪制研究有诸多范式和方法，我们选择的是从基本概念入手。选择这样一种学术立场，主要基于以下考虑：宪制制度及其历史的演进都依赖观念，而一种观念的确立与更替则与概念的运用密切相关。这是一个保守的说法。我们的本意是：观念先于制度，概念的运用体现了观念的形态和式样。观念的变化依赖新概念的出现，或是同一概念意涵的递进与增减。概念有自己的身世，正如宪制本身有自己的历史过程一样。每一个概念都包含着生成、生长、死亡(被另一新概念代替)的全过程。一个概念的出现既可能"内生"，也可能"外来"，而中国宪制文化的这些概念大都是"外来"的。这决定了其自身"生长"的复杂性：它们必须穿上中国的衣服(语言)，并随中国历史、现实的需要而变换自身。概念还是原来的那个概念，但衣服面料和里子则全换了，这便是蕴涵的改写。概念支撑了宪制的语言。它既改变了历史，也重塑了现实。

二

众所周知,中国宪制发端于"近代",是中国"近代"自身的产物。其界标就是那个被无数次说起的年份——1840年。这之前,中国的现状再不济,中国人依靠自立的制度和文化处理问题的信心还是有的。1840年之后,面对这个"三千年未有之大变局"(李鸿章语),中国人依靠传统智慧与经验处理复杂的现实问题越来越吃力,而对付艰难时局也总是捉襟见肘,缺乏有效的路子。在窘迫面前,能提出"师夷长技以制夷"这样的方略,对经世致用的儒家官僚知识分子而言并不是一件太难的事。这些人既能唱为万世开太平的高调,也能实实在在面对问题。"学习",先从易处下手,正如一个人的开蒙要先从小学开始一样。从某种意义上说,中国宪制制度与文化的生成就是向西洋(列强)学习的结果。学习首先要理解学习的对象,懂得他们的语言以及由概念、术语组织起来的思想、观念。这关涉两种文化之间的"翻译"。没有翻译就没有理解,因为让每个人离开自己的母语去阅读是不现实的,掌握自己母语之外的"专业"更是不可能。学习是一个由简单到复杂、由浅显到深入的过程。

三

早在16世纪末17世纪初,来华传教的天主教传教士就把西语中的宗教以及部分科学概念、术语翻译成中文,介绍给中国人。这些最早来自西洋的陌生知识被部分地收进清代的《四库全书》。

事实上,这类知识并没有引起中国儒家官僚知识分子的多大兴致——对于一个思想、精神自立的文明体而言——它们被看作多余的东西也合情合理。进入19世纪以来,基督教新教传教士不断涌入中国,为了其神圣的传教事业,他们对翻译自己的文化产品给中国人投入了极大热情,为此还编纂了类似于辞典的外语工具书。西洋的自然科学,以及有关的基本政治、地理概念、术语开始比较系统地进入汉语系统。至19世纪60年代,清政府为了推行洋务运动,外语学校在中国本土也随之开办起来。其师资既有专门聘请的外语教师,也有深通中外语言的传教士。后者在这一时期的译介活动异常活跃,引人注目的变化是,除了与富强直接相关的科技概念、术语大量输入汉语以外,其对政治、法律制度与文化的翻译也开始增多起来,一大批有关这方面的词汇进入汉语语言。1864年美国传教士丁韪良翻译完成的《万国公法》(《国际法原理》)是其标志。这些被译成汉字汉语的概念、术语也传至同一时期的日本,并系统地进入日语成为日语汉字词汇,为日本的近代化找到了合适的语言表达底座。19世纪90年代,随着中国在甲午战争中失败,日本在中西关系中的重要性日益凸显出来。中国把日本看作学习西洋成功的典范,而日本也陶醉于自己的这个角色。这带来了双重结果:一方面,日本不再从中国输入由传教士发明的那些有关政治、法律方面的汉字概念、术语,而开始了自己创造(翻译)汉字新概念、新词语的工作。从表面看,因为传教士的翻译大多是由传教士本人口授,然后由其中国助手通过记录而完成的,它通常被中国的儒家士大夫官僚诟病缺乏汉语的美感——"雅训"(文体的美感);而从深层看,中国败北于一直被自己看轻的日本,这也间接说明了传教士在中国传播西洋新概念、新知识的事业并不成功。另一方面,不管出于哪种原因,中国士大夫官僚也放弃了传教士的努力:一是大量接受来自日本翻译的汉字概念和词汇,二是着手自己翻译。后者主要集中在社会科学方面,包括宪制制度和文化。严复是其中一位出色的典范。他不但翻译了西洋社会科学作品,创造了至今仍被沿用的概念和术语,而且确立了汉语翻译的三个原则:信、达、雅。这里顺便提及一个概念史研究的小事:传教士翻译创造的汉语借词有不少既为中国的翻译者援用,比如严复,而且也传至日本为日语所吸收。问题在于,严复使用的汉语概念和术语哪些是取自传教士,哪些是他自己的创造? 从日本传至中国的汉语借词哪些是日本自己的发明,哪些是来自中国的传教士? 对此,要作出细致的区分并不是一件轻松的事情。比如,自由这个术语,通常认为它是严复对英语的 liberty 的汉语翻译,但现有文献显示是严复对传教士翻译的沿用;一般认为"进化"这个词语是日本创制,传至中国的,但严复在译制赫胥黎的《天演论》(《进化论与伦理学》)时,就同时使用了"天演"和"进化"两个词语。"天演"是严复对英语 evolution 所发明的汉语借词,强调的是 evolution 的自然进程这一特征,而日语将其译作汉字的"进化";严复倾向于把英语的 civilization 翻译为"进化",凸显的是人的作为,带有进步的观念。① 这两个译词的区分——在今天——是不能被忽略的。

---

① 参见沈国威:《近代中日词汇交流研究:汉字新词的创制、容受与共享》,中华书局 2010 年版,第 168 页。

四

国内观念史的研究者把有关中国宪制制度与文化的外来词在本土的变迁划分为三个阶段:从鸦片战争到19世纪80年代末被看作第一阶段,其主要特征是中国知识官僚阶层对来自西洋的宪制概念和术语习惯于以自己的儒学知识修养和标准去理解和把握,如对议院、民权、民主、权利等的态度便是如此;第二阶段大致是从甲午战争到1919年,这个时期是中国知识官僚阶层,特别是处在权力中心之外的知识者尝试根据外来概念、术语、思想、原理的本有蕴涵进行理解和学习;第三阶段是以1919年(中国现代史开端)为始点,中国知识阶层抛弃了从日本"进口"借词的途径,真正开始了自己的创制阶段,创制既包括自己的译介,也包括对这些外来知识进行消化的"本土化"工作,形成了中国自己的思想和观念体系。①

不难看出,这种划分的基准与其说是观念史本身的,不如说是按历史的通行标准对概念的自身意义所作的人为切分。而我们的工作方式与从"现在"出发去回溯"过往"的这一方法有明显区别;我们受惠于这两位研究者已有研究的地方良多,但我们之间的志趣与求取的结论以及求取的方式并不一致。

---

① 参见金观涛、刘青峰:《观念史研究——中国现代重要政治术语的形成》,法律出版社2009年版,第7—11页。

五

按照爱德华·萨丕尔(Edward Sapir, 1884—1939)的观点，"语言有个底座"，这便是种族和文化。语言是无法"脱离社会流传下来的、决定我们生活面貌的风俗和信仰的总体"①而存在的。即使我们对自然界的认知也无法避免语言的文化语境，语言与文化的民族性自始至终都以一种辩证的方式存在着。语言是在文化语境中存在和被使用的，文化研究本质上就是语境研究。从这个意义上说，中国近代与西洋遭遇就是两种语言、两种文化语境的碰撞。中国只有被置于西洋自身的文化语境里才能被西洋理解；西洋必须把中国从其民族精神表征的汉语方块字中剥离出来，拉入自己的字母文字中，才能把握中国；中国在其自身的语言、文化中的意义也就在西洋的语言、文化中被重置和再生，西洋里的"中国"必然染有字母文字的意味。

同样道理，中国近代学习西洋的过程，也是把西洋的字母文字所组织的语言与文化从原有的语境中拖出来，重置于中国文化历史语境之中。"学习"就是语境的转换与生成。一个成功的经验总是离不开主体的历史性，包括精神的、心理的、情感的等经历，而学习就是把经验中那些无法复制的东西剔除，把剩下有关"教诲"的部分植入另一个过程之中，在新的语境下变成自己的东西。就拿本书讨论的"宪政""宪法"概念为例：汉语的"宪政"概

---

① 〔美〕爱德华·萨丕尔：《语言论——言语研究导论》，陆卓元译，商务印书馆1985年，第186页。

念是从英语的 constitutionalism 移译而来。同时,它也可翻译为汉语的"立宪""宪制""宪治"等。这样一来,constitutionalism 就与汉语的"宪政""宪制(治)""立宪"建立了某种等值关系。在英语中,constitutionalism 与 constitution 密切相关,后者在汉语里被译作"宪法"。(严复对这个来自日语的翻译一直存有不满,但最终还是沿用了这个日语译词) constitution 无论在英国历史文化中具有何种意义,它一旦进入中国的语言文化语境,就无法割断与汉字"宪"(憲)与"法"的意义粘连和想象。本书讨论的其他概念如人民、民主、共和、国体也存在"人"与"民"、"民"与"主"、"共"与"和"、"国"与"体"类似的文化机制。也就是说,作为译体语的汉语文字无论如何努力保持住它在源语言中的原意,都无法完全剔除汉语文字附加在它上面的意义。从这个意义上讲,constitution 与"宪法"并不是等值关系,而是再生关系。

与此相联系,constitutionalism 与汉语"立宪"的不同也就是语境的差异。前者在英国的历史文化语境中,是以 constitution 为基点,历经历史的政治变迁所形成的一种政治形态。它既深嵌于英国的政治文化之中,又是不同历史时期各种政治社会因素碰撞、妥协、混融而演进的结果。它既源于英国传统又异于传统,是一种带有限权性质的现代性政治类型。而一旦 constitutionalism 转换成汉语的"立宪"二字,它就脱离了原有的语境,被重置于中国文化语言之内,与中国现实的某种欲求发生粘连,具有改革、改制、革命、新生的中国意义,蕴含着中国成为一个现代国家的希望、目标和理想。

六

正如生活的表白虽与生活的现象密切相关却对之不构成任何重要性,译作也由原作生发出来。不过它由以生发出来的不是原作的生命,而是原作的来世。翻译总是晚于原作,世界文学的重要作品也从未在问世之际就有选定的译者,因而它们的译本标志着它们生命的延续。①

这是瓦尔特·本雅明在《译作者的任务——波德莱尔〈巴黎风光〉译者导言》文中的一段话。"译作是原作的来世"是一个绝妙的思想,也只有本雅明会这样思考问题。两种文化语言之间之所以"可译",本雅明将其归因于人类语言之间的"亲族关系",如方块字汉语与字母文字的西语之间。为了说明这种亲族关系,本雅明特别强调了"血亲间并不一定貌似"这一点。这恰是汉语与西语之间的亲族关系的典型特征。"语言"在其本源意义上是人类的专属特征。虽然一个人听不懂另一个人说的话,但对其表征语言的文字通过相互学习是能够彼此理解对方的。这一点,是人与动物最大的区别:我们能够理解人类之间不同语言所指向的意义,但人并不能真正理解猫叫的意思。动物的"叫声"不能归属于"说话"(语言)的范畴。从这个意义上讲,人类之间存在着一种共同的"纯粹语言",无论原作还是译作都从它那里领受意义。这里的汉语"宪制",它作为译体词既是对本源词 constitutionalism 的

---

① 〔德〕汉娜·阿伦特编:《启迪——本雅明文选》,生活·读书·新知三联书店 2008 年版,第 83 页。本篇为张旭东译。

更新和补充,也是人类有关这方面的"纯粹语言"的存在形式,尽管它是以 constitutionalism 的"来世"的面貌出现的:"原作在它的来世里必须经历其生命中活生生的东西的改变和更新,否则就不成其来世。"①与此相关的"人民""民主""民权""共和""国体"等,都可以被看作是对宪制文化"原作"的改变与更新,是它们在异域中国的"来世"与再生。本雅明接着说道:

> 单由身世渊源来定义亲族是不够的,尽管在定义其狭义用法上,起源的概念仍然必不可少。除了在对历史的思考中,我们还能在哪儿找到两种语言间的联系呢?……任何超历史的语言间的亲族关系都依赖于每一种语言各自的整体之下的意图,不过这种意图并不是任何语言能够实现,而是实现于这些意图的互补的总体之中。这个总体不妨叫作纯粹语言。即使不同外国语的个别因素,诸如词汇、句子、结构等等是彼此排斥的,这些语言仍在其意图中相互补足。②

这也可以解释为什么有关宪制问题的汉语译词大都采用从中国历史典籍中借用现成词语。在这一点上,严复是敏锐的,他有关宪制文化的"译作"基本都是从中国历史文献中调用固有词汇,这不仅仅为了汉语译本的"雅训",而且也是在本雅明的意义上,从历史的联系中寻找或接近人类"纯粹语言"的一种努力。但严复有一点是错的,"宪法"不是日本人对汉语的"宪"与"法"两个字的拼合,"宪法"也是中国历史文献中的固有词语。除此之

---

① 〔德〕汉娜·阿伦特编:《启迪——本雅明文选》,生活·读书·新知三联书店 2008 年版,第 85 页。
② 同上注,第 85—86 页。

外,像"民主""共和""国体"等都是中国历史文献中所原有的,它在近代被译者调用出来,这也体现了本雅明有关人类"纯粹语言"的历史联系的深刻洞见。

为了进一步解释"纯粹语言"的存在,本雅明还在"原作"和"译作"中区分了"意向性的对象"和"意向性的样式"这两种不同的语言现象。他以德语 Brot 和法语 pain 两个词语为例,认为德语 Brot 和法语 pain 在意向性上都指的是同一个对象——"面包",但它们的意向性样式却并不相同。"由于意向性样式的不同,'Brot'对于德国人的意味和'pain'对于法国人的意味是不一样的,也就是说,这两个词不能互换,事实上,它们都在努力排斥对方。"①进而言之,汉语的"面包"(它不是中国固有食品,而是"翻译"过来的,严复把英语的 bread 译为"比时")与德语、法语一样,在意向性上都指向同一种食品(中国人不可能把德语的 Brot 指向中国人所说的"面条"),但关键在"意向性的样式"上:中国人对"面包"的理解总会与类似于中国固有的一种食品——一种同样是使用面粉,但不是烘烤而是通过"水蒸"制作而成的食品——馒头作比较。中国人的"面包"味道是在与馒头味道的无形对比中所获得的。所以在意向性的样式上,"面包"不但不能与德语、法语的词语互换,而且会激烈地"排斥对方"。这是本雅明对"译作是原作的来世"这个命题的进一步解释。

那么,对于宪制文化那些概念、术语的"来世"又如何理解呢?

---

① 〔德〕汉娜·阿伦特编:《启迪——本雅明文选》,生活·读书·新知三联书店 2008 年版,第 86 页。

我们认为,中国文化中"化"的概念是解释"来世"观念的最佳途径。"化"带有隐喻性质,或者说"化"本身就是隐喻的。它在中国文化里通常是指一个事物通过一种"神秘"机制能够转化为另一种事物,而后一种事物通常会被看作前一种事物的"来世"。在庄子的思想里,这个概念是"物化"。自然界最奇妙的莫过于毛毛虫"化"为蝴蝶这种现象。在《红楼梦》里,贾宝玉是石头"人化"的结果,林黛玉是从绛珠草"化"身而来。世人皆叹《牡丹亭》,杜丽娘因为"情深",可以由生而死,再由死化生。这里最典型的是梁山伯与祝英台"化蝶"的故事:在肉身死去之后,用另一种形态达到生命与理想的升华。"化蝶"是一种完完全全的蜕变,是顺应自然的造化,是对自身的重新塑造,从生到死,再由死而生,皆为生命的奇迹:再归来时,已是焕然一新。

"化"的隐喻未必是现实的,但化的观念是真实的。按照隐喻理论,隐喻是用一种比较具体的事物作为模型去理解一种与之并不相同的抽象事物。模型可以理解为"经验完型",如,"争论就是一场斗争"。"斗争"(战争)是比较具体的现象,每个成年人都有有关"斗争"(战争)的认知经验或经历,通过对"斗争"的体验或认知,然后把对"斗争"(战争)的认知投射到"争论"上去,通过"经验完型"建构起对"争论"这一抽象现象的理解。[①] 与此相关联,中国宪制中的人民、宪政、民主、民权、共和、国体等概念在隐喻意义上,正是西语的字母文字被中国"化"的结果,这些已中国化的东西无形中也成了西洋宪制的"来世"。

---

① 参见〔美〕乔治·莱考夫、马克·约翰逊:《我们赖以生存的隐喻》,何文忠译,浙江大学出版社2015年版,第2—3页。

七

我们无法归类我们的研究。说得大一点,它是"知识考古"?具体点儿说,它是观念史或概念史研究?好像都有那么一点儿,但又都不是很确当。我们能确切知道的是:本书的四位作者在宪制研究中各自做了一点儿笨活儿。

论宪法中的
人民概念

杨 陈

人民一词由于其自身的含混性导致了宪法理论中一系列难题的存在。为了消除语言上的误用,考察该词在宪法文本中的用法就具有了理论上的必要性。但这个考察的结果却是,历史上的那些宪法文本其自身均不能产生足够的明晰性以解决上述问题。因此,有必要超出一般的教义学以及宪法史的范围,对人民概念进行法哲学上的反思。一般而言,对于人民这一概念有两种类型的理解,一种是实体性的,而另一种是非实体性的。尽管前者在思想史中处于主流地位,但其内涵却是抽象的,反倒是非实体性的人民概念可能为"人民—人民代表"这一结构注入具体的内容。

一、序言：人民概念的含混性

宪法中的人民概念之所以重要，不仅是因为该语词在现行宪法中的高频度出现，更是因为与之相关的人民主权原则是现代宪法的基本原则之一，对这一概念的不同理解会导致对现代宪法中最为重要的两个原则（人权原则与人民主权原则）之间关系的不同理解，而这最终可能导致对整个宪法秩序的不同理解。就此而言，对于人民这一概念的适当理解是合理地理解与解释宪法的前提。

然而问题在于，对人民一词的理解一直以来却是歧见丛生的。其中的困难之处在于，尽管立宪者认为人民的构成等同于新时期的民主统一战线，并列举式地指出了人民的范围，但即便这个范围是明确的，作为自然事实存在的人民也不可能成为作为意义体系而存在的宪法秩序的基础。因为即便我们能清楚知道人民这一概念指的是哪些事实，这也不能解释人民为何以及如何能成为法律秩序的正当性来源，更不能阐明作为主权者的人民与作为权利主体的人之间的关系。职是之故，对作为宪法概念的人民加以探究仍然是有必要的。

宪法解释之所以困难,其中很大一部分原因或许在于,宪法是用日常语言所写成的,语词在日常使用中的那些含混性被制宪者不自觉地,或者本就难以避免地带入了宪法以及宪法学领域。人民一词便是一个很好的例证,其在日常使用中产生的那些歧义与含混,往往成为宪法上争论的难题。一个广泛流传的故事或许可以说明这一点:当一个愤懑的顾客要求服务员要"为人民服务"时,得到的回答是"我为人民服务,又不是为你服务"①。这个故事揭示了这样一个宪法上的难题,即人民与构成人民的个体之间的关系为何?尽管某个具体的个人可能被归于人民之列,但他显然不能以作为整体的人民的面目出现。更严重的是,在某些语境下,作为整体的人民所要求的权利(力)竟会与构成这一整体的个人所要求的权利形成相互对立的局面。

另一个故事反映了有关人民这一概念的另一个内在矛盾。1972年出版的一本名为《柜台新风》的连环画讲述了这样一件事情,某个顾客因为要求用碎布缝制一条内裤而被清除出了人民的行列。② 尽管一位柜台服务员以及上级党支部因为缝制短裤的原因将某人排除出人民的范围的做法显得荒谬,但类似的做法在法国大革命之后的二百年中却并不罕见,不同之处只是在于,作出决定的机关更为权威,而给出的理由看上去更为严肃。上述做法不仅在实践上造成了巨大的灾难,更严重的是造成了人民主权原则的自我取消,因为尽管在理论上是由人民产生了政治权威,但

---

① 参见王润生:《社会现代化与现代伦理精神》,载《学习与探索》1987年第1期。
② 参见陈铁英编文,天津市和平区业余美术三结合创作小组绘:《柜台新风》,天津人民美术出版社1972年版,第46—56页。

在实际情况中,却往往是由权力权威划定了人民的范围。① 这一矛盾又会引出宪法学上另一个难题,即人民是主动的还是被动的,又或者如何将人民的主动身份(立法者)与被动身份(守法者)结合起来。此外,从"文革"以及其他类似的经验中,或许可以引出有关于人民概念的第三个难题,即人民这一概念所指的到底是一个理性的存在者还是一个感性的存在者。

从以上论述可见,由于人民一词自身就包含着多个维度的含义,而该词的使用者们又在有意或者无意地混淆这些含义,这最终可能导致这一语词的意义在滥用中被彻底地耗尽,最明显的例证莫过于,在某地监狱的外墙上出现的"人民罪犯人民爱,人民罪犯爱人民"的标语。但这一概念的确切含义为何,却是宪法科学难以回避的问题,而又如何对之加以澄清? 正如康德哲学指出的,理论上悖反的产生往往在于词语的误用,而清除的方法便在于指出某个词语的几个不同层面含义各自的适用范围,使之各安其位。②

二、近代中国制宪史中的人民概念

(一) 西学东渐中的人民、国民与公民

要厘清我国当前宪法中人民一词的含义,就有必要将其与那

---

① See Sofia Näsström, "*The Legitimacy of the People*", *Political Theory*, Vol. 35, No. 5, 2007.
② 康德哲学中的悖反是指那些互相取消而又各自言之成理的命题,由此可见,宪法领域关于人民概念的诸多相互矛盾的命题其实就是悖反,参见 Howard Caygill, *A Kant Dictionary*, Wiley-Blackwell Publishing, 1995, pp. 75-78。

些容易与其发生混淆的词语加以区分。同时,考察一个词语的含义还有另外一个较为便捷的方法,就是看看它在过往的那些语境中是如何被使用的。因此,在探讨当前宪法中人民一词的含义之前,十分有必要对中国近代语境中人民、国民与公民等词的用法作一个较为详尽的探讨。

需要指出的是,人民、国民与公民这些词汇,在中国古代已经存在。比如,在《孟子·尽心下》中就有"诸侯之宝三:土地、人民、政事"的说法。不过,这些语词的含义和形式都不固定①,比如,人民有时也会被写作民人,其意义大致与人民相当,如《论语·先进第十一》中有"有民人焉,有社稷焉"的说法。但有一点是可以肯定的,无论是人民、国民还是公民,在其所处的语境中,其内涵偏重于"民"的时候居多。与指称社会地位较高阶层的"人"不同,"民"一开始指奴隶,而后来指平民②,单音节的"民"在具体的语境中发展成了"人民""国民""公民"等词,主要原因还是修辞中对仗的需要。③ 不过,在人民一词词义变迁的过程中,其含义日渐趋近于现代汉语中"人们"一词的含义,但其中仍然保留了平民或者普罗大众的含义在内。

尽管人民、国民与公民这些词在历史上已经出现过,但在近代却具有了新的含义,一般说来,这些词汇都经历了"古典新翻"

---

① 参见〔德〕李博:《汉语中的马克思主义术语的起源与作用》,赵倩等译,中国社会科学出版社2003年版,第216页。
② 参见《郭沫若全集(考古编)》(第1卷),科学出版社1982年版,第70—72页。
③ See Li Chi, *Studies in Chinese Communist Terminology*, California, *East Asia Studies Institute of International Studies*, University of Califor‐nia Berkeley, p. 56 (1957).

或者"侨词回归"的过程。① 据郭台辉研究,在日本明治早期,国民一词常与人民一词混用,两者都有构成一国之人群的含义。② 此时人民一词侧重于平民、非统治阶级这一层面的含义,其在当时能够得到广泛的接受,与当时平民主义和民权运动的兴起有关;同时,国民一词因其常被混同于人民一词,也被赋予了一定的四民平等、去身份制的内涵。而到了明治中晚期,由于国家主义、军国主义的兴起以及民权运动的式微,国民被更多地当作了国家之民,也即附属于天皇以及大和民族的臣民。国民一词在当时起到了强烈的塑造政治认同的作用,因此在这个时期之内,国民一词取得了支配性地位,而人民一词逐渐淡出了主流话语。

与之形成对照的是,中国知识阶层对国民一词的引进,远非出于君主主义以及军国主义的目的。梁启超之所以在日期间即对国民观念加以鼓吹,其原因大致有二:一是国民观念有助于塑造政治认同,有利于近代中国的国家建构;二是国民一词中含有民权主义、反专制主义的要素。③ 从思想史的角度来看,从晚清到民国,国民一词都一直起着极其重要的政治动员的作用,但在民国建立之后,国民一词日渐失去其政治内涵,其含义越来越接近于我们当前宪法中的公民一词。与国民相比,公民一词被译介过来的过程更为复杂。据万齐洲的研究,丁韪良曾经用人民一词翻

---

① 参见冯天瑜:《新语探源——中西日文化互动与近代汉字术语生成》,中华书局2004年版,第525—526页。
② 明治时期国民一词内涵的演变,参见郭台辉:《中日的"国民"语义与国家构建——从明治维新到辛亥革命》,载《社会学研究》2011年第4期。
③ 参见张枬、王忍之编:《辛亥革命前十年间时论选集》(第2卷·上册),生活·读书·新知三联书店1963年版,第73页。

译我们现在所使用的公民（citizen）一词，较少具有政治意味①。不过，当康有为等人使用公民一词的时候，又恢复了其在西方近代早期原本所具有的政治意涵。②

与国民、公民两词有所不同的是，在中国近代的语境中，人民一词并没有与其古典含义产生太大的区别，始终具有人们、平民、一群普通人的含义，其主要被用来替代君主制之下的臣民一词。在清末制宪时期，人民一词或可以与臣民一词互换，比如端方在《请定国是以安大计折》中有"所谓宪法者，即一国中之根本法律，……自国主以至人民，皆当遵由此宪法，而不可违反"。在当时，人民一般作人们、平民讲，而我们现在所熟知的具有强烈政治意味的人民观念，是由20世纪20年代之后的左派知识分子所发明的。

此处可略作小结的是：与我们现在所熟悉的用法不同的是，在近代早期，国民、公民两词更具政治意味，前者与新民说、改造民族性等理论相关联，而后者也和某种古典共和主义的公民观联系甚紧，而我们当今政治意味最浓的人民一词反倒比较中性。因此，我们或许可以得出这样的结论，人民、国民、公民三词其实都有两个层面的含义，一者政治意味较强，其目的在于塑造某种

---

① 参见万齐洲：《"公民"观念的输入及其在近代中国的传播——从"citizen"的汉语对译词谈起》，载《湖北大学学报（哲学社会科学版）》2011年第6期。

② 比如，康有为曾经构建过一种公民自治的设想，参见张枬、王忍之编：《辛亥革命前十年间时论选集》（第3卷·下册），生活·读书·新知三联书店1977年版，第173—176页；西方近代早期古典共和主义的公民观，参见 Richard Dagger, Republican Citizenship, in Engin F. Isin & Bryan S. Turner (eds.), Handbook of Citizenship Studies, London, Thousand oakes & New Delhi, Sage Publications, 2002, pp. 145-157。

政治认同,而另一者政治意味较弱,甚至是非政治的,泛指处于某一个法秩序之下的某个人或所有人。

(二)近代中国宪法文本中的人民与国民

上一小节曾对近代语境中的人民、国民以及公民三词的含义稍加探讨,此处拟对近代中国宪法文本中的人民、国民两词加以讨论,之所以不讨论公民一词,是因为该词在这些文本中均未有体现。在近代宪法文件中首先出现"国民"一词的是清政府的《宪法重大信条十九条》,其中第7条规定"上院议员,由国民于有法定特别资格者公选之",此中"国民"一词即《钦定宪法大纲》中"臣民"一词的替换。

在民国建立之后,国民与人民两词更为频密地出现在了宪法文件之中,就其基本含义而言,两者之间区别不大,但就用法而言,却有所不同。在涉及主权之所在时,多用国民全体一词,比如1912年《中华民国临时约法》第2条"中华民国之主权属于国民全体",而这一用法一直沿用到1947年的《中华民国宪法》。而在涉及具体的权利与义务时,多用人民一词,其含义较类似于当前语境下的公民一词,比如1912年的《中华民国临时约法》第二章"人民",其中规定了中华民国人民的各项权利和义务,而1913年的《中华民国宪法(草案)》(《天坛宪草》),尽管其第三章标题是"国民",但在这一章之下依然规定的是中华民国人民的权利与义务。说国民与人民两者之间意义差别不大,其证据不仅在于上述所提及的,在"国民"的章节标题之下规定人民的权利与义务。其他的证据还有:《中华民国约法》第2条规定主权归于国民全体,而第16条又规定大总统对于人民之全体负责,显然国民全体与人民是对等的。1923年《中华民国宪法》第四章"国民"第1条（全文第4条）即对何为国民的解释，而其作如下规定："凡依法律所定,属中华民国国籍者,为中华民国人民。"《中华民国训政时期约法》第二章"人民之权利义务"中,国民、人民两词混用,除本章第1、2条(全文第6、7条)使用"中华民国国民"这一措辞外,其他诸条(全文第8—27条)均用"人民"一词。就两词以上的用法,我们会发现,这里的人民＝国民＝我们当前宪法中的公民。

但是,值得注意的是,在民国宪法中作为正当性来源的整体人格是国民全体,而国民是具有中华民国国籍的人民,因此中华民国的主权者就是所有具有中华民国国籍的国民(人民或者公民)的全体。同时,国民依法(宪法和法律)享有权利与承担义务。由以上两点不难得出结论,国民全体形成自己意志的途径仅在于作为个体的国民行使宪法和法律所规定的参政权。同样,更需注意的是,就文本整体的意义脉络而言,民国时期诸宪法文本所规定的国民以及国民全体是法上的人格,而非经验中的实存。因此,林来梵教授多次在课堂上指出,民国宪法所规定的"中华民国之主权,属于国民全体"这一说法,反映的是国民主权的原理,而非是人民主权的原理。① 但问题是这样的观念很容易被指责为形式性的,即以某种形式的平等掩盖实质上的不平等,宪法上所规定的那些权利并未在实质意义上为人民,尤其是社会底层所享有,而

---

① 关于人民主权与国民主权的差异的学说乃由法国宪法学家马尔佩所发明,其认为主权应该属于法人格意义上国民全体,而非属于现实意义上的人民,其学说可参见何勤华:《西方法学史》,中国政法大学出版社1996年版,第161—166页;〔日〕芦部信喜:《制宪权》,王贵松译,中国政法大学出版社2012年版,第63—67页。

以上便构成了左派攻击资产阶级宪法的虚伪性的主要口实。

三、当代中国宪法语境中的人民概念

(一)新民主主义的"人民—群众"观

在早期的中国共产党人看来,民国的宪法无非是在用形式上的平等权掩盖事实上政治被少数人所掌控的事实。正如李大钊在《平民政治与工人政治》中所指责的,资产阶级所说的"人民"并不包括妇女与占大多数的无产阶级男子。① 同时,据刘星教授研究,当时左翼的法学家同样致力于揭露资产阶级法律的虚伪性,在他们看来,法律无非是统治阶级进行统治的工具,资产阶级所宣称的法律的全民性(国民性)无非是资产阶级的阶级性。②

在左派的人民观中,只有社会底层(工农阶级)才是真正的人民,但这种观点并不是马克思主义所首创的,早在法国大革命时期,当时的人就已经把 la peuple 一词定义为社会的底层,而其悲惨遭遇则成为法国革命政治动员的有力武库。③ 法国革命性的人民观对于马恩的影响是显而易见的,而这又进而影响到了俄国革命。但要注意的是,法国革命影响俄国革命的途径并不止马克思主义一条,这种人民观同样通过俄国的民粹主义被带到了俄国革

---

① 参见《李大钊全集》,人民出版社 2006 年版,第 85—86 页。
② 参见刘星:《中国早期左翼法学的遗产——新型法条主义如何可能》,载《中外法学》2011 年第 3 期。
③ 汉娜·阿伦特对法国式的人民概念及其内在的危险的揭示,参见 Hannah Arendt, *On Revolution*, Viking Press, 1963, pp. 74-78, 93-94, 180-182。

命之中。而俄国民粹主义往往将社会底层身上的蒙昧之处当作人民的本质性要素，甚至有人将俄国农民对土地的依赖当作俄国人民的本质属性之所在。① 同时，又由于俄国的民粹派们因其无力改变现实产生出一种自卑意识，而这又导致了其对人民（社会底层）的神圣化与崇拜意识。民粹派们往往将自身（知识分子）与人民（社会底层）割裂开来，当作是两个不同的群体，并认为知识分子只有通过"人民化"才能获得自身的救赎，而以上的观念给形形色色的蒙昧主义留下了存身之处。② 民粹主义的思潮严重地影响了"五四"之后左派知识分子的人民观，其大致由以下要素构成：(1)人民由作为大多数的社会较低阶层构成；(2)人民这一观念具有神圣性；(3)社会底层身上的经验性要素（或许可能是蒙昧的）具有神圣性。以上这些观念导致了我国本土文化中的前现代甚至反现代因素在"人民"的名义下，以一种隐秘的方式持续发挥着威力③。

而毛泽东人民民主专政的学说便是这个思潮之中最为重要的一支，括其要者大概有以下几点：(1)人民不是资产阶级宣称的所有人的集合（国民全体）；(2)人民的主体部分始终是作为大多数的社会底层，即工农阶层；(3)人民是一个不断变化的范畴，政

---

① 参见〔俄〕格·伊·乌斯宾斯基：《土地的威力》，盛世良译，载纳乌莫夫等：《俄国民粹派小说特写选（上）》，石田等译，外国文学出版社1987年版，第183—184页。

② 关于俄国民粹派的人民观的讨论，参见王晓华：《人民性的两个维度与文学的方向——与方维保、张丽军先生商榷》，载《文艺争鸣》2006年第1期；方维保：《论左翼文学的人民伦理秩序及其道德情感的形成》，载《文史哲》2011年第2期。

③ 比如朱苏力教授关于我国基层司法的种种看法就是最好的例证，参见苏力：《法治及其本土资源》，北京大学出版社2015年版；《送法下乡——中国基层司法制度研究》，北京大学出版社2011年版；等等。

党或者政党领袖可以根据具体的情势加以决断;(4)人民是创造历史的动力;(5)人民同样是需要被代表、需要被教育的存在。① 在第(1)(2)点上,毛泽东与大多数左翼知识分子相差无几,而差异之处在后面三点之上。第(3)(5)点反映了毛泽东思想中政治现实主义的侧面,而第(4)点则反映了毛泽东对于马克思主义学说中历史主义要素的接受。在现实主义这一点上,毛泽东的学说极类孙中山的权能分离理论以及训政学说,在丛日云教授看来,无论是新民主主义的还是旧民主主义的人民观②,都是一种"人民—群众"观,即在理论上作为主权者的人民在现实中被理解成需要被代表和被教育的群众,而这种"人民群众"是从古代的"臣民"向现代的"公民"过渡的中间环节。③ 事实上,上述这种"人民—群众"观支配了我国自《中国人民政治协商会议共同纲领》(以下简称《共同纲领》)以来的六十多年的制宪史。

与毛泽东不同的是,在孙中山那里,尽管其将人民分为"先知先觉""后知后觉"与"不知不觉"三类,但其在整个族群内部并未再作敌友区分,作为主权者的仍然是一个法秩序内的所有人(国民)。④ 而在以毛泽东为首的新民主主义革命的理论家那里,尽管人民的主体是工农阶级,但这之外的阶级和阶层属不属于人民的

---

① 相关论述可参见《毛泽东选集》,人民出版社1991年版第1卷,第142、240页;第2卷第637、690—691页;第3卷第1005页;第4卷第1215、1412—1413页,1977年版第5卷,第366—367页。
② 相关论述可参见《孙中山选集》(第2版),人民出版社1981年版,第692—779页;《孙中山全集》(第5卷),中华书局1985年版,第400—401页。
③ 参见丛日云:《当代中国政治语境中的"群众"概念分析》,载《政法论坛》2005年第2期。
④ 参见《孙中山全集》(第6卷),中华书局1985年版,第201页。

范围需要政治权威的决断,而这个结果便是新民主主义革命时期直至后来的社会主义时期的民主统一战线的具体构成。事实上,自20世纪30年代以来,中国共产党人就一直通过明确统一战线构成的方式来区分人民和敌人,尽管在建国之后的多个宪法性文本中并没有对人民的概念加以定义,但在另外一些重要场合制宪者对人民一词的说明,则不断加深了"人民=统一战线构成"这一公式的说明力。

首先,周恩来在《关于〈中国人民政治协商会议共同纲领〉草案的起草经过和特点》的报告中对人民的概念作了一个列举式的说明,所谓人民是"工人阶级、农民阶级、小资产阶级、民族资产阶级,以及从反动阶级觉悟过来的某些爱国民主分子"。而在《中华人民共和国宪法(1954)》中,尽管没有提到统一战线的具体组成,但在刘少奇《关于〈中华人民共和国宪法草案〉的报告》的国家性质部分却探讨了这个问题,除了工农阶级被当作统治阶级(人民)之外,部分被改造好的知识分子也被算作人民之列。① 在《中华人民共和国宪法(1975)》(以下简称"七五宪法")中,同样没有提及统一战线的具体组成,但从其第1条和第3条或许可以判断,此时的人民只剩下工农两个阶级。而在《中华人民共和国宪法(1978)》(以下简称"七八宪法")中,其序言中重新出现了关于统一战线的构成的规定,其组成包括工农阶级、知识分子和其他劳动群众、爱国民主党派、爱国人士、台湾同胞、港澳同胞和国外侨胞。现行的《中华人民共和国宪法(1982)》(以下

---

① 参见王培英编:《中国宪法文献通编》(修订版),中国民主法制出版社2007年版,第224页。

简称"八二宪法")的序言中同样规定了统一战线的构成,其包括全体社会主义的劳动者、拥护社会主义的爱国者和拥护祖国统一的爱国者。值得一提的是,彭真在《关于〈中华人民共和国宪法修改草案〉的报告》中明确把知识分子列入人民的范畴,而不像刘少奇那样还要在知识分子中间再分出左中右。① 在2004年对于宪法的修改中,统一战线的组成范围被扩大了,之所以会在其中增加社会主义事业的建设者这一项,其原因在于国民经济中非公经济成分的快速发展,各种非公企业的经营者成为社会的中坚力量,执政党意识到必须将其纳入到统一战线与人民的范围之中来。

从以上人民范围的变化中我们或许可以得出结论,尽管有"七五宪法"这种严重的倒退,但总体来看,我国宪法所规定的人民范围是在不断扩大的,这也意味着我国民主的范围以及政权的正当性基础在不断地扩大。但这种理解本身并非不存在问题。首先,我们将人民的范围等同于爱国统一战线的范围的做法是否合适。尽管周恩来在对《共同纲领》中人民一词加以解释时,将人民的范围等同于统一战线的范围,叶剑英在1978年的《关于修改宪法的报告》中也有类似的做法,但问题在于,这种等同是否在学理上形成了宪法上惯例?同时值得考察的是,我国当前是否存在宪法惯例,以及这种深度关涉人的基本权利的内容在当前的语境

---

① 参见王培英编:《中国宪法文献通编》(修订版),中国民主法制出版社2007年版,第58页。

下是否可以通过惯例的方式加以规范。① 其次,爱国民主统一战线是一个政治概念而非法学概念,如果不经解释直接将人民等同于统一战线的各个组成部分的集合,显然有失妥当。作为一个政治概念,爱国民主统一战线不仅包括我国公民,而且还包含相当数量的海外华人。而海外华人是否属于人民呢？如果说他们不属于人民之列,显然有相当数量的华人能满足拥护社会主义或者拥护祖国统一的条件,而且他们也是统一战线工作的重要对象,甚至于部分华人代表还能列席我国各级的政协会议。② 如果说他们属于人民,人民这一概念具有主权者的含义,而作为外国公民的海外华人成为作为我国一切权力最终归属的人民的一分子,这种结论恐怕也不能让人接受。最后,即便上面两个问题作为枝节问题可以忽略不计,这种列举式的定义方式恐怕与法治的普遍性要求有所冲突。③ 更值得注意的,确定人民的范围意味着在特定法秩序内部的所有公民之间进行敌友划分,制宪者能不能做这样的决断始终是一个问题。像我国这样可以通过修宪的方式更改人民的范围的做法意味着后来的修宪者可以通过修宪不断进行敌友划分。尽管我国人民的范围在当前是不断扩大的,但"文化大革命"的惨痛经验告诉我们,仍然存在一种以某种含混的标准将某类人打成非人民的可能,这样的人民概念很可能是整个

---

① See A. V. Dicey, *Introduction to the Study of the Law of the Constitution*, Macmillan, 1915, pp. 23-24;周永坤:《不成文宪法研究的几个问题》,载《法学》2011 年第 3 期。

② 参见陆春艳:《全国政协大会 9 年来邀请 200 余位海外华侨华人列席》,载《人民日报(海外版)》2009 年 3 月 5 日。

③ See Lon Fuller, *The morality of Law*, revised edition, Yale University Press, 1969, pp. 46-49。

宪政秩序的阿喀琉斯之踵。①

(二)"八二宪法"文本中的人民概念

由上文可知,从《共同纲领》以来,我国的宪法性文件中所使用的人民一词的含义都是这种新民主主义"人民—群众"观的反映,但更复杂的是,"八二宪法"中的人民具有了先前的宪法文本所不具有的历史文化侧面。以下拟对该文本中人民一词的用法稍作分析。除了作定语修饰其他名词以表示一定的正当性来源之外,人民一词有以下7种用法:

(1)历史上、文化上的共同体,如"中国是世界上历史最悠久的国家之一。中国各族人民共同创造了光辉灿烂的文化,具有光荣的革命传统"(序言·第1段)。

(2)共和国的缔造者,如"中国人民为国家独立、民族解放和民主自由进行了前仆后继的英勇奋斗"(序言·第2段);"中国人民反对帝国主义和封建主义的历史任务还没有完成"(序言·第4段);"中国人民掌握了国家的权力,成为国家的主人"(序言·第5段);"中国人民和中国人民解放军战胜了帝国主义、霸权主义的侵略、破坏和武装挑衅"(序言·第6段);"中华人民共和国是全国各族人民共同缔造的统一的多民族国家"(序言·第11段)。

(3)宪法的正当性来源,如"本宪法以法律的形式确认了中国

---

① 诚如我国老一辈法学家郭道晖所言,我们习惯于讲团结95%以上的人,而这种说法意味着有可能将数千万人排除在人民的定义之外,这种做法不仅和人民主权原则不符,同样也有可能导致大规模的人权灾难。见郭道晖:《民主的限度及其与共和、宪政的矛盾统一》,载《法学》2002年第2期。

各族人民奋斗的成果"(序言·第13段)。

(4)国家权力的所有者,如"中国人民对敌视和破坏我国社会主义制度的国内外的敌对势力和敌对分子,必须进行斗争"(序言·第8段);"中华人民共和国的一切权力属于人民。人民行使国家权力的机关是全国人民代表大会和地方各级人民代表大会。人民依照法律规定,通过各种途径和形式,管理国家事务,管理经济和文化事业,管理社会事务"(总纲·第2条);"中华人民共和国的武装力量属于人民。它的任务是巩固国防,抵抗侵略,保卫祖国,保卫人民的和平劳动,参加国家建设事业,努力为人民服务"(总纲·第29条)。

(5)宪法的遵守者,如"本宪法以法律的形式确认了中国各族人民奋斗的成果,……全国各族人民……都必须以宪法为根本的活动准则,并且负有维护宪法尊严、保证宪法实施的职责"(序言·第13段)。

(6)政治意志的被代表者,"中国共产党领导中国各族人民……中国各族人民将继续在中国共产党领导下……"(序言·第7段);"一切国家机关和国家工作人员必须依靠人民的支持,经常保持同人民的密切联系,倾听人民的意见和建议,接受人民的监督,努力为人民服务"(总纲·第27条)。

(7)社会政策的对象,"广大人民的生活有了较大的改善"(序言·第6段);"保护人民健康……增强人民体质"(总纲·第21条);"国家发展为人民服务、为社会主义服务的文学艺术事业……"(总纲·第22条);"国家……提倡爱祖国、爱人民、爱劳动、爱科学、爱社会主义的公德,在人民中进行爱国主义、集体主义和国际主义、共产主义的教育,进行辩证唯物主义和历史唯物主义的教育,反对资本主义的、封建主义的和其他的腐朽思想"(总纲·第24条)。

就以上诸种用法而言,在用法(1)那里,人民处于历史文化的时间绵延之中,是一个自然形成的民族共同体,必定既受到历史上沉淀下来的因素的滋养,又受到那些因素的制约。而在用法(2)那里,作为共和国的缔造者的人民是新民主主义革命主体,其革命意识和民主意识很大程度是在中华文明被迫卷入现代世界之后才产生的。与之呼应的是总纲第1条,作为主权者的人民创制了一个社会主义国家,这种创制却并不在用法(1)意义上的那种时间之中,人民通过诉诸一种更高的正当性(社会主义国家理念)切断了过往的时间之流,开始一种新的时间。质言之,在用法(1)和用法(2)之间存在这样一个问题,即作为历史中形成的文化共同体的人民与选择了社会主义国家这一政治形式作为其生活方式的人民如何衔接起来。社会主义国家理念就其根本而言是现代的政治理念,并不是在历史之中自生自发地生长出来的,而其反倒是要对过往的时间之流的产物进行过滤,因此就有了《宪法》第24条的存在。而现行宪法将这两种意义上的人民并置,需要什么样的装置能够将之统一起来是个令人困扰的问题。或许是为了避免这个困难,在从《共同纲领》到"七八宪法"的四个宪法文件中,这种历史的文化的人民观与国家观并没有被提及,而中国人民创制一个新民主主义或社会主义国家仿佛是一瞬间完成的。

在用法(2)—(4)那里,中国人民或者中国各族人民作为共和国的缔造者、宪法的正当性源泉以及国家权力的所有者,之间的区别在于用法(2)(3)用的是一种叙述事实的语气,而用法

(4)则更多的是一种应然的语气。但是,对于建国这一事实来说,最直接的原因在于中国共产党在军事斗争中战胜了中国国民党,而在宪法中,则将之描述为中国人民或者中国各族人民通过斗争,掌握了国家的权力,成为了国家的主人。这其中的含义或许在于中国人民支持并参加了中国共产党领导的军事斗争,中国共产党的胜利最终是人民的胜利,而这种参与在法理上已经超越了默示的授权而成为一种明示的授权。因此,对于用法(2)来说,尽管是一种事实性的叙述,其却和用法(3)一样,是一种正当性的宣称。而用法(2)中的说法又预示着用法(6)中的内容,中国人民授权给中国共产党,中国共产党代表人民行使国家权力。与此同时,在用法(4)中,中国人民是国家权力的所有者(总纲·第2条),作为权力所有者的中国人民将国家权力授予了作为权力行使者的中国共产党,但在授权之后,人民又通过党的群众路线积极地参与政治意志的形成。

对于以上的7种用法而言,用法(5)所产生的疑问是最少的,对于人民(全国各族人民)作为宪法的遵守者的身份不需要加以过多的解释。尽管就近代的理论而言,主权者的意志是不受限的,既不受其他主体的意志限制也不受自己先前的意志限制①,但对于现代宪法理论而言,主权者通过宪法为自己设限基本已经成为通说。② 而问题较大者在于用法(6)。就用法(2)—(4)而

---

① See Jean Bodin: *On Sovereignty*, *Four Chapters from the Six Books of the Commonwealth*, edited and translated by Julian H. Franklin, Cambridge University Press, 1992, p. 8.

② 如耶利内克主权者自律的学说,参见赵真:《没有国家的国家理论——读〈社会学与法学的国家概念〉》,载《政法论坛》2012年第3期。

言,作为主权者的人民是一种主动的身份,政府只有经过人民的授权才有正当性,同样作为主权者的人民的意志应当是理性的,作为先锋队的政党是人民意志的代表者,它在最大程度上反映与执行了人民的意志。而在用法(6)中,人民不仅处于一种被动的地位,而且很大程度上还处于非理性的状态,需要接受公民教育,因此,如何将人民所处的主动地位与被动地位调和起来,始终是现代宪法学中的一个难题。另外,一个立宪政体的良好运行自然与经验中的人民的公共德性的水平有关,但一个立宪政体所需要的公民道德是什么,又需要达到什么程度,则不是一个易于回答的问题,而在人民未能达到这种道德水准之前,人民的民主权利是否应受到监护则是另外一个必须回答的问题。最后,以下问题也是值得探讨的,即宪法序言中的"中国人民"和"中国各族人民"之间的关系如何,如何由具体的各族人民形成一个统一性的中国人民,也即现代立宪政体所需要的同质性是如何产生的。

就以上对于人民一词用法的分析,我们或许可以得出以下的结论:就每一种用法自身而言,都有其正当的理由存在。但是,如果把这7种用法叠加在一起就难以形成一个内在融通的意义体系,甚至在有些用法之间,如果不加以适当的解释是相互矛盾的。而这对于宪法学体系和宪法秩序都是难以接受的。

(三) 当前政治宪法学关于人民概念的论述

由上文可知,宪法文本自身难以对人民这一概念给出一个清晰的定义,因此,具有规范主义性质的宪法学说一般回避对人民概念的讨论。与之相反的是,而今风头正健的、以某种实质性认识为己任的政治宪法学却对人民这一语词情有独钟,与现行的《八二宪法》一样,这一学派(学说)的学者对人民的理解更侧重于其历史文化属性。但问题在于他们之中的很多人对语言缺乏足够的自觉,往往将该语词不同层面的含义加以混淆。这一点最为集中地体现在政治宪法学的代表人物陈端洪教授身上,其没有意识到作为其理论来源的卢梭学说中人民这一概念所固有的含混性,反倒是进一步加深了这种混淆。在卢梭的学说中,人民一词至少有两层含义,其一方面指涉某个集体性的道德人格,即理想中的人民,而另一方面则指涉存在于历史中的某个特定的人群,即经验性的人民。① 当人民表现为某个集体性的道德人格的时候,其显然是一个积极的行动者,并且是一切政治正当性的最终来源;而表现为经验中的具体的人民的时候,则具有一定的被动和非理性的性质。然而,陈端洪教授没有意识到以上两者的区别,他为了说明经验中的人民同样也是一个积极的行动者,也像作为道德人格的人民那样无处不在地展示着自身,而发展出了日常政治中人民"既在又不在"的说法:人民在宪法旁边,"无组织、无定形地、直接地存在着,关注着宪法,这个无形态的人民可以在风尚、习俗和民意中窥见"②。陈端洪教授为了解决人民何以能够无定形存在这一认识上的难题,将人民与某种风尚、习俗与民意勾连在了一起。但问题在于,在风尚、习俗与民意中表现出来的人民,既不能给予某部宪法以正当性,也不能否认某部宪法的正当性。因为唯一能够给予某

---

① 卢梭本人对此没有清晰的意识,但当他在谈到什么样的人民适宜于立法,并对理想中的适宜于立法的人民加以描述的时候,以上两层含义之间的区别就被清楚地显示了出来,参见〔法〕卢梭:《社会契约论》(修订第3版),何兆武译,商务印书馆2003年版,第64—65页。

② 陈端洪:《制宪权与根本法》,中国法制出版社2010年版,第182页。

部宪法以正当性基础的是以公意为其表现形式的、作为道德人格的人民,在卢梭那里,某种习俗性的东西并不能与公意画上等号,甚至还有可能构成公意的反面。① 就此而言,陈端洪教授对人民概念的彻底的经验性的理解使得他背离了卢梭学说中至为关键的公意学说。

政治宪法学中另一领军人物高全喜教授对人民一词的使用也存在着一定程度上的不严谨。其在关于《清帝逊位诏书》的研究中指出,由于这一文本指出了"中华人民"的范围在于满汉蒙回藏五族共和的人民,因此该文本对于中华人民之塑造以及将满汉等五族塑造成一个政治共同体有莫大之功绩,同时由于清帝与中华民国之间的某种"禅让"关系,因此该文本对于中华人民的规定也间接地规定了中华民国的宪法主体。② 但高全喜教授又在该书中指出,现代政治是"人民的自我统治,是一个人民立宪建国的新政治"③,因此矛盾就在于,既然人民是自我规定的,那么其何以能够被其推翻的清帝所规定呢?

与前两者相比,强世功教授关于人民概念的论述更成体系。在《基本权利的宪法解释——以齐玉苓案中的受教育权为例》一文中,他指出了人民概念的多个层次。首先,人民是一个历史的、文化的共同体,在他看来,中国的各族人民不是处于谋生层次

---

① 参见〔法〕卢梭:《社会契约论》(修订第3版),何兆武译,商务印书馆2003年版,第56页。
② 参见高全喜:《立宪时刻——论〈清帝逊位诏书〉》,广西师范大学出版社2011年版,第134—143页。
③ 高全喜:《立宪时刻——论〈清帝逊位诏书〉》,广西师范大学出版社2011年版,第150页。

上的野蛮民族,而是创造了光辉灿烂文化的民族。① 其次,人民是一个以公共德性凝聚起来的伦理共同体,只有具有公共德性以及参与到公共生活中去,私的意义上个体才能结合成人民,并获得生活意义与终极价值。② 最后,人民是一个政治意志的主体,中国人民通过区分敌我的革命行动取得了新民主主义革命的胜利并创制了共和国,而在建国之后,这种以区分敌我为核心的人民概念又应向日常政治中以"人民—人民代表"结构为核心的人民概念转移③,但总而言之,人民是能够表达其自我政治意志的主体,法秩序只有作为人民政治意志的表达才有其正当性。但是首先,强文并没能清楚地解释这样的一种文化何以能够成为现代宪政体制所需要的同质性的来源,而各族人民的文化何以能整合成一种具有高度同一性的中国人民的文化。在我国民族学前辈黄现璠等人看来,在我国多民族国家的语境下,强求一种文化上的同质性是不可能的④,而以这种文化上被构想出来的同质性来理解宪法中的人民概念恐怕是有失妥当的。其次,强文提出一定公民德性对于立宪政体的运作是必要的,但对于这种德性的内容以及需要在多大的程度上以何种方式加以实现却语焉不详。最后,强文也没能清楚地解释作为主权者的人民与作为被代表者的

---

① 参见强世功:《基本权利的宪法解释——以齐玉苓案中的受教育权为例》,载赵晓力主编:《宪法与公民》,上海人民出版社2004年版,第22页。
② 参见强世功:《基本权利的宪法解释——以齐玉苓案中的受教育权为例》,载赵晓力主编:《宪法与公民》,上海人民出版社2004年版,第41—46页。
③ 参见强世功:《基本权利的宪法解释——以齐玉苓案中的受教育权为例》,载赵晓力主编:《宪法与公民》,上海人民出版社2004年版,第24—27页。
④ 参见黄现璠等:《试论西方"民族"术语的起源、演变和异同(九)》,载《广西社会科学》2008年第9期。

人民,这两种不同的身位之间的关系问题。

到目前为止,本文所作的考察并没能对人民这一概念作出一个内在融贯的定义,也没能充分回应因人民一词本身歧义性产生的诸多争论,因此有必要对思想史上的有关人民以及人民主权的学说进行一个全面的梳理,重建一个适宜于宪法体系的人民概念。

四、人民概念的两种类型

正是人民一词本身具有的含混性,使得对该词作一个语义上的清理成为必要,而这样的工作并非没有先例,比如,萨托利就对人民的概念作过一个比较全面的梳理。他列举出人民一词大致可能具有的六种含义:每一个人、庞大的许多人、较低的阶层、一个有机的整体、绝对多数原则所指的大多数人、有限多数原则所指的大多数人。① 在这六种含义中,萨托利选取了对现代民主政治最具现实意义的理解,即人民是受少数权利限制的大多数。但萨托利经验主义的眼光极大地限制了他的视野,其仅将人民当作能够起到社会决策作用的、可以通过某种标准经验性地辨识出来的人群。这样的理解抽空了人民概念以及人民主权学说的道德内涵,因此现代的民主制度就有可能沦为一种纯粹的功利性的装置。相较而言,聂露博士对人民概念中所蕴含的价值内涵具有某种程度的同情的理解。不过问题在于,其过于机械地将历史上

---

① 参见〔美〕乔万尼·萨托利:《民主新论》,冯克利、阎克文译,上海人民出版社版2009年版,第34页;类似的梳理还有〔德〕沃尔夫冈·曼托:《代表理论的沿革》,林明义译,载应奇编:《代表理论与代议民主》,吉林出版集团有限责任公司2008年版,第12—14页。

对于人民的理解分为了几个阶段,并认为某一阶段的对人民的理解是与这一阶段的阶级本质相联系的。①

与以上梳理不同的是,本文试图以一种批判哲学的眼光去审视这一概念,将该概念所容纳的内涵在其各自所处的维度上加以澄清,并试图在此基础上指出,作为宪法概念的"人民"能容纳什么内涵,而其他的那些内涵中哪些可以悬置(postulate)起来留在其他领域发挥作用,哪些则需要彻底地否定。一般而言,关于人民概念的诸种理解可以被分为两种类型,一者为实体性的,而另一者为非实体性的,前者在历来的法律—政治理论中占主流的地位。

(一)实体性的人民理解

1. 作为上帝或者历史主体的人民

在而今的语境中,人民这一概念业已和人民主权这一判断密不可分,当我们提到人民这个概念的时候,我们不仅仅是指某个人群,而且还会联想到这群人是国家主权的所有者。更重要的是这群人自身存在着一种独特的德性,使得他们有资格作为国家主权的所有者。这个看法正是古代的民主观念与近代的人民主权学说之间最为重大的区别之所在。在希腊人的理论中,民主——或者说人民的统治——是诸统治方式中的一种,其比诸君主制反倒是有可能更坏;在共和时期的罗马,罗马人并不赞成人民直接进行统治的学

---

① 参见聂露:《人民主权理论述评》,载《开放时代》2002年第6期。

说,更不会有人相信人民仅凭自己的德性就有资格进行统治。①

而在欧洲进入中世纪之后,关于人民以及人民主权的理论开始以一种不同于古代世界的面貌出现了,人民与上帝联系在了一起。"人民的声音就是上帝的声音"(Vox populi, vox dei)的说法可以追溯到查理曼宫廷的阿尔昆,而在劳腾巴赫的曼尼歌德(Magenold von Lautenbach)那里则出现了一种"明确的"人民主权理论。② 但一般说来,只有14世纪的帕多瓦的马西利乌斯才被当作人民主权理论的真正开端,他试图用一种人民主权的学说来消解教会在世俗领域的权威(君权神授)。③ 在其之后并随着启蒙运动的肇兴,君权神授理论越来越失去其支配性的地位,政治权力的合法性来源于人民的同意的说法也越来越深入人心,但只有从卢梭开始才赋予人民一种神性,使人民获得了凌驾一切之上的优越地位。其在《论政治经济学》中指出,人民之间形成公意是在"仿效上帝永恒的天命"④,而"最普遍的意志往往也就是最公正的意志,而人民的意见实际上就是上帝的意见"⑤。卢梭的这种人民观完全建立在其自然神论的基础之上,既然上帝与万物之间存在着某种同一性,那么上帝的意旨与人民的意旨之间的同一性便

---

① See Jennifer Tolbert Roberts, *Athens on Trial: The Antidemocratic Tradition in Western Thought*, Princeton University Press, 1994, pp. 48-118; P. A. Blunt: *the Roman Mob*, in *Studies in Ancient Society*, edited by M. I. Finley, Routledge and Kegan Paul Books, pp. 74-104 (1974).

② 参见〔美〕斯科特·戈登:《控制国家——西方宪政的历史》,应奇等译,江苏人民出版社2001年版,第29页。

③ 参见〔美〕列奥·施特劳斯、约瑟夫·克罗波西主编:《政治哲学史(第3版)》,李洪润等译,法律出版社2009年版,第263页。

④ 〔法〕卢梭:《论政治经济学》,王运成译,商务印书馆1962年版,第8页。

⑤ 〔法〕卢梭:《论政治经济学》,王运成译,商务印书馆1962年版,第6页。

是不言而喻的事情。在这种逻辑之下,卢梭直接仿照基督教神学中的上帝观念创设出了新时代的人民观念,既然上帝是全知、全能、全善的,那么作为上帝的替代品,人民的意旨(公意)也同样不可能具有犯错的可能。① 更重要的是,在这种理论中,人民主权理论对君权神授的取代是双重的。也就是说,人民的意志取代了上帝的意志成为一切政治权力的最终的正当性来源,而在另一方面,人民自我授权,取代君主成为新的主权者。

历史主义者中的左派同样接受了卢梭"人民的声音就是上帝的声音"这样的修辞②,但与卢梭自然神论性质的人民观不同的是,黑格尔左派们的人民观显然与其历史哲学有关。随着基督教的末世论神学被改造成历史哲学,作为上帝替代物的是一种历史中的(绝对的)主体,而在具有唯物主义性质的历史哲学中,这一绝对的主体就是劳动实践中的人民。尽管在黑格尔那里,人民"作为单个人的多数人(人们往往喜欢称之为'人民')的确是一种总体,但只是一种群体,只是一群无定形的东西。因此,他们的行动完全是自发的、无理性的、野蛮的、恐怖的"③,但到了马克思那里,一方面人民的含义被限缩为劳动人民,即无产阶级,而另一方面,这一阶级获得了明确的自我意识以及历史主体的地位。④ 在这里,上帝的救世经由黑格尔的绝对精神的自我实现变

---

① 参见〔法〕卢梭:《社会契约论》(修订第3版),何兆武译,商务印书馆2003年版,第6页。
② 参见〔意〕葛兰西:《论文学》,吕同六译,人民文学出版社1983年版,第99页。
③ 相关论述请参见〔德〕黑格尔:《法哲学原理或自然法和国家学纲要》,范扬、张企泰译,商务印书馆1961年版,第323页。
④ 参见〔德〕卡尔·洛维特:《从黑格尔到尼采:19世纪思维中的革命性决裂》,李秋零译,生活·读书·新知三联书店2006年版,第332—335页。

成了劳动人民对历史的创造,即物质产生的实践。但问题在于,"人民群众是历史的创造者"绝不能逆推出类似于"只有顺应了历史潮流才能算作人民"的命题,后一种说法既缺乏辩证意识又缺乏道德责任。直到今天,依然有人以历史唯物主义的名义定义人民,在他们看来:"人民,历史唯物主义认为,是指一定历史时期对社会进步起促进作用的阶级、阶层、社会团体与个人,物质财富和精神财富的直接创造者,即最普通的广大劳动人民群众。"①首先,这样的判断标准只是一个事后的(历时的)标准,一个人是否对社会进步起到促进作用要在其行为的后果产生之后才能判断,因此这样的标准对于历史学说或许有一定的意义,但对需要一个共时的标准的政治法律理论来说则是不恰当的。其次,这个标准内部缺乏清晰的可以识别的要素,因此,对于人民范围的界定最终不免成为政治意志任意决断的产物。最后,这样一个标准或许意味着对人本身(man in itself)的尊重的缺失,这也是现代宪政所不能允许的。

2. 作为文化或者伦理共同体的人民

在卢梭的政治学说中,人民替代了上帝的身位,而就人民自身而言,其并不表现为由个体的、可辨识的个人聚合(aggregate)起来的人群,而更多地表现为以某种方式联合(unite)起来的整体,这意味着"一个道德与集体的共同体",通过进入社会契约,人民"获得了它的统一性、它的公共的大我、它的生命和它的意志"。② 因此,在哈贝马斯看来,卢梭眼中的人民是伦理性的,而这

---

① 欧阳友权:《人民文学重新出发》,载《文艺报》2004 年 1 月 31 日。
② 参见〔法〕卢梭:《社会契约论》(修订第 3 版),何兆武译,商务印书馆 2003 年版,第 21 页。

与康德眼中道德性的个体形成了显明的差别,"伦理性的"这一说法意味着,人民这一概念与共同体对其自身的生活形式的表达有关,而这些形式是俗成的(conventional),并在历史中得以自然地形成;而道德性则意味着,在行动准则方面,从普遍无差别的立场出发加以反思,并不无条件地(unconditional)承认既存的实证性的(positive)伦理规范的正当性。① 但在笔者看来,卢梭学说中的人民尽管是伦理性的共同体,但在《社会契约论》的其他地方,这个人民又是以一种普遍的方式被加以组织的,而这种组织的方式事实上就是康德的法权原则。② 因此,卢梭虽然常被认为具有极权主义的嫌疑,但却也有人认为卢梭是极端的个人主义者,这是因为虽然卢梭强调社会契约的绝对性,但是这个契约以及由这个契约所形成的集体的一切出发点和归结点都是个人。③

但问题在于,卢梭的人民概念中伦理性的方面被欧洲的浪漫派们不适当地发挥了。在卢梭的学说中,人民这一概念尽管始终与某个具体的人群对于共同善的整体表达有关,但这种表达却始终与个体主义的、普遍性的道德理解保持着联系。然而,欧洲的浪漫派却以将人民概念中的伦理性因素彻底地审美化,并试图以一种带有神秘主义倾向的文化理解代替其中的伦理性内涵,在这一点上,伦理共同体则变成了文化上的共同体,而人民则成为"一种 Volksgeist(民族精神)或 Volksseele(民

---

① 参见〔德〕哈贝马斯:《在事实与规范之间——关于法律和民主法治国的商谈理论》(修订译本),童世骏译,生活·读书·新知三联书店2011年版,第113页。
② 参见杨陈:《论宪法的规范性》,载《苏州大学学报(哲学社会科学版)》2011年第3期。
③ 参见〔美〕彼得·盖伊:《导言》,载〔德〕恩斯特·卡西勒:《卢梭问题》,〔美〕彼得·盖伊编,王春华译,译林出版社2009年版,第4—7页。

族灵魂)"①。而这其中的文化因素向来拒绝理性的检审,甚至自觉充当理性的反面。因此,当这种文化的观念发挥到极致的时候,就连存在于文化之中的蒙昧因素也都被当作人民的本质因素而加以保存。

同时被浪漫派所不当发挥的还有卢梭人民观念中的整体性,他们一方面过度夸大了这种整体性,另一方面又将之与某种类型的有机体学说相杂糅。② 事实上,浪漫派所理解的有机体学说是有问题的,对于现代有机体学说的发轫者康德来说,这种学说只不过是一种观念上的设想,之所以将自然界乃至整个人类历史设想成普遍合目的的,一方面是因为想在现象界纷繁复杂的现象之后寻找一种统一性,另一方面在于,人自身有一种道德的眼光,因此会想象出一条从无机物进展到普遍的道德世界的道路。但问题在于,尽管这种普遍的合目的性本身是一条先验原则,但其本身却是范导性的(regulative),并不能不构成任何知识,也就是说这种超越机械因果律之上的合目的性仅仅是被设想出来的而已。③ 而浪漫派们却将有机体学说当作一种客观事实接受了下来,而且他们还设想出人民与个人之间关系在于,个体为了整体而存在,一旦个体脱离整体就什么都不是了,正如一只手脱离了身体就不再是手了,正如施米特所观察到的,浪漫派"最早发

---

① 〔美〕乔万尼·萨托利:《民主新论》,冯克利、阎克文译,上海人民出版社2009年版,第36页。
② 浪漫派们所接受的有机体观念或许来自赫尔德而非康德,参见〔苏〕阿·符·古留加:《赫尔德(第二版)》,侯鸿勋译,上海人民出版社1985年版,第45—56页、109—132页。
③ 参见邓晓芒:《康德〈判断力批判〉释义》,生活·读书·新知三联书店2008年版,第320—322页。

现,'人民'(volk)是一个超个人的有机统一体"①。在浪漫派那里,人民的地位比诸以往愈发地被提高了,但人民的地位在观念上的提高却并不意味着作为个体的人的权利能够得到保障,甚至这两者之间可能存在着一种反向的联系。

3. 作为经验中的立法者(制宪者)的人民

与上述两种整体性的理解不同的是,或许由于语言内在的差异,人民一词在英语中是个复数概念,所谓人民是"由'每一个人'的单位构成的可分的众人",而与此形成鲜明对比的是欧洲大陆则认为人民是"一个有机的整体,一个'全体'(Allbody),他可经由一个不可分割的普遍意志表现出来"②。但即便如此,一旦接受了人民主权的理念,人民一词总不免带上整体性的色彩。正如美国宪法所声称的那样,是"我们人民"制定了宪法,但这个"人民"到底是纯粹由个体聚合而成,还是生来就是一个伦理性的整体,并不是一个不存在争论的问题。一般而言,当代的自由主义者们倾向于前一种理解,而共和主义者们则倾向于后一种理解。但不管如何,在美国的建国者那里,人民一词至少包含以下两层含义:一方面,"我们人民"制定了美国宪法,不管对于"我们人民"的理解是自由主义倾向的,还是共和主义倾向的;另一方面,经验中的人民,即在偶然条件下聚集起来的大多数,作为某种社会权力,同样是应当防范的。

美国的建国者们对人民的概念并没有系统性的论述,但他们

---

① 〔德〕卡尔·施米特:《政治的浪漫派》,冯克利、刘锋译,上海人民出版社2004年版,第26页。
② 〔美〕乔万尼·萨托利:《民主新论》,冯克利、阎克文译,上海人民出版社2009年版,第34页。

对人民一词的独特理解却体现在美国早期的国家建构之中。① 美国的建国精英们一方面将人民当作新国家以及新宪法的正当性来源,另一方面,他们认为人民没有足够的能力亲自治理这个国家,无论是由于地域规模这种客观因素,还是人民的理性能力这种主观因素,因此人民将治理国家的权力委托给少数的精英分子。不过到这里都不算新鲜,这样一种委托统治的说法同样可以论证君主立宪体制的合理性,甚至可以论证绝对主义的国家体制的合理性。但接下来的制度设计便体现了这个新的民主国的独特之处,首先美国的建国精英们在建国之初就断绝了授予贵族头衔的任何可能,这就意味着美国的国家结构并不是统治者统治人民这种模式,而是人民委托人民代表进行治理,被授权进行治理的精英同样也是人民,这意味着建国精英们没有把自身排除在人民的概念之外,他们倾向于将人民理解成为共同生活在一起的所有成员,而非片面地理解为处于劣势地位的沉默的大多数,这一点与形形色色的民粹主义形成了鲜明的差别。其次,美国的建国精英清楚地了解正如少数人会压迫多数人一样,占有优势地位的多数人同样也会压迫少数人,所以他们所理解的人民不是最大多数人,人民的利益也并不是最大多数人的最大利益。他们所理解的人民是尽可能地抽象之后的结果,超越了特定的财产、出身以及政治派别,尽管在当时并没有能够超越性别和种族因素。最后,人民的观念还有一种否定性(批判性)的作用,既然一切国家权力由人民而来,"那就不可能否认和消除与'人民'相对应的普

---

① 有关美国的建国者们对人民一词的理解,参见李剑鸣:《"人民"的定义与美国早期的国家构建》,载《历史研究》2009年第1期。

通民众的基本政治权利,不可能把政府变成与民众完全无关的东西。建国精英普遍承认,公民在与政府有关的事务上,应当而且必须拥有代表权、选举权、同意权和知情权"①。美国人所理解的人民的特异之处在于,这里的人民并不是指具有某种同质性的特殊群体,更不是建立敌我划分这种所谓的首要的政治问题之上的。美国建国精英们所理解的人民要求一种最大的普遍性,虽然当时的种种偏见使得他们将妇女与有色人种排除出了人民的范围。

就整体而言,美国宪法文本本身有着强烈的民主主义的倾向,然而在美国的司法实践中,这种民主倾向被极大地弱化了。在美国的司法精英看来,人民只不过是经验中缺乏理性能力、易受操纵的群体,正如有人指责的那样,对民主的成见成为了美国法学界的见不得人的小秘密。② 同时,更有人指出"人民"一词,是精英阶层发明出来说服普罗大众接受统治的拟制(fiction),事实上,人民一词所能给予的正当性不过是君权神授(divine rights)的替代品。而在这种情况下,美国的民主立宪主义者们(popular constitutionalists)就面临着人民的两个身体之间的关系问题,即作为被统治者的人民和作为统治者的人民之间的关系如何,日常生活中"私人自主"如何转化政治生活中的"政治自主",而且更得说明的是,人民自身并不会因为宪政体制的稳固而

---

① 李剑鸣:《"人民"的定义与美国早期的国家建构》,载《历史研究》2009年第1期。
② 参见翟国强:《司法者的宪法?还是人民的宪法?——简评克莱默教授〈人民自己——民粹立宪主义与司法审查〉》,载《中外法学》2007年第3期。

成为沉默的大多数。① 如果回答不了这个问题的话，那么美国的民主还就真是精英阶层的诡计。

鉴于以上原因，美国的民主立宪主义者们发展出了种种学说，来阐释美国宪政体制的"人民性"，其中较为有力者当属布鲁斯·阿克曼与拉里·克莱默。阿克曼教授发展出一种区分日常政治与立宪时刻的二元论，来解释人民在美国宪政发展中的地位与作用。在他那里，人民在日常生活中表现为关心其个体利益的私人主体，在政治上的被动性使得其表现为被统治者。而在立宪时刻到来的时候，人民积极履行作为公民的义务，不仅参与政治意志的形成，而且成为塑造高级立法的最终的决定性力量，这时的人民则成为了主权者。② 克莱默有着与之相类似的观点，他反对美国法律界只有法官才能决定宪法的含义的偏见，在他看来，在某些重大的时刻，反倒是人民的意愿纠正了司法机关的偏见与傲慢，为宪法性危机找到了出路。③ 以上的说法不失为一种解释，然而其中依然存在问题。首先在于这样的标准是事后的，只有当人民发挥出他们的威力——也就是通过表达其自身的意志并推动宪政的深远变化——之后，才能辨别出其是否曾经出场。其次，尽管阿克曼提出了一个较为精致的模型来用以辨别人民是否曾经出场，但这一标准并不如他自身想象得那样清晰可辨，如果对该理论进行过度解释的话，人民一词不免有沦为用来

---

① See Edmund S. Morgan, *Inventing the People: The Rising of Popular Sovereignty in England and America*, W. W. Norton & Company, 1989, pp. 55-78.

② 参见〔美〕布鲁斯·阿克曼：《我们人民：宪法的变革（修订版）》，孙文恺译，法律出版社2009年版，第5—7页。

③ 参见翟国强：《司法者的宪法？还是人民的宪法？——简评克莱默教授〈人民自己——民粹立宪主义与司法审查〉》，载《中外法学》2007年第3期。

说明体制变迁的正当性的"解围之神"(Deus ex machina)的危险。最后,尽管阿克曼等人将在立宪时刻作为积极公民的人民与日常生活中作为私人利益主体的人民加以区分,但这种作为积极公民的人民仍然是经验性的,依然不符合经典的人民主权学说的想象,因为只要不是彻底的直接民主,那么人民的意志就不能说是完全地反映到立法(制宪)中去了,即便存在小国寡民的直接民主,同样不能保证人民作出的判断完全出于自己的意志,因为经验中的人民并不完全是理性的存在者,因此依然存在着被操纵与欺骗的可能。

此外,如果一方面坚持从经验的角度出发去观察人民,而另一方面又坚持人民主权学说或者某种民主理念的正当性,其导致的结果便可能会是某种训政理论。长期以来作为国民党党治的法理基础的训政理论就是其中的代表。一方面,孙中山、胡汉民等国民党上层全面承认现代民主政治的正当性,而另一方面,他们又发觉广大的社会底层缺乏表达自身意志的能力与意愿,故而提出了宪政阶段的学说。在孙、胡等人那里,在军政与宪政之间是较长时期的训政,执政党通过某种方式的训导,培养其人民的现代公民意识以满足现代民主政治的需要。① 张龑博士最近的研究同样涉及人民成长的问题,在其看来,某个先进组织在人民弱小之时的摄政并无不妥,但问题在于这种摄政应该以规范化的方式加以实现。② 从经验的角度去观察人民自有其方法论上的合理

---

① 参见闫小波:《论近代中国宪政期成之争》,载《南京大学学报(哲学·人文科学·社会科学版)》2008年第5期。
② 参见张龑:《人民的成长与摄政的规范化——辛亥革命以来的人民意志建构及其先锋队》,载《中外法学》2012年第1期。

性,但将观察的结果当作施行某种训政政治的论据则是不妥的,其中理由在于,无论经验中的人民如何积极履行其公民的义务,具有何种程度上的政治成熟,其与人民主权学说中所设想的理想中的人民总是不同的。不仅后发民主国家的政治氛围培养不出这种政治主体,即便在民主政治成熟的国家中,理论家们依然在为调和人民的两重身份之间的鸿沟而大伤脑筋。

4. 现实主义者眼中的群氓

彻底的现实主义者们与上述的经验主义者们仍然有所不同。经验主义者尽管坚持从经验的角度去理解人民,但其依然努力在日常的人民身上去发现理想中人民的影子,而在现实主义者那里,人民是彻底非理性的存在。之所以20世纪初期的现实主义者们会有这样的看法,或许是因为随着西方民主运动的深入,民主的范围(人民的范围)不断被扩大,直至包括有色人种与妇女。而人民参政资格一直被认为和理性思维能力有某种内在关联,但在民主范围扩大之后,民主权利主体的理性思维能力却被认为在不断地下降,理性的论辩被对公众情绪的煽动所取代。这或许导致了时人对民主以及作为民主前提的人民概念的深入反思甚至彻底否定。从19世纪末到20世纪初,西方民主理论的发展趋于极端,代议制民主的学说与实践在欧洲日益被直接民主的学说与实践所威胁。与此同时,反民主的学说与思潮也趋于极致,意大利的帕累托、莫斯卡,德国的米歇尔斯以及法国的勒庞便是这个潮流中的典型代表。

人民观念在近代的勃兴很大一部分原因是要用它来代替旧时代(ancient regime)的上帝观念,换言之,人民观念是仿照着上帝观念被设想出来的,既然上帝是全知、全能、全善的,那么作为上帝替代品的人民也必然是理性的、能动的和道德的。然而在现实主义者那里,这完全是一种幻想,勒庞和米歇尔斯则是驱除这种幻想的最有力者。勒庞在其名著《乌合之众》之中宣称,由个人组成的群体与个人是不同的,在群体中支配个人的理性消退了,取而代之的是一种群体性的无意识,也就是说"大脑活动的消失和脊髓活动的得势"①。

在勒庞看来,不仅人民的理性能力不存在,其善良意志同样是难以期待的。相反在个人那里被当作犯罪的行为,在群体那里却有可能变得天经地义,而"参与这种犯罪的个人事后会坚信他们的行为是在履行责任",大众身上所具有的特征在某些场合与犯罪团伙的一般特征并无二致,都"易受怂恿、轻信、易变,把良好或恶劣的感情加以夸大、表现出某种道德,等等"②。至于人民是否是善良的,勒庞在其另一本名著《革命心理学》中对之作出了充分的说明。在法国大革命中,法国人民好似已经失去了最基本的恻隐之心,当时的"母亲们带着她们的孩子去看刽子手行刑,就像今天她们带孩子去看木偶戏一样"③。但凡稍具历史知识的人都可以想见,将历史上屡见不鲜的那些杀戮与迫害都归罪于某个专制君主的欲望或者野心并不公平,要是没有大众的狂热情绪与之相呼应,前者是不能成事的。

既然人民既不理智也不善良,那么人民能否充分地表达自己意志也不是不能质疑的。从人民主权的理论看,正是因为人民将

---

① 〔法〕古斯塔夫·勒庞:《乌合之众——大众心理研究》,冯克利译,中央编译出版社2005年版,第11页。
② 〔法〕古斯塔夫·勒庞:《乌合之众——大众心理研究》,冯克利译,中央编译出版社2005年版,第136—137页。
③ 〔法〕古斯塔夫·勒庞:《革命心理学》,佟德志、刘训练译,吉林人民出版社2004年版,第117页。

其意志注入宪法与法律之中,后者才获得正当性。但从现实主义的角度来看,唯一能够确定的是人民选举代表这个事实,但是人民代表有没有真实地反映人民的意志,人民是否有能力表达与实现自己的意图,都必须打上一个疑问号。温和的经验主义者可以声称,人民可以通过默示的方式表示自己的同意。但在极端的现实主义者看来,默示的说法显然不能成立,其中将人民以及民主制度的无能描述得最为充分的当属德国社会学家米歇尔斯的名著《寡头统治铁律》一书。该书的主要观点在于:现代国家无论是从地域广度而言(瑞士之类的极少数国家除外)还是从介入社会的深度而言,都决定了直接民主制度的不可能,而这就意味着现代国家生活对各种类型组织的依赖。米歇尔斯的卓越之处在于指出了无论哪种类型的组织——尤其是政党组织,寡头化和官僚化在技术与实践上都是必要的,而且也是它们难以逃避的宿命[①]。现代民主运动的结果不过是将民主式的贵族制变成了贵族式的民主制,在这之中大众(人民)并没有改变自身的被动地位,米歇尔斯的学说不仅戳破了民主拜物教的神话,同时也戳破了人民拜物教的神话。

(二) 人民概念的非实体化理解

1. 康德:作为法理念的人民

从以上论述可以发现,人民一词不仅含义丰富,而且这些含义之中有些是互相取消的。更麻烦的是,这些含义上的差异并不

---

① 参见〔德〕罗伯特·米歇尔斯:《寡头统治铁律——现代民主制度中的政党社会学》,任军锋等译,天津人民出版社2003年版,第18—77页。

应该仅仅归结为价值取向上的差异的结果,因为这些含义都反映了一部分的事实,并非全然是意识形态权力的产物。如何在这些含义各自的维度上澄清这些含义,并阐明这些含义之间的联系就成了一个急需解决的问题。一般而言,康德哲学在澄清因语义的混乱而产生的矛盾(悖反)上有良好的功效,因此我们不妨先对康德的人民观进行考察,并在此基础上进一步指出,人民一词所具有的那些含义各自的位置何在以及之间关系如何。

康德眼中的人民又是如何的呢? 在《道德形而上学》中,他有这样的论述:"人民借以把自己构成一个国家的那种行为,但真正说来只不过是国家的理念,只有按照这种理念才能设想国家的合法性,这就是源始的契约,根据这个契约,人民中的所有人都放弃自己的外在自由,以便作为一个共同体,亦即被视为国家的人民的诸成员而立刻重新接受这种自由。"[1]就上述论述而言,在康德那里,人民一词并不是一个自然的事实,而是与国家和法(而国家又是以法的方式得以被构建)相关联的,人民这一表达意味着必定走进法律状态的自然状态。与此同时,这里的"人民"是实践理性所设想出来的理念,而它反映在法权的领域则是一个法上的人格,因此其区别于经验中的人民,不具有经验中的人民所具有的民族学以及人种学意义上的"自然"属性与特定的社会文化属性。[2] 同样要注意的是,在康德那里,使人民成为一个法上的人

---

[1] 〔德〕康德:《道德形而上学》,张荣、李秋零译,载李秋零主编:《康德著作全集(第6卷):纯然理性界限内的宗教、道德形而上学》,中国人民大学出版社2007年版,第326页。

[2] See Etienne Balibar, *What Makes a People a People*? Rousseau and Kant, translated by Erin Post, in Mike Hill, Warren Montag, ed., Masses, Classes and Public Sphere, p. 110.

格,与使得(经验意义中的)人民成为(法权意义上的)人民的不是某个实证性的法秩序,而是法的原则,即"不违背自由和所有人在人民中与这种自由相适应的平等的自然法则"①。事实上,这样的原则与卢梭所提出的构成人民的原则,即"每个人都必然地要服从他所加之于别人的条件"这样一条纯粹形式的原理在本质上是一致的。就这一点看,并不存在前文所提及的哈贝马斯所说的康德的人权原则与卢梭的人民主权原则之间的分歧。康德的法权原则既包含了人权原则也包含了人民主权原则,而这两者不过从两个侧面表达了康德的法权原则,前者是说每个人的自由是法秩序得以成立的前提条件,而后者则是说,在每个人的自由这一点上,所有人都是一致的。

同时值得进一步注意的是,在康德那里,作为理念的人民,与由之所构成的原初契约一样,"只是纯粹理性的一项纯观念,但它有着毋庸置疑的(实践的)实在性,亦即,它能够束缚每一个立法者,以致他的立法就正如从全体人民的联合意志里面产生出来的,并把每一个意愿成为公民的臣民都看作他已然同意了这样一种立法一样"②。然而这样一个理念所构成的原理是范导性的,这也就是说全体人民的联合意志(人民主权)这一原理是一条批判性的原则,可以用之来检验实证性法律的正当性,但却不能构成性地(constitutive)产生出某种法上的权利与义务,因为实证

---

① 〔德〕康德:《道德形而上学》,张荣、李秋零译,载李秋零主编:《康德著作全集(第6卷):纯然理性界限内的宗教、道德形而上学》,中国人民大学出版社2007年版,第325页。
② 〔德〕康德:《道德形而上学》,张荣、李秋零译,载李秋零主编:《康德著作全集(第6卷):纯然理性界限内的宗教、道德形而上学》,中国人民大学出版社2007年版,第190页。

的法所需要考虑的是其所规定的行为的结果,即其自身所能实现的经验性条件。

不过有时候,康德也会提及人民身上的经验属性,他在《道德形而上学》中同样将人民划分为"积极公民"与"消极公民",这一划分完全是经验性的,因为这一划分与公民自身的独立性相关,而这种独立性又往往与其财产条件有关。康德限制了这种划分的有效性,在他看来,尽管只有"积极公民"才能参与组织国家本身以及协助引进某些法律,但"消极公民"这一层的身份却更为根本,因为将积极公民从人民整体中划分出来遵循的是一条经验的标准,而"消极公民"这一身份却是任何一个法秩序得以成立的先天条件,同时还包含了使消极公民上升为积极公民的条件。①

从以上康德有关人民的看法中,我们可以得出以下几条结论。首先,作为理念的人民以及人民主权的原理完全是由理性所设想出来的,其实在性并不来自经验事实,而是来自实践,即经验之外的超验的领域,因此,现实之中的人民所具有的被动的,甚至非理性的表象均不能用来反对人民主权原理的正当性。同样,作为理念的人民,既不可能犯错更不可能犯罪,因为这种情况只有在经验中的人民那里才能发生。而像司法至上主义者以及现实主义者那样,以现实中的人民缺乏政治热情以及理性判断能力来质疑人民主权学说不仅未能切中要害,而且很可能是不道德的。其次,对于某个特定的人群的认识并不能构成人民这一理念的内容,也就是说,将对某个特定的伦理—文化共同体的经验性表象

---

① 参见[德]康德:《道德形而上学》,张荣、李秋零译,载李秋零主编:《康德著作全集(第6卷):纯然理性界限内的宗教、道德形而上学》,中国人民大学出版社2007年版,第325页。

（诸如民族性等）当作人民这一理念的内容是不合法的。

人民既可以包括来自各个民族、文化传统的人民，也可以包括历史上各个时期的人民，正如柏克所说的，订立社会契约的不仅是当时的人民，同时还包括在整个历史时间中出现过的以及即将出现的所有人①，但人民的理念以及人民主权原则并不能赋予现实中的多数以某种超越法权原则之外的权能，更不能给政治权力提供在法外行动的理由，同样，其也不能与某种特殊的制度相关联。作为理念的人民所具有的理性能力与善良意志并不意味着现实中的人民也具有同样的性质，因此对现实中的人民作高大全式的美化是不合适的。同样，认为人民主权理论必须以立法权至上的政治形式表现出来，并且拒绝任何程度上的宪法审查，这种看法同样成问题，因为一条超验的原则并不能直接作用于经验领域，而一种实证性的法秩序必须要考虑现实中的诸多可能性条件。

综上所述，在康德那里，在先的不是作为实体的人民，而是法权原则，而作为集体人格的人民则是因法权原则而被设想出来的一个理念（理想），而这样的理念是不存在于经验世界的，它所具有的实在性不是经验的实在性，而是实践的实在性（处于超验世界的实在性）。超验中的人民作为被理性设想的个体人格总和，与后者一样，其也有被运用到经验世界，这种运用就表现为一种公共性的自主，而这也就意味着在法权原则的框架下（与个体人格有关的），具体的权利体系将由一种公共性的自主所作

---

① 参见〔英〕柏克：《法国革命论》，何兆武、许振洲、彭刚译，商务印书馆1998年版，第129页。

出,这同样意味着作为个体权利的人权与作为人民权力的主权之间不是对立而是相互补充的关系。总而言之,人民这一概念涉及经验与超验两个层面,经验中的人民正是由于其同样作为超验人格的存在,才具备了主权者的正当性,正是由于这种超验人格背后的法的原则使得人民成为了人民。

2. 凯尔森:去实体化的人格观

上文中我们考察了康德学说中的人民观,人民一词在他那里明确地呈现为两个维度,一者是理想性的(作为理念存在),而另一者则是经验性的,这样一个区分在卢梭那里同样存在,但由于其没有加以清晰的说明,导致了关于其主权学说的种种争论。而康德的学说则在哲学的层面上阐明了人民一词各层含义所在的位置,为我们进一步在法学,尤其在宪法的层面上理解人民的概念开辟了道路。如何理解作为宪法的概念的人民?新康德主义法学家凯尔森在《法与国家的一般理论》中指出,所谓的实体不过是一系列表象的综合,因而法上的主体也只不过是某些权利义务关系的拟人化(personification)表达[1],而在《上帝与国家》一文中,凯尔森进一步指出,所谓国家不过是作为整体的法秩序的拟人化表达。[2] 因此,作为宪法概念的人民也只能定义为某一法秩序中的公民全体,而这种公民只不过是一系列有关政治权利的法律关系的拟人化表达。就上述定义而言,其偏离了近三百年来争议不断的人民主权原理,而近于国民主权原理中关于"国民全体"

---

[1] 参见〔奥〕凯尔森:《法与国家的一般理论》,沈宗灵译,中国大百科全书出版社1996年版,第103—108页。

[2] 参见〔奥〕凯尔森:《上帝与国家》,林国荣译,刘小枫选编:《施米特与政治法学》,上海三联书店2002年版,第310—311页。

的定义。

事实上，国民主权原理不过是人民主权原理在法学上的一个表达。因为真正的人民主权原理中的"人民"并不是经验性的，但卢梭学说中"人民"这一概念的含混性导致了后来的学者仍然将"人民"理解为经验中的偶然性形成的大多数。不过康德纠正了这个看法，他去除了人民主权学说中"人民"一词的经验属性。而到了罗尔斯那里，这种人民就是处于无知之幕之中的一个理论上的设想，惟其如此，一个公平正义的法秩序是难以被设想出来的。作为一个法上的概念，人民一词必须具有最大的普遍性，这种普遍不在于到底是包含了一个国家所具有的总人口的95%还是99%，而是要及于一个特定的法秩序中的每一个公民。只有从作为权利义务主体的"每一个公民"出发才能建构一个内在融贯的宪法秩序，如果仅仅从政治意志所决断的、经验性的被列举出来的人民出发，那么就会因为人民含义的变动不居而难以构建起一个宪法秩序，因为如果按功利的需要，将某些人群纳入或排除出人民的行列，其本身就是一种非法的行为。因此，理解我国现行宪法中"人民"一词的含义，追求历史原意的主观主义的解释方式是危险的，而唯一可行的则是从法秩序的统一性出发的客观主义解释。

如上文所述，既然宪法上的"人民"是在法的意义上被构造起来的人格，就其根本而言不过是公民的权利义务关系的整体性的拟人化表达，因此它作为主权者就区别于旧时代君主，人民主权无非是说，使得作为个体的公民得以被组织起来的那种一致性（法权原则）具有最高之权威。同样，法的意义上的人民的最高性，并不意味着某个现实中的大多数也应当具有无限的权能，更不意味着作为大多数意愿的代表的立法机关也同样具有不可侵犯的无上权威。可惜的是,法国人在很长时间内都在坚持这样一种错误,从大革命到20世纪50年代,他们一直将人民主权原则与立法权至上的政治形式联系起来,并且认为任何形式的宪法审查制度中都存在着难以解决的"反多数难题"。犯这样的错误完全是因为误解了人民主权学说的性质,人民主权学说并不意味着某个特定时刻的绝大多数人的意见的绝对正当性,真正的人民主权原在于人民全体绝对一致的同意,即从每个人的观点看都有可能的同意,换句话说,也就是某项法律必须以一种普遍的无矛盾的方式被设想出来,因此这种学说不仅不会禁止宪法审查制度,相反恰恰是这种制度正当性的源泉。

最后要说明的是,仅将人民作国民主权学说的国民全体理解也有不妥之处,因为这样一种彻底的形式化的理解会导致这一概念的空洞化,而这样一种完全去除了道德内涵的人民概念恐怕是任何人都不能接受的。我国当前的宪法之所以采取人民一词,正如上文所述,很大程度上是因为左派知识分子们反感国民党时期被剥离了道德内涵而纯粹作为法律概念的国民一词。如何保持人民一词中的道德内涵,其中的根本之点在于,不能忘记人民主权与人权原则一样是法权原则的不同表达,而这一法权原则最终来自人的道德自律(autonomy)。在这一点上,人民主权原则涉及的就不仅是"不互相侵害"这样的完全义务,其还涉及"要帮助他人"这样的不完全义务,而后一种道德内涵的存在则使得人民主权原则同样能够容纳社会国的原则,而不仅仅困于古典自由主义者们夜警国家的想象。

3. 哈贝马斯：程序化的人民主权

继康德、凯尔森的学说之后，哈贝马斯试图调和内在于人民主权理论内部的一系列矛盾，在其看来，任何对于人民主权理论的实体化理解都已经不可能了，也即将人民看作一个现实存在的整体人格，能够像个体人格表达自己的意志一样表达自己作为主权者的意志。不过其也不能接受古典自由主义者所提出的将政治与有可能上当的民众隔开的方案，因此其发明出一种程序性的人民主权理论。①

为了说明其自身的理论，他区别出了两组概念，一是"道德性的"与"伦理性的"，二是"私人自主"与"公共自主"。所谓道德性的就是从普遍的个体性人格的角度出发，而伦理性的就是从共同体的具体的生活方式出发，与之对应地，前者更多涉及的是以个体成功为目的的私人性自主的领域，而后者所涉及的则是以公共交往为核心的公共自主的领域，前者更多地表现在以形式性为特征的法的领域，而后者则更多地表现在需要作出具体判断的政治领域，而我们一般而言的人权原则倾向于前者，而人民主权的原则则倾向于后者。在哈贝马斯那里，人权与人民主权之间的关系并不表现为现实中的那种互相冲突，而表现为一种互补的关系，即人权原则既不是人民主权的上位原则，也不是人民主权实现自身的工具。这种互补最集中地体现在当代的基本权利体系之中，人权以一种法律媒介的方式出现，其本质上是作为自由、平等的人格得以被横向联合起来的前提条件的法律形式，其大概包

---

① 此处关于哈贝马斯的人民主权理论均参见〔德〕哈贝马斯：《在事实与规范之间——关于法律和民主法治国的商谈理论》（修订译本），童世骏译，生活·读书·新知三联书店2011年版，第618—651页。

括平等的自由权、共同体成员的地位以及要求权利救济的权利。同时,前者所解释出来的原则是高度抽象的,也即意味着一个普遍的唯一的权利体系是不存在的,而在作为框架的(基于人权原则的)法律形式内部,其具体的内容需要政治意志,也即人民主权来填充。不过尽管哈贝马斯批评康德,认为其私人自主高于(产生出)公共自主,人权高于(产生出)主权的看法过于形而上学,但是在哈贝马斯那里,作为形式条件的人权原则同样起到一种在先的过滤作用,只有可被普遍化的那些主张和理由才能被纳入到人民主权的领域。这同样意味着,公共自主在政治领域的应用必须以(基于人权原则的)主观权利的形式表现出来。因此,在公共自主的应用上,哈贝马斯持这样的观点:如果社会的公共德性的水平没有到达一定的程度,没有一定的民主自由文化作为支持,民主制度以及人民主权都难以实现。但问题在于,人民主权的问题在绝大部分意义上都只是一个法的问题而非德性问题,同样,即便现代民主政治需要一定程度的公共德性,那也只是在一个低的实现程度上被要求。

另外值得一提的是,哈贝马斯还试图调和人民主权学说中意志形成过程与意见形成过程之间的分歧。在意志形成的过程中最为重要之点在于作出决断,而意见形成过程中是要得出真理,而这则是一个几乎无限的过程。如何保证作为主权的人民所作出来的决断是理性的,在政治思想史中则历来是一个难题。哈贝马斯解决的方式就是要区分作为法治国建制的意志形成过程,以及在文化领域中被动员起来的意见形成过程。在建制化的意志形成领域,之所以要作出某种决断,是要为了某个具体的利益而有所行动,而不是试图区分对错、正义与非正义,也就是说在这个领域所作出的决断是具有可错性的，可以在下一个决定中被更替；而意见形成的过程则是一个未被组织的、以主体间的理解为取向的领域。值得注意的是，如何把握这种建制化的意志形成过程与未被组织的意见形成的关系。首先需要明确的是，人民主权不仅仅只体现在前者之中，因为就实际情况而言，尽管现代的民主参与机制使得公民有越来越多的机会运用自己的政治自主，但在国家体制内被建构起来的程序在越来越大的程度上呈现出一种自我正当化并有意识地从大众之中提取效忠的倾向。为了抵制这种倾向，一种自发的、无组织的公众交往领域对前者加以批判以防止其僵化，也就是通过建制外的意见形成过程来影响建制内的意志形成程序。但这种体制之外的交往活动是脆弱的，要保证其不受行政权力的扭曲，不仅需要一种公民文化的支撑，同时也需要建制内的司法体制对作为人权的言论自由的保护。

五、结论：作为宪法基石的人民概念

综上所述，一个适宜于宪法秩序以及宪法学体系的人民概念可能包含以下三层含义：第一，作为整个政体正当性来源的人民不是现实中的一个群体，而是根据法权的原则，在超验领域中被设想出来的一个人格。正是由于这个整体人格的超验性，使得人民成为了人民，成为了一切现实体制的正当性来源，而现实中的某个人群的某个决断却并不一定具有正当性。这也就是说作为超验人格的人民是纯粹理性的，不会犯错，而经验中的人民不具有这样的正当性，这既表现在作为人民意志代表的代议机关不具有这样的正当性,不能像法国历史上那样因主张代议机关具有绝对正当性而拒绝违宪审查,又表现在经验中的人民自身也不具有这样的正当性,其自身之中仍然存在着多数人暴政的危险。超验的人格与经验中的具体的人群之间的关系在于,前者首先构成了一个消极的界限取消了后者绝对性的主张,在此之外又构成一个积极的标准来衡量现实中的人民的意志是否能够被当作理性的法的意志而存在。

第二,人民一词的含义在具体的法层面上在于具有民主权利的公民之总和,这是宪法中人民一词最不容易引起歧义的一个含义。现代的宪政体制与前现代体制的最大差异不在于是否是"为了人民",而是"人民的自治"。正如福楼拜尔(Julius Fröbel)指出,凡不是人民自己制定的法律只是命令而已,通过行使民主权利参与公意的形成并具有最终决定的权力,这是现代宪法中人民一词的核心要素。① 不过仍然有以下两点值得注意:其一在于,人民的公共自主(对国家权力的参与)只能以(基于人权原则的)主观权利为其形式,正如选举权只能以一种权利的方式出现,而不能存在所谓的选举义务;其二,在人民主权与人权之间的关系上,人权只意味着一种作为共同体存在的前提条件的法律形式,它是具体权利的纲要和框架,不能指望由抽象的权利原则而衍生出权利体系,权利体系的具体内容要在历史的语境中由人民通过其政治自主具体地作出,但这种决策更多地涉及利害的计算,因此不能取代人权的原则。

---

① 参见〔德〕哈贝马斯:《在事实与规范之间——关于法律和民主法治国的商谈理论》(修订译本),童世骏译,生活·读书·新知三联书店 2011 年版,第 633 页。

第三,人民一词不仅意味着建制内的民主权利的享有者的总体,同时还意味着体制之外的未被政府权力所组织起来的公共交往的领域,只是由于这样一个领域的存在,未被权力所扭曲的话语才能对建制内的意志形成过程保持压力,作为主权者存在的人民的概念内部才存在着反思性。而这样一个脆弱的领域得以存在,一方面需要自由、民主的文化(理性商谈的条件)被普遍地接受,而另一方面则在于对商谈条件的保护。

纵观对于人民概念进行理解的两种途径,我们会发现对于人民概念的实体性理解反倒是抽象的,传统的人民主权理论将人民理解为最高的存在,而这种最高究其本质只不过是否定性的谓词,其中便蕴含着人民代表以人民的名义作出任何的决断的危险。反倒是非实体化的人民概念给人民主权原理,以及"人民—人民代表"的结构注入了具体的内容,只有人民代表乃至人民自身的意志反映了一些形式性的条件,其才能被当作人民的意志来对待。而这一点对于宪法解释以及对于制宪权的性质等宪法学问题的理解有着重要的意义。对于前者来说,试图寻找立宪时人民整体对于某个条款的理解在认识论上是不可能的,唯有可能的是根据人民主权这样一条法上的原则(所有人的同意或者公意的原则)来理解,而这里人民就不应该是现实中的人群,而是一个超验的人格,因此也就不存在马歇尔所说的美国人民要下地狱,法官也只能协助他们的问题;对于后者来说,人民这一概念本身就会对制宪权产生限制,这使得人民的制宪权只能在(基于法权原则的)法律形式之内,而且人民的意志是否能被实现的标准在于人民的民主权利以及政治自由是否能够得到保障。对于中国宪法学体系的形成而言,这种非实体性质的人民观也有其自身的优点所在,一方面,这样的人民观可以消解宪法序言中的历史主义和文化国家观给现代宪政体制带来的压力,另一方面,也可以消除《宪法》第 1 条革命性质的民主观对日常政治带来的压力。

"共和"考论

刘艺灵

"republic"的翻译取道日本,经过了一次意义的取舍,而接纳这一语词的中国人又对其附加了更深一层的联想,使其呈现出不同于欧日的意象。中国人对"republic"的理解不可能是原汁原味的摹写,始终存有译体词自身产生的附加值。对本源词的意义改写,使这个原本复杂的概念更加复杂化,这种复杂化可以理解为意义上的"互动和新生"。

从中华民国到中华人民共和国的共和实践,与近代以来中国的共和话语实践有关,也与"共和"这个古老语词的重现以及对英语的"republic"的翻译有关。在这里,并不是因为中国古老的"共和"一词使中国人发现了(英语的)"republic",而是中国遭遇"republic"之后重新激活了自己尘封已久的"共和"二字的意义。可以说,中国近代的"共和"话语实践是由汉语的"共和"与英语的"republic"互译关系所发动,并由此被框定在"古今—中西"交叉的节点和坐标轴上。

19 世纪 40 年代以后,随着西方传教士在中国使命的拓展,以及中国对西方了解的加深,republic 作为西方政治体制的表征语汇之一开始进入中国士大夫知识阶层的视野。这一语词的传入大体上有两条通道:一条是明治前后作为日文对西方的翻译词汇而传入中国,另一条是传教士和中国人自己对西方著作、对西方政治的阅读思考而形成的中文译词。

Republic 源自拉丁文 res publica[①],在西方古典政治学说中具

[①] See Simpson, J. A. & Weiner, E. S. C., *The Oxford English Dictionary*, Oxford University Press, 1989, p. 673.

有多重内涵,从柏拉图、亚里士多德到西塞罗,这个名词既可作为国家、宪法、政体的泛称,又可作为一种混合政体的专称。一开始,中国人对 republic 并没有一个固定的汉语译词,有时根据日本的译法将其译作"共和""共和政治",而在华的传教士则习惯将其译为"众政之国""公共行政"①"民主""民主之国""众人之治"②等。当在"国家构造"这层意思上用以表达对美国的理解时,republic 很难与 united states 作出严格区分,故前者有时也被译为"合众国""合众省"或"合省国"③。在中国将西语中的"republic"统一固定为"共和"这个译词是 20 世纪以后的事情。

这说明,无论是翻译的途径还是对应的译词,republic 都曾面临着多样化的选择。最终,republic 经由日本学者的"共和"译法,传入中国并逐渐定型。由此也衍生出以下几个问题:为什么"republic"最终的译词选择了经由日本传入这一条通道?在诸多的译词中,"共和"又为什么最终胜出?古语"共和"是在哪一层语义上被复活?又添附了什么样的中国意象?

一、"republic"的翻译和传入——取道日本

已有的研究表明,以汉字"共和"对译英语 republic,最早是由

---

① 见《英华字典》(1847),转引自方维规《"议会"、"民主"与"共和"概念在西方与中国的嬗变》,载《二十一世纪》2000 年 4 月号。
② 见《英华萃林韵府》(1872),Justus Doolittle, *Vocabulary and Hand-Book of the Chinese Language*, Rozario, Marcal and Company, 1872. p. 195。
③ 见《英华韵府历阶》(1844),转引自方维规:《"议会"、"民主"与"共和"概念在西方与中国的嬗变》,载《二十一世纪》2000 年 4 月号。

日本学者完成的。① 1845年,地理学家箕作省吾在翻译荷兰地理学著作《坤舆图识》时,就如何翻译"republiek"向宿儒大槻磐溪请教,后者建议将"republiek"译成"共和政治",是为"共和"与"republiek"关联之始。② 到了19世纪八九十年代,一系列西方政治学著作相继被翻译成日文,作为政体意义上的"共和""共和政治"在日语中得到广泛使用。③

虽然在戊戌变法以前,中国已有"共和"一词的使用,且与日本文献无关,但"共和"成为"republic"的译名并为中国普遍接受,却与日本关联甚笃。据学者考证,最早在republic意义上使用"共和"的中国人是黄遵宪④,而他自1877年开始就随驻日大使何如璋出使日本了,他在1887年写的《日本国志》中介绍了许多的日语词,"共和"赫然在列。这种关联从报刊关于"共和"的使用也可见一斑。19世纪以"共和"入题的文章共计8篇,全系译作,译者皆是日本学者,翻译的原刊也来自日本。再如《清议报》中,政治小说《佳人奇遇》中21次用到"共和",含义与"republic"相当,而该小说的原作者即日本明治时期的政治活动家和新闻记

---

① 参见冯天瑜:《新语探源:中西日文化互动与近代汉字术语生成》,中华书局2004年版,第548页。
② 参见金观涛、刘青峰:《观念史研究:中国现代重要政治术语的形成》,法律出版社2009年版,第267页。
③ 参见陈力卫:《近代中日概念的形成及其相互影响——以"民主"与"共和"为例》,载《东亚观念史集刊》第1期,政大出版社(台北),2011年12月。
④ 参见〔意〕马西尼:《现代汉语词汇的形成——十九世纪汉语外来词研究》,黄河清译,汉语大辞典出版社1997年版,第209页。金观涛、刘青峰:《观念史研究:中国现代重要政治术语的形成》,法律出版社2009年版,第267页。

者柴四郎①。国人使用"共和"一语明确表达政治主张的,较早见于孙中山。1895年3月4日、4月17日孙中山与日本驻香港领事交谈,他说,起义成功后,"使两广独立为共和国"②。1897年孙中山在与宫崎寅藏等的谈话中又明确说:"予以人群自治为政治之极则,故吾政治之精神执共和主义。""共和政治不仅为政体之极则,且适合于中国国民,而又有革命上之便利也。"③孙中山1897年来到日本,直到1900年6月,近3年的时间从未离开。在日期间,他与一些有影响力的日本人往来频繁,明确提出了"共和主义"的政治理想。这样一段经历当然与后期孙中山以日译"共和"作为革命口号有渊源。1902年邹容东渡日本,开始了他的留学生涯。1903年,邹容的《革命军》一书广泛传播,书中对新国家的表述直接采用了日译"共和","中华共和国万岁"的口号传遍思想界和舆论界。

近代意义上的"共和"语词由日本传入中国是一个有意思的现象。这首先源于中日文化长久以来的交融互动,只不过这种互动带有单向性的特点,就像水流,总是由高到低。近代以来,中日的位置高低发生了逆转。遣唐使源源不断地来到中华帝国学习观摩的时代已经过去了,取而代之的是留日学生和知识分子,将

---

① 参见李爱军:《"共和"涵义的近代化及Republic在19世纪中国的译释》,载《河北师范大学学报(哲学社会科学版)》2012年第1期。在文中,作者对戊戌以前中国对"共和"一词的使用及"共和"一词传播受日本的影响这两方面的内容均有详细的考证。

② 冯天瑜:《"革命""共和":清民之际政治中坚概念的形成》,载《武汉大学学报(人文科学版)》2002年第1期。

③ 《与宫崎寅藏平山周的谈话》,载《孙中山全集》(第1卷),中华书局1981年版,第172页。

学习所得如获至宝般带回中国。他们羸弱的祖国太需要注入新鲜血液了,这些新知识、新理念、新制度,已经确凿无疑地使附属小国日本走向富强,并完成了对天朝上国的超越,还有什么比这一显而易见的事实更加震撼呢？19、20世纪之交的日本,已早早走在了中国的前面去开眼看世界,由此也创制了大批对译西学概念的汉字新词。落在后面的中国则急需这些新观念、新名词,于是便有日译词大量传入中国的情形发生。"共和"从日本回流,跟"自由""民主""宪政"这些新词汇一样,带着启蒙与救亡的希冀,被植入了中国的语境。

在日制汉语新词大举入华之前,汉语在东亚的巨大影响力,也客观上给日译词的"回流"拆除了藩篱。① 可以想见孙中山会见宫崎寅藏的情景：在日本已经用"共和"对译 republic 的几十年后、"共和"语词在中国也已普遍使用的1897年,两人用汉字笔谈时,沿用现成的"共和"译词实在是再顺理成章不过的事情。

自马礼逊1807年入华并传播西学开始,欧美新教传教士和中国本土的知识分子在译介西方事物和知识时,尝试过音译、意译两种方法。选择音译,是出于对汉文能否忠实地还原西方文化的怀疑。应当说,这种疑虑是有道理的,时至今日,仍有人坚持认为最好的翻译就是不翻译。尽管这样的说法有些极端,但中西话语的对译的确存在很多问题(后文会进一步详述)。然而直呼"德

---

① "明清两代,汉语文言是东亚世界通用的书写语言,汉字是东亚世界的通用文字。不仅中国使用,日本、朝鲜、琉球、越南等国的知识分子都以汉字作为主要书写手段。这种情况一直持续到20世纪,孙中山在会见日本社会活动家宫崎寅藏、越南民族解放运动领袖潘佩珠,蒋介石会见韩国独立运动领袖金九,双方都是通过书写汉字'笔谈'来实现交流的。"(罗山：《日本人为什么用汉字来翻译西方概念》,载《国家人文历史》2016年第11期。)

谟克拉西""赛因斯"似乎也不是什么好办法,事实证明,这种音译词的生硬性大大影响了汉语受众的阅读与理解,尽管在一定范围内被反复使用和强调,仍然未能得到普遍接受。而日译的西语在一定程度上克服了音译词的弊端。日本在翻译西学概念时,往往通过改铸汉语古典词及创制汉字新语进行对译,这种在汉字文化框架内寻找对应语词的方式,使中国近代的知识阶层直接挪用日本的译词时有天然的便利和亲近感。在普及和传播的效果上,相较那些繁复、生硬的音译词,简洁的、带有历史性的"共和"也更容易脱颖而出。①

另外,一个客观情形就是,当时留日学生和知识分子比留英美学生的数量多,在译介西学方面的影响力更大。抱定"师夷长技以制夷"的清政府,自1872年开始有计划有组织地派遣留学生,30名幼童赴美拉开了晚清留学运动的帷幕。然而不到十年,学业未成,该运动就夭折了,之后虽有刘步蟾等船政学生陆续留学英法,但都零星不成规模。及至甲午战争后,败于蕞尔岛国的震惊和屈辱使朝野上下对近邻日本产生了前所未有的兴趣,留学日本成为一股潮流。这股潮流的生成,除了地理和文化上的便利条件,榜样效应是至为重要的,既然日本效仿西方取得了眼目所见的成功,那么效仿日本便是把中国导向成功的一条捷径。张之洞在《劝学篇》中的观点就颇具代表性:"一路近省费,可多遣;一去华近,易考察;一东文(日文)近于中文,易通晓;一西学甚繁,凡西学不切要者,东人已删节而

---

① 可以反证这一原因的是,日本自昭和时代起,尤其是第二次世界大战结束后,主要以假名音译西方术语,极少用汉字意译,中国对日本译词的挪用就大大减少了。

酌改之",故,"取径于东洋,力省效速","游学之国,西洋不如东洋","中东(日)情势风俗相近,易仿行。事半功倍,无过于此"。①

那种焦急迫切、欲走捷径的心情已跃然纸上了。早期的留日学生中,就有张之洞的长孙张厚琨,而黄遵宪的儿子、孙子、表弟、侄儿也在其中。据实藤惠秀研究:1899年留日人数为207人,1901年为280人,1902年猛增到500人,此后留日人数逐年增加,到1905年达到最高峰,留日人数竟有八千人之多,"实为任何时期与任何留学国所未有者"②。留学生人数的激增,使得留学生在中日文化上的桥梁作用日益凸显,中日两国的词汇互动也跟这一留学日本的风潮有关。

问题是,"republic"能否用汉语的"共和"一词加以翻译?两者间的意义是对等的吗?有没有意义的"剩余部分"?下面的阐释便围绕这些问题展开。

二、西语中译的难题

"一名之立,旬月踟蹰",用方块文字翻译字母文字,要传神又

---

① 张之洞:《劝学篇》,上海书店出版社2002年版,第6—14、38页。
② 舒新城编:《近代中国留学史》,上海中华书局1927年版,第46页。另一说是,在日本的中国留学生,1900年有100名左右,1902年增至约1 000名,1905年约8 000名,至1906年就有15 000名或者更多。[冯自由:《革命逸史》(第1集),第80—81页;Hackett, Roger F. "Chinese Students in Japan, 1900-1910", Papers on China, 3: 142. Harvard University, Committee on International and Regional Studies, 1949。另见汪一驹:《中国知识分子》,转引自〔美〕史扶邻:《孙中山与中国革命》(上卷),丘权政、符致兴译,山西人民出版社2010年版,第180页。]

达意,应当是一种很高的境界。因为无论译者如何力图还原词语的本意,两种完全不同的语言系统之间的隔膜始终存在。可以说,西语之于汉语,要选择一个最为"精准"的译词几乎是不可能完成的任务,译词的选择必然带有译者的理解侧重,这算是西语中译的难题之一。

为了克服本源词与译体词之间的这种矛盾,如前面所说,近代中国译介西方事物时也曾尝试音译。然而,效果并不理想,究其原因,主要在于它的"陌生化",即中国人的"方块字思维"不习惯字母文字的那种语序节奏。一个单词的音节过多,有碍于汉语的阅读和表达习惯。而且,这也不符合文本理论:文本总是相互关联的,具有互文性。若是根据读音寻几个不相干的汉字生拉硬扯地拼凑在一起,对于读者来说太过陌生,难以达成理解,也就不便于接受和记忆。如"president"音译"伯里玺天德","ambassador"音译"奄巴萨托",ultimatum音译"哀的美敦书",均冗长而令人费解。而好的有生命力的音译,总是带着意译的成分,其实是利用了人们"循音赋义"的偏好,去引发某一方面的联想。这实际上又回到了西语中译的难题上:不掺杂联想的译词难以被植入一个新的语言系统,而掺入联想的译词又容易偏离本源词的原意,将人带入歧途。所谓"准确的理解"真的可以达成吗?"理解是一种实践行为,是将言语行为或文本道说的东西同化为自己的一部分,在不断的同化中,理解在发生,视域在增长,表面沉寂清净,内在却是波澜壮阔。与文本相遇就是与自己相遇,'视域融合'其实也就是与自己的晤谈与私语,理解就是说服了自己,然后击节叫好或是仰天长叹。"①

译者在翻译的时候会带入自己对原词的主观理解,当然这种理解未必准确。事实上,所谓"准确的理解"也很难达成,尤其就"republic"这个词来说,它在西方本身也是一个有歧义性的概念。在西方世界里,各个历史时期的思想者在自己的论述中对共和思想都有一定的阐释和表达,既有古典共和主义者如西塞罗的 res publica(共和)定义,也有现代共和主义者的不同理解。例如,在古典和文艺复兴时期,共和制和君主制是对立的概念,可是在英国思想家的认识中,共和制与英国本国的君主制是相融合的。迟至启蒙运动时期,共和制被认为只能运用在国土面积比较狭小的国家,而美国国父们却通过代议制和联邦将一个极广袤的国家建成了共和国。它有时是一个纯粹的"政体"概念,既包括在"君主制"的对立面的意义上使用,也含有"有限"君主制(立宪君主制)以及某种混合政体类型的意思在内;在特定的语境下,它又专指与"君主制"相对立的某种政治类型;还有,共和、共和制、共和国、共和政府,它们之间的语义似乎也存有差异。而且,当"共和"被用于有关国家、政府问题层面的时候,它与西方的"民主""宪政""联邦"这些概念又关联在一起,无法完全剥离开来。它们虽有语义的区分和不同意义所指,但要清晰地界定它们之间的外延并非易事。事物之间往往既相互关联,又有不同程度的重合。共和与民主两者之间,共和与宪政的关系,都具有这种特点。立宪制与共和制事实上是重合的,人们可以不同意亚当斯的 republic(共和)定义,但不能否认两者间的共性;"共和"与

---

① 王人博:《业余者说》,广西师范大学出版社2018年版,第107页。

"联邦"之间的问题似乎更容易一些,如果撇开政体这层意思之外,共和概念似乎能够容纳联邦所指称的事物并与之协调起来。美国人习惯上也愿意把自己的国家称作"复合型共和国",既指向了联邦,也涵括了共和。

不得不承认,"理解"的本质不是"还原",也无法还原,那种追求完全符合原意的理解本身就是一种乌托邦主义。① 理解是"选择"与"重塑","我理解的"才是可以达成的。作为英语文化语境下的"republic"经由日本变成了中国汉字的"共和",这就使它脱离了原有语境,无可避免地加入(中国的西周)事件与汉字的双重联想,republic 的词意衍变以及在汉语语境下的意义再生已成必然。因此,本文不去探讨"共和"这样译词选择是否能够准确对应原词,而试图挖掘这一译词选择与传播的背后逻辑。

三、古语"共和"是如何经由译者复活的

对近代的中国人来说,"共和"既陌生又熟悉。陌生是指西周"共和"是中国人的一个遥远而含混的记忆,这个记忆在几千年的历史过往中早被遗忘,再次出现的"共和"承载的却是西方现代国家图景;而熟悉的意思是,相较于同时期那些令人眼花缭乱的外来词,"共和"毕竟是古代曾经有过的,而且与国家治理有关,有似曾相识之感。

在汉语中,"共和"一词的出处明确而具体,它最早见于司马

---

① 参见〔德〕汉斯-格奥尔格·加达默尔:《真理与方法:哲学诠释学的基本特征》(下卷),洪汉鼎译,上海译文出版社 2004 年版,第三部分"以语言为主线的诠释学本体论转向"。

迁《史记·周本纪》，文曰："召公、周公二相行政，号曰共和。"①除此之外，《史记》中还有多处关于"共和"的表述。② 按照《史记》的说法，公元前841年，西周厉王暴虐侈傲，国人暴动，厉王从首都镐京逃奔到彘（今山西霍县），于是"召公、周公二相行政，号曰共和"，"共和"时间长达十四年，及至周厉王死于彘，权力归还其子周宣王，共和才结束。然而，创设一个语词容易，阅读的人要弄明白它指涉的内容却不简单。司马迁使用的"共和"二字，虽多次出现，却语焉不详，于是给后人留下了一个大大的难题：到底"周召二公相王室"这一事件本身就是"共和"？还是这一时期的年号叫"共和"？或是另有其人名为"共和"？在此之后，关于"共和"的理解就变得模糊且迷雾重重。

西周共和究竟怎么一回事？对于这一问题，史学界大致有两种具争议性的看法：一是周召共同行政说，该观点主要沿袭司马贞《史记索隐》对"共和"的解释："宣王少，周召二公相王室，故曰共和。"③按照这类说法，"共和"就是指代一种共同执政的政权形式。二是以《古本竹书纪年》为代表的共伯和干王位说。④ 新出清华简《系年》似乎印证了这一说法。清华简《系年》为战国时期

---

① 《史记》卷四《周本纪》，中华书局1982年版，第144页。

② 如"厉王胡，以恶闻（遇）乱，出奔，遂死于彘。共和，二伯行政"；"共和元年，厉王子居召公宫，是为宣王。王少，大臣共和行政"；"宣王即位，共和罢"。（《史记》卷一四《十二诸侯年表》，中华书局1982年版，第503—504、512—514、517页）

③ 《史记》卷一四《十二诸侯年表》，中华书局1982年版，第513页。

④ 参见方诗铭、王修龄：《古本竹书纪年辑证》（修订本），上海古籍出版社2005年版，第58页，转引自陶兴华：《从清华简〈系年〉看"共和"与"共和行政"》，载《古代文明》2013年第2期。

的历史记录,其中对"共伯和"此人在"国人暴动"发生后进退周王室的经历有着大略记述。① 按照这一说法,"共和"乃人名,即"共伯和",更进一步说,是"共"地(今河南辉县)之"伯爵"名"和",这个人大致是地方诸侯的角色,在国人暴乱发生之后,入朝主持政务,稳定危乱时局,故称"共和行政"。待厉王去世,社会秩序亦已恢复正常之后,共伯和主动退位,周宣王即位,共伯和又回到了他自己的属地。这样一来,"共和行政"就不是一种政体形式,而是对某一个特定人物执政的指称。这两种观点,千百年来交锋不断,各自都有丰厚的史料支撑,也有众多的拥趸。②

笔者并非史学研究者,对于"共和行政"的真实指代不敢妄自揣测,对这样一个历史真相的考证既超出了能力范围,也并非分内工作。我们可知的是,"共和行政"的事件在中国政治进程中有着特殊而深远的影响,以至于与近代 republic 产生了勾连。那么,这个联系是怎么发生的?又是在哪一层意义上发生的呢?

以汉字"共和"对译英语 republic 的是日本学者大槻磐溪。其经过大致如下:箕作省吾就如何翻译"republiek"向大槻磐溪请教,后者的回答是,国无君主乃是有变,比如中国古代周王出逃,周、召二公协力主政 14 年,史称"共和",因此无国王之政体可

---

① 其文曰:"至于厉王,厉王大虐于周,卿李(士)、诸正、万民弗忍于厥心,乃归厉王于彘,共和伯立。十又四年,厉王生宣王,宣王即位,共伯和归于宋(宗)。"(李学勤主编:《清华大学藏战国竹简(贰)》第 1 章,中西书局 2011 年版,第 136 页)

② 关于史学界分别持这两种代表性的观点的学者及相应的著作和史料论据,参见陶兴华:《从清华简〈系年〉看"共和"与"共和行政"》,载《古代文明》2013 年第 2 期。

称作"共和政治"。① 也就是说,在使用"共和"翻译"republic"时,日本的翻译者是持"周召二公联合行政"的"共和"说法。前文已经述及,"共和行政"的真实指代在中国史学界本是聚讼纷纭的。而在这里我们可以发现,不管这一史实的真相如何,史学家们纠缠的细节并非影响译词选择的关键。因为显然,大槻磐溪是在"无君主"的意义上理解"republiek"这一概念的,不管"共和"是一种共同执政的形式,还是一个具体的人名,都不重要,重要的是在几千年的皇权社会中这个昙花一现的事件是极其特殊的,特殊之处就在于君主缺位,而由非君主的人物治理国家。国无君主这样的事情,在天皇万世一系的日本,想必也是极震撼的非常情形。因此,当译者将翻译的重心放在"无君主"这样一层含义上时,当然地就联想到西周的"共和"。因此,从"无君"的意义上说,"共和"无疑是一个结合了历史记忆的恰切的译词。

而译者选用这样一个词语去翻译西方概念时,对翻译对象的态度也是颇耐人寻味的。对于大槻磐溪来说,他不仅要精通英语,还得过中国古典文化这一关,好在他是藩校②的"学头"(负责人),算得上一位精通汉学的译者。而且,作为译者,除了英汉的文化素养之外,他自身还有无法丢弃的"日本关怀",或者说是作为日本人的"日本心结"。这种个人倾向至少可以从两个方面看到:一是首先将 republic 理解为无国王之政体,二是用国无君主的

---

① 参见陈力卫:《近代中日概念的形成及其相互影响——以"民主"与"共和"为例》,载《东亚观念史集刊》第1期,政大出版社(台北)2011年12月。
② 藩校是江户时代日本诸藩对武士子弟主要实施汉学教育的一种藩立教育设施。参见张梅、胡学亮:《江户时代日本藩校教学活动的考察》,载《教育学报》2014年第4期。

"共和政治"来对译。显然,在大槻磐溪看来,republic 的要义就在于"无君",至于其他内涵,并未纳入翻译时考虑的范畴。有意思的是,对于一个身在君主制国家的知识分子来说,会如何看待"无君主"这样一个状态呢?"无君"的国家构造是对正常有序的政治秩序的破坏,还是更加合理的社会结构的达成?是大逆不道,还是承载了一种不便言喻的政治理想?从人的一般心理来讲,一个人的心理期望和态度会直接影响他所选用的语词和表达。

大槻磐溪会如何看待自己翻译的对象呢?这还得从他的身世说起。他的父亲大槻玄泽是江户中期著名的医生、兰学者,在一本有关大槻磐溪的传记中,是这样记载他的父亲的:"考讳茂质称立泽。为仙台藩之医员。实我邦兰学者之祖。"①所谓兰学,本指荷兰传入的医学,但实际上等于中国的西学一语,包含西洋的一切新知在内。大槻玄泽是当时兰学的译介和传播方面的代表人物,称之为兰学泰斗也不为过。他所著的兰学入门书《兰学阶梯》,深受读者欢迎,同时又创办兰学私塾芝兰堂,培育出众多门生。大槻玄泽的弟子和再传弟子,后来成为各个领域的绝对骨干以及明治维新中活跃的政治人物。② 出生在这样一个开眼看世界的兰学世家,大槻磐溪自然是耳濡目染,深受影响。这也就难怪,"嘉永癸丑米国使节伯理始至。磐溪建议。主张开港。是时议者多主攘夷。朝野嚣嚣"③。他也由此被日本学者誉为"我邦

---

① 《日本维新百杰传》,开明书店光绪二十九年版,第 219 页。
② 1786 年 10 月,大槻玄泽在江户本材木町开设了兰学塾芝兰堂,教育弟子,直到他去世前大约 40 年时间,其门人达 94 人。参见日兰学会编:《洋学史事典》,雄松堂 1984 年版,第 351 页。
③ 《日本维新百杰传》,开明书店光绪二十九年版,第 220 页。

开国家者之元祖"。在那些尊王攘夷的言论当中,大槻磐溪的主张算是独树一帜的。从主张"开港"一事,足可以看出他对西方敞开胸怀乐于接纳的态度。另一点值得注意的是,在兰学兴盛于日本时期,作为榜样的荷兰正是共和国政体。无君主的共和国成功地保持了陆地边界,经济、知识和文化成就的黄金时代也得以继续,这证明了一个国家为了稳定和繁荣并不需要一个君主甚至准君主。① 由此,很难想象大槻磐溪在翻译 republic 时,会将它看作一个负面的词汇。

  从大槻磐溪生活的历史背景来看,江户时期是一个君权削弱的时代,天皇还远远没有获得后世的尊荣地位。中国历史上比较鲜明直露的无君论思想集中诞生在两晋南北朝时期,与地方政权寻求合法性有莫大关系。而日本当时的情形是,在德川幕府的分封体制下,幕府高踞顶端,其下就是各个藩国的世袭藩主,君主的有无似乎无关紧要。弱君政治的态势,与中国两晋南北朝藩镇割据、门阀士族把持朝政相类似。而且,大槻磐溪恰恰生于佐幕强藩仙台藩。可以想见,他不会有太强烈的君权思想。事实上,在幕府与天皇的斗争中,大槻磐溪也用行动表明了自己的态度。1868 年(明治元年),天皇军与佐幕军爆发了戊辰战争,仙台藩与周边诸藩结成奥羽越诸藩同盟并被推举为盟主。大槻磐溪主张"佐幕开港",并在幕府的军中担任了职务。② 彼时大槻 67 岁,事败后下狱,等到释放时已经 70 岁高龄了。在生命的最后几年,他

---

① 参见〔美〕斯科特·戈登:《控制国家——从古代雅典到今天的宪政史》,应奇、陈丽薇、孟军、李勇译,江苏人民出版社 2005 年版,第 240 页。
② "明治戊辰之乱。奥羽诸藩合从举兵。仙台为之盟主。起盘溪司军国文书之事。"(《日本维新百杰传》,开明书店光绪二十九年版,第 220 页。)

经历了日本社会的巨变,明治天皇掌握了国家的实权,建立起天皇享有绝对权威的君主立宪政体,开始了大刀阔斧的现代化改革。大槻磐溪拥戴的幕府势力失败,而他曾经主张的对外开放却超乎预期地实现了。8年后,这位开明的儒学家离开了人世。晚年的大槻温和、沉静,甚少谈论政治,让人联想到那些阅尽沧桑采菊东篱的隐士。经年回首,与箕作省吾侃侃而谈"共和"的大槻正值44岁盛年,那个为政治理想身体力行的儒者依稀可见。

  大槻磐溪暮年的政治态度,我们不得而知,不过基本可以判断,在翻译republic的时候,"无君"并非一个大逆不道的存在,它在译者心中呈现出的正面意象当是无可怀疑的。而且,也可作进一步推论:对于一个开风气之先,睁眼看世界的日本译者而言,大槻磐溪在其内心层面把republic作为一个值得学习的新事物,也不是不可能的。因为译者知道,西周的"共和",是少有的"无君主"但国家不乱、政治运行有序的时期,未尝不是一种理想的政治状态。否则,作为译者的日本人大槻磐溪尽可以从中国典籍里寻找一个负面的语词,或者用类似于"法律"这样两个汉字的拼合方式造出一个恶劣的术语作为republic的译词。从结果上看,(西周)"共和"也只有在这个意义上被理解,才能在近代的中日两国同时被复活,并进一步被中国的知识—政治精英所接纳。当然,这种接纳也并非简单的意义传递,而是伴随着意义的添附与新生。

四、源自"共和"语词的中国想象

  一个词语从一种语言向另一种语言"旅行",实在是一段艰难的路程,译者的价值偏好与主观选择是无法避免的,而语词的接受者如何去理解该词语,反过来又会超出译者的控制。

(一)"元年"的符号意义

如前所述,日本学者对 republic 的翻译是确凿无疑地与西周共和事件相勾连的,那么中国知识分子在接受和使用这一词汇时,又是否受"西周共和"影响呢?有学者认为,随着"共和"一词的传入和使用渐广,近代知识分子已经理解了共和的西方意义,渐渐割断了跟古语"共和"的联系。问题是,在头脑深处,这种联系真的能够割断吗?其实,从翻译的角度来看,用"公和""众政""民主"等译词都无不可,它们都突出了 republic 某些层面的语义,但与之相比,"共和"有一个最大的特点,即它是与一个确定的事件相联系的。这既方便了中国人的记忆,也不可抑制地带来联想,而一个直接关联的符号就是"元年"。

据学者考证,公元前 841 年,即共和元年,是中国历史有确切纪年的开始。从此,华夏几千年文明跳出了语焉不详的故事和传说,有记载可考,有年代可循,绵延不绝。元年对于中国人有着特殊的意义。"元"就是开始,开端。① 元年也逐渐被引申解释为某个事物或事件开始的时间。近代西语的传入纷繁复杂,许多人对科学、民主、自由等新词已经信手拈来,可是中国的革命者在指称国家目标的时候一再使用"走向共和"这样一种大气恢弘的表述,而非"走向民主""走向宪政",焉能说其中不包含着对"元年"的联想和期待?前所未有地推翻君主,无异于改天换地。与民

---

① 《公羊传·隐公元年》:"元年者何,君之始年也。"《文心雕龙·原道》:"人文之元,肇自太极。"《说文解字注》:"元,始也。"

主、自由等新词汇相比,"共和"不仅仅是一种先进的政体或现代性的理念,更是要彻底摆脱君权世袭、王朝更替的宿命。"共和"是新纪元,是里程碑,接续着一个崭新的中国!当然,任何一个新的开始都不可能波澜不惊,往往伴随着力量的争斗、纠缠以及由此而生的混乱。因此元年也带着破茧而出的意象,即经历过一段在黑暗、混沌中挣扎的痛苦后,最终迎来光亮。摆在近代中国面前的难题如此之多,举步维艰,何去何从?这个古老的国度就像被困在茧中,它需要一次新生,用一个全新的姿态拥抱国家富强的未来。与"元年"相联系的"共和"恰恰承载了这种万象更新的期冀。

另外,在元年前后,总是少不了英雄人物的登场。时代需要英雄,乱世尤是。从司马迁的记载来看,西周"共和"出现在天子出逃、国家生死存亡的危急关头,周召共和是以"力挽狂澜"的姿态登上历史舞台的。挽狂澜于既倒,功成则身退,正是英雄所为。近代中国要走出贫弱,从内忧外患中脱困,多么需要周公、召公这般英雄人物!他们运筹帷幄、振臂高呼、身体力行,带领众人去开启元年。而那些在晦暗不明的政治风雨中沉浮的精英人物,当"元年"的意象浮现于头脑中,也会变成一种义无反顾的召唤,让他们聚拢在"共和"的旗帜之下。

(二)"无君"的联想

大槻磐溪是将"共和"作为"无君主"的对应状态来加以使用的,这个词语放置在中国,也必然关涉"有无君主"这个敏感的话题。关于这一问题,身在君主制国家的中国古人也不乏观点上的交锋。

正统的认识当然是"国不可一日无君"。至于原因,《吕氏春秋》有云:"今周室既灾,而天子已绝,乱莫大于无天子。"(《吕氏春秋·谨听》)"天下必有天子,所以一之也,天子必执一,所以抟之也。一则治,两则乱。"(《吕氏春秋·执一》)一个"乱"字,道出了无君的祸害,"抟"之为"一"、天子执之,方为正道。这是从秩序的角度理解天子的作用。没有了君主,天下就会大乱,只有拥立新天子,加强中央集权,才能实现天下大治。尽管《吕氏春秋》当中的言论有着为始皇帝建立大一统的中央帝国摇旗呐喊的历史背景,但它构筑在一个被普遍接受和认可的理论预设之上,即天人合一,天子乃天命所归,执掌天下是无疑义的。各个历史朝代的正统思想均可从天道去寻求根基,将天地化育万物的天伦推及天子化育百姓的人伦,由宇宙之道推及世俗之道。当然,从现实角度来看,事情更为复杂一些。在西方政治观念闯入之前,绵延千年的君主官僚体制已经形成了固化的模式。对政治精英而言,君主的缺失会使既有的政权丧失核心,失去合法性,甚至亡国灭种。打个粗浅些的比方,一个狮群中一定有一个狮子王,这个位置可以由年轻力壮的狮子去争夺,但却不能空缺。狮群一旦没了王,就很难再有效地集结为一个群体,不得不面临解体的风险。以血统宗族为基础建立起来的君主制国家,是一个基本类似的权力构造形式,尽管它的机制要复杂得多。改朝换代是再常见不过的事情,当一个王朝的皇位空缺,而皇室成员不能及时填补,那么天命无所归,皇室血统无以为继,这个朝代也就该寿终正寝了。为了避免覆亡的悲剧,"儿皇帝"或者非常局势下的"另立新帝"等现象在历史中层出不穷。"挟天子以令诸侯"这样的策略也容易得到解释。不可否认,皇帝名义上贵为九五至尊,但在残酷的政治博弈中有时候仅仅是作为一个符号存在的。因此,当有些人说到"国不可一日无君"的时候,也未必带着对君主的尊崇,只不过在君主"不可缺"这一点上,倒是真心实意的。而对臣民来说,挥之不去的"帝王情结"是一种隐形的文化烙印。中国从西周开始计算王制,不算上古的三皇五帝,有几千年的历史都是有帝王的,民众理所当然认为这个国家得有皇帝。改朝换代不要紧,谁当皇帝无所谓,但必须有个皇帝。一旦皇帝没有了,国之本就动摇了,民众想象不出来如散沙一样的单个个体如何去构建一个国家。①

然而,在漫长的王朝绵延更替中,也出现过一些"异端"思想,两晋之际的鲍敬言就是一个代表,其"无君论"主张可谓惊世骇俗。他首先颠覆的是君权的基础,即所谓天命所归,不过是当权者骗人的把戏,直指所谓君权神授的虚妄。② 在这样一个大胆的论断前提下,对君主的批判也就显得毫不留情了:君主像吃鱼的水獭、吃鸟的老鹰一样,赋税、战乱,给百姓带来了深重的苦难。③ 在鲍敬言看来,君主是祸乱的根源,指望明君还不如彻底无

---

① 关于为何"国不可一日无君",解释很多,有古人身在其中的论述,如孟子曰:"无君无父,是禽兽也。"也有当代学者跳出局外的理性观察,如苏力在《作为制度的皇帝》(载《法律和社会科学》2013 年第 2 期)一文中,从国家治理、精英政治的角度对皇帝存在的必要性和合理性进行了颇有见地的论述。的确,皇帝的存在价值,是个大的理论问题,限于本文的写作重点和篇幅,在此不进一步展开。

② "儒者曰:'天生烝民而树之君'。岂其皇天谆谆言,亦将欲之者为辞哉!"[〔晋〕葛洪:《抱朴子·诘鲍篇》,载《诸子集成》(八),中华书局 1954 年版,第 190 页]

③ "肆酷恣欲,屠割天下;由于为君,故得纵意也。""夫獭多则鱼扰,鹰众则鸟乱;有司设则百姓困。奉上厚则下民贫。""夫谷帛积,则民有饥寒之俭;百官备,则坐糜奉养之费;宿卫有徒食之众,百姓养游手之人,民乏衣食,自给已剧;况加赋敛,重以苦役,下不堪命,且冻且饥。""推无罪之民,攻无罪之国,僵尸则动以万计,流血则漂橹丹野。"[〔晋〕葛洪:《抱朴子·诘鲍篇》,载《诸子集成》(八),中华书局 1954 年版,第 192 页]

君。如此直白、激越的反君主姿态,让鲍敬言像流星划过天际,一闪即逝,其生平著述均不可考。若不是他的对手葛洪为了与之辩论,在自己的著述《诘鲍》中提到《无君论》的片段,我们怕是也无缘看到那些大逆不道的文字了。值得注意的是,古代历史上直言不讳反君主的言论多集中在魏晋南北朝这样一个思想空前活跃的历史时期,比较有名的还有阮籍、嵇康。这显然与局势动荡、战乱不断、统治集团之间权力倾轧争斗有关。在君主政体下,关于"无君"这个敏感又危险的话题,多是一些隐晦曲折的表达。据现有文献考证,无君的思想源头是庄子。庄子喜欢通过寓言来讲道理,对于他的无君思想只能从字里行间寻找蛛丝马迹。如《至乐》篇的一则寓言,谈了"死的乐趣"。他借由骷髅托梦指出:"死,无君于上,无臣于下",竟成了乐事。① 有意思的是,被庄子所不屑的儒家学者,在君主问题上,却也有一句耐人寻味的话。孔子曰:"夷狄之有君,不如诸夏之亡(无)也。"②这可以视作孔子用一种对比的方式赞颂华夏礼义昌盛,但似乎也隐含了一个观点:国家的文明存废并不取决于君主的有无,只要礼义不废,无君主状态也是可以接受的。当然,像陶渊明这样寄情于山水、归隐避世的文人多不胜数,对理想家园的描绘蕴含着对现实世界的反叛,未尝不可说他们的思想当中多少带着反君主的影迹。故而,在几千年的皇权统治下,忠君爱国是登堂入室的正统,但无君

---

① 参见虞友谦:《反对君主专制的思想先驱——〈庄子〉无君论思想初探》,载《复旦学报(社会科学版)》1982年第3期。
② 邢昺疏云:"此章言中国礼义之盛,而夷狄无也";"言夷狄虽有君长,而无礼义;中国虽偶无君,若周召共和之年,而礼义不废"。〔魏〕何晏注,〔宋〕邢昺疏:《十三经注疏·论语注疏》,中华书局1980年影印本。转引自黄玉顺:《制度文明是社会稳定的保障——孔子的"诸夏无君"论》,载《学术界》2014年第9期。

主的火花也一直影影绰绰地闪动着。

再回到"共和"问题。"西周共和"这样一个充满矛盾的事件和说法,给了人们巨大的想象空间。在有无君主的问题上,"西周共和"的正面价值可以从两个角度去解释。一方面它提供了一个成功的范例:国家可以没有君主但照样运行有序,这为无君论做了注脚。而另一方面在于共和政治结束的方式:主动让位给正统的天子。这表明整个共和政治都是为存续和恢复王统所做的努力,这似乎又指向了君主制的合法性。持不同观点的人可以在同一个事件当中去攫取所需的资源,这便是"共和"的魅力所在。但无论如何,近代的"共和"无法割断与事件的联系,必然带出无君主的联想。对于反满的革命党人来说,涌动在"共和"旗帜下的"无君"想象,无疑是他们对未来一个全新的中国——共和国的构图,而这个"新"不同于历史上任何一个朝代,不但可以"无君",而且反对君主制本身成了目标,若条件允许,连"总统"这样的管理者也可以不要。在一些革命者看来,只有这样的全新国家才是所有中国人幸福的应许之地。①

事实上,革命党人与立宪党人围绕当行共和革命还是君主立宪论辩的关键点也是君主制的存废问题。作为革命者的孙中山先生,他所追求的共和有两个目标,既要推翻满清王朝,也要废除一切形式的君主制。这两者既相联系,又有不同。前者是革命者的现实任务,后者是其践行的共和理念。② 而作为立宪党人,他们

---

① 参见陶成章:《龙华会章程》,载中国史学会主编:《辛亥革命》(第1卷),上海人民出版社2000年版,第534页。
② 参见孙中山:《在东京〈民报〉创刊周年庆祝大会的演说》,《孙中山全集》(第1卷),中华书局1981年版,第323页。

之所以反对革命,并不是出于对君主制的信仰,更不是因为对满清王朝的热爱,而是基于一种更为现实的考虑:在中国民众并不具备接纳"无君"的客观条件和心理的前提下,贸然进行排满除君的革命,给中国带来的不但不会是共和以致国家富强,反而只能是更加混乱与解体。① 这说明,无论是进行排满的革命者,还是反对革命的立宪党人,他们都是从君主制的对立面去理解共和的。不同的是,革命者试图通过流血牺牲建立一个没有君主的崭新的政治共同体;立宪党人并不反对这个理想——而是认为这一理想只能寄放于遥远的未来——反对的是把这一理想当作需要立即付诸实施的现实。就这样,共和这个古老又新鲜的词语与中国近代不同的政治诉求遭逢,并通过革命与反革命的论辩使得自己反君主制的一面获得了越来越响亮、越来越高扬的名声。

(三) 历史事件与"公"的衔接

日本的译者在"无君主"的意义上理解 republic,本是有所偏重,有所疏漏的。但如前所述,这样的问题不能归咎于译者,而是西语中译必然面临的障碍。而有意思的是,翻译者使用"共和"来对应"无君主",中国人把它接纳过来,加入自己的认知,却无心插柳地跟 republic 的另一层含义对接了,那就是"公共"。尽管 republic 歧义众多,但从词源来看仍可找到一些基本的共性,英语里的"republic"来源于拉丁语"res publica"。按照拉丁文语法,名词"res"前置,形容词"publica"后置。"res"的意思是"事务、管理、统治、财产","publica"的意思是"公民的、公开的"。"res publi-

---

① 参见《梁启超全集》(第三册),北京出版社 1999 年版,第 1248—1253 页。

ca"合在一起,就是"公共事务""公共财产""共同利益"的意思①,在英语中时常与"commonwealth",即"共同的财富"相互指代,带有一种"公共性"的意向,暗合了中国"天下为公"的传统价值。这里就有必要说明"共和"语词如何与"公"相关联。原本古汉语中的"共和"一词所指向的是具体历史事件,而不是历史的抽象价值,其基本意思是指国王跑了,由贵族大臣摄政。而这一事件并未改变贵族专权的体制,当然更谈不上国家作为公民共同的事业、政府为所有人利益服务等理念。那么,这个"公"的概念是在何处生成的呢?

关键就在于,周召二公(或共伯和)在完成自己的历史使命后主动让位。这说明"共和"时期的人物,是为了江山社稷执掌大权,在国家危难时刻挺身而出,危机过后又不贪恋权位,颇具大公无私的君子之德。

这里还有一件关于召公的历史记载更为震撼:厉王出逃后,王太子静藏在召公家里,也被包围起来。召公竟用自己的儿子替代了太子,使太子免于受难。② 徐继畬曾以"天下为公"盛赞华盛顿不以其位传子孙,有圣人之风。③ 而召公为了尽到为人臣的职责,既要

---

① See John T. White & J. E. Riddle, *Latin-English Dictionary*, Longmans, Green, and Co., 1869. p. 1679.

② 《史记·周本纪》记载:"厉王太子静匿召公之家,国人闻之,乃围之。召公曰:'昔吾骤谏王,王不从,以及此难也。今杀王太子,王其以我为雠而怼怒乎?夫事君者,险而不雠怼,怨而不怒,况事王乎!'乃以其子代王太子,太子竟得脱。"

③ 参见徐继畬《瀛寰志略》:"兀兴腾(华盛顿),异人也。起事勇于胜广,割据雄于曹刘,既已提三尺剑,开疆万里,乃不僭位号,不传子孙,而创为推举之法,几乎天下为公,骎骎乎有三代之遗意,其治国崇让善俗,不尚武功,以迥于诸国异。"转引自胡维革、于秀芹主编:《共和道路在近代中国》,东北师范大学出版社1991年版,第42、47页。

保全王族血脉,又要使民怨平息,竟能忍痛舍弃亲生骨肉。这种违背人之常情的所作所为,可说已经达到"大公无私"的极致了。

作为现代的共和主义者的孙中山,尽管是孤军作战的,在他以外的那些人都觊觎着大总统的权力,但他还是想勉力证明:共和国的总统职位,不是帝王的宝座!放弃大总统职位、躬退草野这一举动,仍是其对共和精神的一次主动表达和现身说法。

故而,似乎与"共和"所关联的事件都可以作为"天下为公""大公无私"的事例来流传。所以"共和"也因"公"的原因而赢得美名,"共和"一词,也就超越了一家一姓的"私",深深刻上了"公"的印记。

(四)"共"与"和"的字面义

英文"republic"带有公共性,而汉语"共和"二字天然地能够让人们产生"共同、公共、和谐、和平"的想象。汉字与字母文字有一个很大的不同,那就是每个组成词语的汉字都带着自身的意思,不论是象形文字还是会意文字,由不同部首结构组成的方块字总是会引起我们的联想。从最基本的词义角度入手,古汉语中的双声词是极为罕见的,汉语单音节的特点使人们习惯于每个字都有独立的语义,由于这样的汉字认知图式,不论是将"共和"考证为人名,还是一种执政方式,人们都会下意识地去拆分,从单个字去咀嚼合成词的意思。

"共和"一词的结构,可理解为"共"与"和"。司马迁早在《史记》当中就将"公"与"共"连用为"公共"一词[①],"共"作为"公"的

---

① "法者天子所与天下公共也。"(《史记·张释之冯唐列传》)

同音字,从修辞学的角度来看,双声叠韵可以强化音节,令语气更充足、语义更充实。同时也说明二字可以互相解释,有同义性。① 在《说文解字》中,"共","同也"②;"和","相应也"③即人们通常说的一唱一和。因为除了专门研究西周共和的史学家,一般人不会把"共"当作一个地方,"和"看作一个人名。那么,从词语的表面意义上来说,"共"联结着"公"与"同"的语义,而关于"共和行政"这一具体事件,相较于"共伯和行政","相与和而共政事"这种说法,其实是更容易被接受的。"共"对应着君主之外的人分享了国家的管理权,"和"对应着"礼义不废,实行仁政,和平共事,相互辅助",这种共和行政的方式与"公"的理念又是深有契合的。

另外,"和"字本身直接关联了中国传统的"和"文化。"和"文化始于先秦时期,在诸子百家的著述中都有关于"和"的阐述,并逐渐成为中国传统文化的重要精神。因为汉语词汇循音赋意的特点,中国文化对"和"的推崇以及"和"所连带的一系列褒义词汇,如"和平""和谐""和顺""和美"等,也旁证了"共和"一词所具有的正面意向。特别要说明的是,作为政治变革目标的"共和",能够带给中国人有关优良政治的联想颇多。比如"宽和""温和"能够让人想到那些实行仁政、休养生息的统治者,"共和"政治由此带有了反暴政的色彩。再比如"协和万邦"是一种理想的大治状态,"共和"在字面上已十分接近这种治理状态。而

---

① 参见蔡宗阳:《修辞学探微》,文史哲出版社2001年版,第62页。
② 〔汉〕许慎撰,〔清〕段玉裁注:《说文解字注》,中州古籍出版社2006年版,第105页。
③ 〔汉〕许慎撰,〔清〕段玉裁注:《说文解字注》,中州古籍出版社2006年版,第57页。

"和"字关联的和谐和平等语义,指向万物井然有序,也就是天下太平,还饱含着一种对美好的"大同"秩序的憧憬。

五、结论

可以说,republic 与中文的"共和"之间透明地互译是不可能的,republic 与它的中国译体词"共和"之间既是一种平行关系,也是一种派生关系,两者既可以相互指代,又不能完全等同。虽然汉语世界里有这个词汇,中国历史早期也曾出现过"共和行政"或"共伯和"那样充满矛盾的事件和说法,但这与近代以来中国人所运用的"共和"概念以及所诉求的价值关系不大。近代以前的中国,既没有西方意义上的"共和",也没有西方意义上的民主、宪政以及联邦,即使是"有限制"的君主制也未发生过。中国人可以把有争议的西周"共和行政"或"共伯和"看作中国最早的"共和"甚至加上"古典"二字,但那也是与西塞罗意义上的共和完全不同的两回事。

但反过来说,"共和"作为 republic 一词的翻译传入中国并被普遍接受,无论译者想要用它去表达一个什么样的陌生概念,它与汉语世界之间的天然联系无法被割断。这一词语与方块文字本身的表意之间使人产生联想是自然的,它唤起"西周共和"的历史记忆也是不可避免的。在近代中国,伴随西方 republic 的翻译过程而得到复活的古代"共和",能从古代典籍走出来渗入中国人的政治话语世界,其基本要素及其价值与中国人自己的政治实践、希望与诉求形成了既拒斥又融通的复杂关系。

Republic 的翻译取道日本,已经经过了一次意义的取舍,而接纳这一语词的中国人又对其附加了更深一层的联想和意象。

republic 的跨语际旅行带来了中国意象的添附,即使这种附加并不完全契合 republic 的本义,但它已经实实在在地发生了。事实上,中国人一直在一种完全不同于西方的国度里生活和思考,也形成了一套不同于西方的话语,以及用以表达这种话语体系的术语、概念和范畴。正如西方无法用自己的术语、概念表达中国一样,中国也无法准确地用自己的术语、概念去认知西方。因而,中国人对"republic"的理解不可能是原汁原味的摹写,始终存有译体词自身产生的附加值。对本源词的意义改写,使这个原本复杂的概念更加复杂化,这种复杂化即可以被理解为意义上的"互动和新生"。

19 世纪中国对"republic"的译释有着各种尝试,呈现出复杂多样的图景。且不说中国人自己的尝试,相较于日本的"共和"翻译,来自于"republic"原生地的传教士的翻译不是应当更为准确、更为权威吗?而"共和"译词最终胜出,被普遍接受的一个重要原因,就是这一语词涵括了中国共和主义者对"republic"的中国想象。想象是人认知事物无法祛除的"前见",属于认知理论的元问题范畴。当率先举兵进行反复辟战争的蔡锷将军在弥留之际断断续续喊出"共和万岁"这四个字时,这里的共和已经与"republic"无关了,它所涵盖的是一个伟大的中国军人对自己事业的坚守,共和成了他用生命捍卫的目标和理想。

宪政的
中国语境

王人博

宪政在西方文化传统中有自己的原始含义,中国近代先进思想家在接受宪政观念时作了新的理解,这就使得西方的宪政观念在中国发生了根本的变化。西方人追求的是宪政自身的价值,而在中国,宪政则变成了人们在追求国家富强时的一个工具。这种语境的置换消解了宪政本身的价值。

近代中国的宪政思想与中国传统相涉不多,主要来自西方。从某种意义上说,它是西方宪政文化在异域的衍生。宪政在西方虽未形成一个可以被统一接受的概念,但也有一般公认的特定语境和历史文化传统。西方的宪政不仅为中国的知识群体考量中国问题开辟了新的视角,而且也提供了术语、概念、范畴、观点和逻辑等认知工具。但宪政在中国并不被看作一种纯粹的政治追求,中国的实践者和思想家从来也不单纯地探求宪政在西方所具有的那些价值,而是首先将之与国家的富强目标联系起来,把宪政看作达到这一目标的重要工具。这就发生了语境的转换并带来了许多相关的问题。①

　　由于近代中国社会缺少接纳宪政的基本条件,所以中国知识分子在介绍和引进西方宪政思想和制度时不得不在价值上作相

---

① 语境一词在当下的适用多有歧义,本文主要是在语词所表达的不同的实在意义上加以适用的。"语境转换"是近代中国宪政问题的核心。它决定了中国人对宪政价值和目标的选择无法直接模仿西方。在西方的语境里,宪政价值和目标是宪政自身的问题,是西方人在历史和社会情境中选择的结果。由于语境的转换,近代中国无法直接选择同样的价值,它面临的是不得不重新"创造"宪政价值和目标。

应的改变。在中国,宪政价值大体上被分为两个层面。在最高层,宪政被赋予了一种超凡魔力,它未被看作一种制度性架构,而是被视为一种拉动力,牵引着国家的强盛。在低一个层次上,宪政被设想为一种能够克服中国传统的专制主义的工具。中国知识分子由西方的成功经验所激发,力图通过模仿而创设一种参与性与防御性并存的制度结构,为国家富强提供制度上的保证。① 而两者间在价值层面可能存在的冲突和矛盾皆因富强目标的优先性在观念上被人们化解了。② 正因如此,近代中国知识分子对西方众多的制度价值诉求,包括宪政的价值,都没有也无法真正落实。

一

中国近世知识分子虽然都在不同程度上赞赏西方的民主、共

---

① 戊戌时期,康有为在政治上主张的"行三足鼎立之制",之后的立宪派所主张的"君主立宪"、革命派对共和的制度设计以及孙中山的"五权宪法"都反映了行西方之制的理念。

② 哈耶克在谈到自由这个概念时认为,当我们说一个民族欲求"摆脱"外国的枷锁并力图决定其自身命运的时候,这显然是我们将自由概念适用于集体而非适用于个人的一个结果,因为在这一境况中,我们仍是在作为一个整体的民族不受强制的意义上使用"自由"一术语的。尽管民族自由的概念类似于个人自由的概念,但它们却并不是相同的概念,因为对民族自由的追求并不总是能够增进个人自由。对民族自由的追求,有时会导使人们倾向于选择一个他们本族的专制君主,而不选择一个由外族多数构成的自由政府;而且它还常常能够为暴虐限制少数民族成员的个人自由提供借口。哈耶克在此谈的是自由概念,但也可以在不很严格的意义上适用于近代中国的宪政概念,特别在用于分解宪政与国家强盛的关系模式时较为确当。参见〔英〕弗里德利希·冯·哈耶克:《自由秩序原理》(上),邓正来译,生活·读书·新知三联书店1997年版。

和思想,也欢迎其宪政制度,但对这些概念之间的重要差异则是模糊的。而在西方那里,这些概念具有明显不同的价值指向。从重要的方面说,宪政主要被看作通过设计某些制度以限制政治权力的行使。它包括以下几层意思:第一,即将成立的政府要受宪法的制约,而且政府只能根据宪法的条款进行统治并受其限制。第二,宪政规范下的政府在本质上是自由式国家的最小的政府。这一含义是与西方有关政府的这样一种假定联系在一起的:自由民同意建立政府并同意受其统治,仅仅是为了保障其生命权、自由权、财产权和其他权利。个人为了保有这些权利,甚至可以据此对抗政府中的人民代表。① 第三,权利先于宪法、先于社会和政府而存在。政府的目的是为了保障人们在任何形式的政府形成之前就享有的权利。在同意达成一个社会的同时,个人同意放弃他的某些自由和财产,并将这些自由和财产授予其代表以便实行统治。但是人民又保有终极权力,使个人能够继续享有对抗人民代表的权利。第四,宪政是一套制度设计,政府受到实质性限制的必要条件是建立分散政府权力的合理结构,即立法权、行政权、

---

① 对这一点,古典宪政主义的看法与当时欧洲流行的思想及英国的宪政原则不尽相同。在卢梭的社会契约论中,个人集合起来构成民族(nation),因而主权在民族。由此而来的是,个人并不保有权利;个人自由和财产的保障,是通过该民族的"公意"(general will)来实现的,因为在该民族中,每个个人都得到了充分且平等的代表。与卢梭不同,洛克所提出的社会契约论主张个人保有权利,但是英国的宪法性文件以及英国的宪政实践一般都是称"人民"的权利,而非个人的权利。人民的权利基于议会与国王之间的契约,并通过法律而得到保障。卢梭比洛克更倾向于认为,个体的英国公民必须从人民代表所颁布的法律中寻求保护。保守主义者如伯克(Burke)、改良主义者如边沁(Bentham),都不相信天赋人权,也不接受所谓可以对抗议会亦即人民代表的权利。参见〔美〕路易斯·亨金:《宪政·民主·对外事务》,邓正来译,生活·读书·新知三联书店1996年版,第10页注。

司法权分立并有适当的制衡。综括起来讲,宪政意味着一种有限政府,即政府只享有人民同意授予它的权力并只为了人民同意的目的,而这一切又受制于法治。它意味着权力的分立以避免专制的危险;它还意指广泛私人领域的存在和每个个人权利的保留。宪政还要求一个独立机关行使司法权,以保证政府不偏离宪法规定,尤其是保证权力不会集中以及个人权利不受侵犯。①

宪政不是一个孤立的事物,它与许多重要的概念紧密相连。首先是民主。在非严格意义上,西方的民主可以被理解为"建立在'一人一票'原则基础之上的简单的多数决定规则(majority rule)"②。民主还可以用普选权的指标来表示:"通过常见的人民创议进行的直接统治,也可以是不常见的就一个受怀疑的(甚至是受欢迎的)独裁者所举行的公民投票。普选权如果能够反映或补充民主的实质,那么它便确立了一个可接受的民主标准。""其主要的因素是对选举人真正有效的代表、是对他们做真正和有效的负责;甚至——在可能的情况下——公民的参与亦是某种标准。"③

民主的核心要素是代表、责任和公民参与。代表说明民主通常是以代议制为其表现形式;责任是指代表必须对选民负责。伯克曾对此解释说,"一个代表对他的选民的义务是最好地去为他

---

① 〔美〕路易斯·亨金:《宪政·民主·对外事务》,邓正来译,生活·读书·新知三联书店1996年版,第9页以下。
② 〔美〕埃尔斯特、〔挪〕斯莱格斯德编:《宪政与民主——理性与社会变迁研究》,潘勤、谢鹏程译,生活·读书·新知三联书店1997年版,第2页。
③ 〔美〕路易斯·亨金:《宪政·民主·对外事务》,邓正来译,生活·读书·新知三联书店1996年版,第19页。

们最大的利益努力,而不是决定或听命于他们"①,民主理论既要求人民的代表对人民的需要作出反应,又要求关注他们的共同愿望;既要求对他们的福利负责,又要求对他们的信任负责。负有责任则既要求在选举期内受制于定期的民意测试,又要求与那些被代表的人经常坦率地交流。公民参与主要是指公民在政治生活中的参与。它是民主制度的原动力和启动者,没有参与就没有民主。民主在很大程度上就是创设公民参与结构的一种制度。"民主的要点在于代议制是民治的反映,而且通过公民参与、彼此沟通和咨询可以使其更加丰富。"②民主还可以从三个方面进行解释:在意识形态上,人民被假定为政府一切权力的最终来源,是宪法和法律合法性的基础。正是在这一意义上,民主构成了宪政的基石。在制度层面上,民主就是投票制、代表制等。在价值层面上,民主被表述为对民负责。

与宪政相关的另一个概念是共和。从词源学上讲,共和的意思基本上相当于公共财富或公共利益(commonwealth or commonweal),是指通过制度组织起来的公共事务领域,而非一种组织形式或政体。西方人往往在君主制的对立面上使用共和制一词,它是世袭统治、贵族制和等级制的一种对立物。它意味着最高权力掌握在人民手中,人民构成权力的渊源,以及政府是人民建立的并且是向人民负责的。詹姆斯·麦迪逊曾这样解释共和这个用语:"我们会将共和定义为(或至少会将这一名称给予)一个直接

---

① 〔美〕路易斯·亨金:《宪政·民主·对外事务》,邓正来译,生活·读书·新知三联书店1996年版,第19—20页。

② 〔美〕路易斯·亨金:《宪政·民主·对外事务》,邓正来译,生活·读书·新知三联书店1996年版,第20页。

或间接从人民大众中获致其所有权力的政府,而且是由那些在有限时期内品行良好的掌权人所管理的政府。最为关键的是,这个政府应从整个社会而不是从这个社会中它所认同的极小部分人中产生。否则,少数专制的贵族(通过其权力的代表来进行压迫),也会渴望共和者的地位并自誉其政府就是光荣的政府。对共和政府而言,管理它的人应由人民直接或间接任命,而且他们的任期应按明确规定的年限执行。"①共和的实质与"国家权威来自一个实体(人民)"的问题密切相关,并始终存在一些这样的因素:人民常常被看作是鲁莽的;不在乎法律的程序和形式;缺乏对民众领袖的制约机制。所以,"民众领袖"摧毁共和国这一威胁成了从孟德斯鸠到美国的建国者几乎所有宪政思想家思考的主要问题。

在西方复合式的政治结构中,宪政与共和、民主在目标上彼此是有冲突的。如果把民主理解为是建立在"一人一票"原则基础上的简单的多数决定规则(majority rule);那么,宪政就是对多数派决策(majority decision)的一些限制,具体地说,是在某种意义上自我施加的限制。② 宪政的价值主要是防御性的:它通过限制民主共和制下的政府权力及其运作以保证个人自由的私人空间。其目标是通过防御性的制度设定来实现个人自由。宪政来自这样一些假定:行动积极的政府不可能是自由的政府,因为个别的愿望千差万别,任何想要把这些愿望糅合成集体选择的努力,其

---

① 〔美〕路易斯·亨金:《宪政·民主·对外事务》,邓正来译,生活·读书·新知三联书店1996年版,第13页。
② 〔美〕埃尔斯特、〔挪〕斯莱格斯德编:《宪政与民主——理性与社会变迁研究》,潘勤、谢鹏程译,生活·读书·新知三联书店1997年版,第2页。

结果都将是把某些人的选择强加给另一些人。民主的极端形式是专制,而专制的实质就是一系列的政府官员有权在实施特定计划时向特定个人发布命令。所有容许这类计划型重大事项发生的政权都是专制政权。由此,宪政便有了两大功能:"一是保护个人权利,一是为如果多数派当政便会实施的某些政治变革设置障碍。"①民主提供给我们的是人民构成政府权力的来源、人民在法律意义上主导权力这样一些价值。它的基础是多数人统治比少数人统治好这样的假定。由此可以进一步推论出:符合公正或正义的社会必须由多数人统治。民主的最大功效是为大众提供参与的框架并有一套固定的程序作保证;民主追求的最高价值目标是政治的公正。共和与民主的价值追求也是不同的。共和所追求的是公民在理念上的平等,虽然事实上的不平等总是被共和国所默许。宪政与民主、共和在价值目标上的分野,也是宪政主义与民主主义、共和主义在政治理念上的差别。

西方的一些学者在承认目标差别的前提下,更关注宪政与民主、共和关系的正面意义。美国的学者倾向于把共和与联邦制,把民主与选举产生的国会,把宪政与最高法院联系起来。而在这一复合式的政治结构中的第三个部门是行政机关。国会体现了民众的参与,最高法院体现了宪法约束,行政部门则体现了行动的需要。事实上,任何一类民主政治都应有必要的限制性措

---

① 〔美〕埃尔斯特、〔挪〕斯莱格斯德编:《宪政与民主——理性与社会变迁研究》,潘勤、谢鹏程译,生活·读书·新知三联书店1997年版,第4页。作者认为,后一种功能可以几种方式实现:宣布特定的政治变革违宪;使变革程序非常复杂以致几乎没有什么动议能扫清这些障碍;或者将某些任务不可撤回地委托给独立的机构。

施,否则,政治制度就不会保持稳定性和平衡性,而对政治制度的稳定和持久的期望本身就是宪政的重要价值,因为它使人们可以作出长远的规划。即是说,之所以对民主加以宪政约束,是因为没有这种约束民主本身将变得更加脆弱而非更加强大。宪政与民主可以是高度兼容的。"当宪法将一些问题从公共领域中排除出去时,这种排除之所以被证明为正当的,不是因为它是保护'权利'的手段,而是因为它的目的是为了确保民主过程的正常运作。""同样,制造一个基本的制度结构并使之尽可能地不被修改这样一个决定可以促进民主而不是破坏民主。霍姆斯认为,这一策略——即自愿放弃一些选择——是解放人的而不是限制人的;创立一种制度安排并且使其不受变动,这样的决定将使未来的人们更加自由地处理别的问题。"①民主构成了宪政运作的依托;宪政为民主提供了限制性保护的制度框架;共和则为民主和宪政提供了一个平等的公民层面。即是说,西方的民主、共和、宪政,其价值目标都与国家物质力量的强弱无关,并不指涉国家的强盛问题,而是关乎政治生活的安排以及人于其中的处境与地位,指涉的是人本身。

西方宪政以及与之相关联的民主、共和除了具有上述特定的语境之外,还有它自身的历史文化传统。事实上,宪政、民主和共和并不是同时出现于西方历史中的。(城邦)民主形成于古希腊,是西方民主最古老的形式。这种民主是以"城邦至上"的意识形态为依托,以公民直接参与城邦的政治生活为目标的。城邦主

---

① 〔美〕埃尔斯特、〔挪〕斯莱格斯德编:《宪政与民主——理性与社会变迁研究》,潘勤、谢鹏程译,生活·读书·新知三联书店1997年版,第384页。

义的民主无论形式还是价值基础都与近代西方的代议制民主相去甚远,它所崇尚的是城邦而不是公民个人的权利和自由。① 从这个意义上讲,民主制的城邦也可以称为"城邦共和国"。真正冠以共和国这一名称的共和则出现于西方的中世纪,如佛罗伦萨共和国、威尼斯共和国等。这些被封建制度分割成的一个个城市共同体实际上是一些封闭的社会。正是这些封闭的社会缔造了能自我治理的人民,模塑了共和国的自由。② 但这种自由对整个社会来说是付出了个人自由的代价后才获得的。

宪政更为复杂一些,它在西欧大致有三个来源:一是古罗马法律传统所包含的"由法律而不是由专横的权力来提供私人纠纷解决方案"的类似于法治的语境③;二是英国中世纪由自由大宪章提供的宪政框架以及由法学家所表达的法治思想④;三是在中世

---

① 对古希腊的城邦民主的性质及运作方式、目标的解释可参阅顾准:《希腊城邦制度——读希腊史笔记》,中国社会科学出版社1982年版。有关西方人在这方面解释的中译本可参阅〔英〕罗素:《西方哲学史》(上卷),何兆武、李约瑟译,商务印书馆1982年版;〔美〕乔治·霍兰·萨拜因:《政治学说史》,〔美〕托马斯·兰敦·索尔森修订,盛葵阳等译,商务印书馆1986年版。

② 关于中世纪城市共和国的分析,请参阅 Gianfranco Poggi, *The Development of The Moden State. A Socilogical Introduction*, Stanford University Press, 1978;还可以参阅〔法〕基佐:《欧洲文明史——自罗马帝国败落到法国革命》,程洪逵、沅芷译,商务印书馆1998年版。

③ 参见〔英〕弗里德利希·冯·哈耶克:《自由秩序原理》(上),邓正来译,生活·读书·新知三联书店1997年版,第209页。

④ 1187年格兰威尔(Glanvill)在《论英格兰王国的法律与习惯》一书中,以令状形式界定王室的司法管辖权并限制了这种管辖权,使"令状统治"富有法治的意思。参见〔美〕哈罗德·J. 伯尔曼:《法律与革命——西方法律传统的形成》,贺卫方等译,中国大百科全书出版社1993年版,第554页。70年后布莱克顿在《论英格兰的法律与习惯》一书中提出了这样的宪政论点:国王有义务服从法律,因为国王处在上帝和法律之下。不是国王创制法律而是法律造就了国王。

纪由基督教会和教会法提供的宪政架构①。如果把历史看作一种不断前进的运动,那么西方政治结构中的那些要素正是代表了那些不同时期的不同的历史目标。在另一层意义上,也可以说,近代西方的民主宪政和共和民主这样的复合式政治结构是历史自发形成的,而非严格意义上的设计与建构。与此相联系,近代西方所要解决的问题不是如何建构三种体制、达到三种目标,而是把已有的三种目标整合于一种复合式的政治结构中。这是近代西方宪政不同于近代中国宪政理念的最关紧要处。

二

中国近代的宪政思想是从西方宪政文化中萌生的。中西所处的历史和各自所面对挑战的差异,决定了中国在接受西方宪政及其思想时便有了自己独特的考虑。这表现在对宪政的价值诉求和基本目标的设定上。在西方,宪政自身的价值及其目标与思想者所期望的东西是一致的。宪政就是通过防御性的制度设计来控制政府权力,以便为个人的自由和权利保有一个充分的空间。中国的知识分子则不同,他们把西方宪政本身所提供的那些价值放在一边,最感兴趣的是:"宪政能为国家的富强做些什么?"由此出发,他们一开始就把西方的复合式政治结构分拆成一个个独立的单元,并使之与中国的富强目标发生联系。

王韬、郑观应那代知识分子正是从这里入手去解读西方宪政

---

① 〔美〕哈罗德·J. 伯尔曼:《法律与革命——西方法律传统的形成》,贺卫方等译,中国大百科全书出版社1993年版,第259页。

民主并把它应用于中国的。王韬对西方议会的解释是:"朝廷有兵刑礼乐赏罚诸大政,必集众于上下议院,君可而民否,不能行,民可而君否,亦不得行也,必君民意见相同,而后可颁之于上下议院。"他把这种制度称为"君民共主"①。郑观应也有类似的看法,认为西方(英国)的议院分为上下两院,上院"以国之宗室勋戚及各部大臣任之,取其近于君也",下议院由"绅耆士商才优望重者充之,取其近于民也"。"议院揽庶政之纲领","用人行政,皆恃上下议员经理","百僚升降,权归议院,期会之令,出自君主,选举之政,操之民间","凡军国大政,君秉其权,转饷度支,民肩其任,无论筹费若干,议院定之""遇有国事,先下令下院议定,达之上院,上院议定,奏闻国君,以决从速,如意见参差,则两院重议,务臻妥协,而后从之"②。

这里,对他们的解说不可以将之归结为简单的误读,即便要用误读一词,那也是一个用意很深的误读。因为要把西方的议会制设想为解决中国问题的一把钥匙以打开通向富强的大门,就非作这样的解说不可,否则就无法在议会制与中国的富强目标之间找到落脚点。

要把议会制设定在能为中国国家富强服务这样一个层面上,对它的价值就须合乎逻辑地作如下——并不符合议会制本意——的解释或重构:"试观泰西各国,……类皆君民一心。无论政治大小,悉经议院妥酌,然后举行。……中国则不然,民之所欲,上未必知之而与之也;民之所恶,上未必察之而勿之施

---

① 王韬:《弢园文录外编》"重民下",辽宁人民出版社1994年版,第35页。
② 郑观应:《盛世危言》"议院""吏治上",中州古籍出版社1998年版,第95页。

也。"①泰西诸国,"因民之利而导之,顺民之志而通之",其良政之美就在于"上下相通,民隐得以上达,君惠得以下逮",有"君民上下互相联络之效也"②。西方这样的"议院之法",便是"英美各邦所以强兵富国,纵横四海之根源也"③。西方的议会制重心也许并不是为了消除王权与人民间的隔膜,相反,把王权置于人民(主权)之下这恰是议会制的重要特征。但议会制在客观上具有融通上下的功效这也是事实。于是,在西方各国中高居王权之上的议会到了中国,便自然而然地化为君主与人民之间的桥梁——"下传君意、上达民情"。

中国知识分子对西方议会制作如此认识的重要意义有两点:第一,在中国这样一个盛行普遍王权的国度里,"君民一体,上下一心"的价值设定,对统治者和人民双方是唯一都能接受的东西。第二,议会制的人民主权价值与国家富强的目标之间事实上并无直接关系,要建立直接关系就须对议会制价值首先进行重构。这便是这一代知识分子所做的重要事情。为此,他们设想了在中国推行议院的种种可能性。④

这种转换西方宪政的语境和价值以解决中国问题的思路直

---

① 王韬:《弢园文录外编》"达民情",辽宁人民出版社1994年版,第97页。
② 王韬:《弢园文录外编》"上当路论时务书",辽宁人民出版社1994年版,第389页;王韬:《弢园文录外编》"重民下",辽宁人民出版社1994年版,第35—36页。
③ 陈炽:《庸书》"议院",清光绪二十二年刻本(湘潭大学图书馆藏),外卷篇下,第1页。
④ 参见陈炽:《庸书》"乡官""议院",清光绪二十二年刻本(湘潭大学图书馆藏);何启、胡礼垣:《新政真诠》二编,载《新政真诠:何启、胡礼垣集》,郑大华点校,辽宁人民出版社1991年版;汤震:《危言》"议院",清光绪十六年石印本;陈虬:《治平通议》"变法一·开议院",1893年瓯雅堂藏版。

接传给了后来的知识分子。与王韬、郑观应那一代知识分子不同的是,后来的知识分子在西方议会制中发现并创造了一个适合中国的概念——民权,从而使议会制在保持与富强目标关系的同时也具有不同的意义。康有为已注意到共和制、君主立宪制两个概念的不同含义,他用"以平等之意,用人立法"来称道共和制,用"君民共主,威权有限"来概括君主立宪制。① 前者因离中国的文物制度相距太远而不为中国所取,后者则有为中国之用的可能性。为此,康有为进一步表达了由王韬、郑观应等人所提供的议院能增强"君民亲和力"的思想。② 梁启超认为"三代以后,君权日益尊,民权日益衰,为中国致弱之根源"③。谭嗣同也这样解释说:"中国所以不可为者,由上权太重,民权尽失。"在《仁学》一书中对这一思想他又作了进一步的发挥:"生民之初,本无所谓君臣,则皆民也。民不能相治,亦不暇治,于是共举一民为君。"由此而得出的结论是,"君也者,为民办事者也;臣也者,助办民事者也","君末也,民本也"。若君臣不为民办事,人民就可以"易其人"或者"共废之"。④

很显然,民权是中国知识分子参照西方宪政文化,根据中国的历史情境和语境创造出的一个概念。虽然他们在理解和使用上不尽一致,一般说来,康、梁是在较保守的意义上使用它,而谭嗣同则赋予它一种较为激进的意义,但其基本语意还是可以解释的。梁启

---

① 参见康有为:《实理公法全书》,载丁守和、方行主编:《中国文化研究集刊》(第1辑),复旦大学出版社1984年版,第336页。
② 参见汤志钧编:《康有为政论集》(上册),中华书局1981年版,第150页。
③ 梁启超:《西学书目表后序》,载《梁启超文集》,陈书良编,北京燕山出版社1997年版。
④ 《谭嗣同全集》(下册),中华书局1981年版,第56页。

超曾对民权概念作过界说。他认为,民权不能与民主混为一谈。民权不是民主,兴民权无损于君权。① 民权与西方的人权也不相同,后者非专指政治,前者则为针对"专制政治"而提出的尚未确定的名词。② 民权与儒家传统中的"重民"思想不同。"虽以孔孟之至圣大贤,哓音瘏口以道之,而不能禁二千年来暴君贼臣之继出踵起,鱼肉我民。何也? 治人者有权,而治于人者无权。"③这表明中国知识分子已从在"君民亲和力"方面探求议院对国家富强的价值,转向从人民是否有权利这个新的视角去求得富强之路。

民权是中国宪政思想的一个非常重要的概念,其意义大体介于中国的传统民本与西方的民主概念之间。民本所指涉的是君主与人民间的相互依存性,并在这种依存性中强调人民的重要性(但并不意味着君主不重要)。民本概念中所表述的"民贵君轻"并非是一种事实陈述,而是蕴含着中华帝国"要认真解决大众温饱问题"这样一种意识形态,它为皇权统治提供基本的合法性。④ 民权概念承接了由民本所营造的君与民关系的基本结构,然后又从君的来源(共举一人为君)和职能(君为民服务)上修改了这一结构,使君与民之间的"轻重关系"改变为一种平衡关系。民权是受到西方(代议)民主制的深刻影响又不同于西方民主的一个概念,因为民主概念虽有人民构成政府来源以及政府对人民负责的含义,但其核心是君主(政府)受制于人民(人民主权),其语意空间并不

---

① 参见梁启超:《爱国论》,《饮冰室合集》文集之三,中华书局1989年版,第76页。下引"该文集""专集"都出自《饮冰室合集》。
② 参见《新民丛报》1902年第六号,第89页。
③ 梁启超:《论政府与人民之权限》,文集之十,第5页。
④ 参见王国斌:《转变的中国——历史变迁与欧洲经验的局限》,江苏人民出版社1998年版,第89页。

是君民孰轻孰重这样的一种关系结构。就其语境而言，民权是一个既由民本资源所支持并超越了民本的语意，又有西方民主的因素，但存有不少距离的概念，它是中国知识分子把传统民本思想与西方激进的民主概念相调和而创造的中国人可以接受的一个新东西。或者说，它是西方民主转换为中国语境的产物，是把君民轻重关系改变为平衡关系的一种隐喻式表述。① 民权这个概念的创设，也必然导致对"君民亲和力"的议院与富强目标关系的重新审视。

民权概念也给康有为观察议院提供了一个新的视角："人主之为治，以为民耳。以民所乐举乐选者，使之议国政，治人民，其事至公，其理至顺。"②在议院与君主的关系上，君犹如脑，而议院犹如心；"脑有所欲为必经心，心斟酌合度，然后复于脑，发令于五官四肢也。苟脑欲为一事，不经心议决，而率然行之，未有不失过也"③。即是说，君主已是议会下的君主，议会则不是陛下的议会，议会比君主更重要。在此基础上，他还观察到西方的权力分立制度的运作机制："立法属议院，行政属内阁政府。议院不得权

---

① 有关中国近代民权与传统的民本主义的关系问题的分析，还可参阅俞荣根：《儒家法思想通论》，广西人民出版社1992年版第三章；〔日〕沟口雄三：《中国民权思想的特色》，孙歌译，〔美〕安德鲁·内森：《中国权利思想的渊源》，黄列译，载夏勇编：《公法》（第一卷），法律出版社1999年版；王先明：《近代绅士——一个封建阶层的历史命运》，天津人民出版社1997年版第九章第三节"'绅权'与'民权'"。

② 康有为：《日本变政考（外二种）》，中国人民大学出版社2011年版，第177页。

③ 康有为：《日本变政考（外二种）》，中国人民大学出版社2011年版，第261页，明治宪法发布后伊藤博文演说。

过政府,但政府不得夺议院之权……此宪法之主义也。"①因此,他建议光绪帝"上师尧、舜、禹三代,外采东西强国,立行宪法,大开国会,以庶政与国民共之,行三权鼎立之制,则中国之治强,可计日而待也"②。

由于民权概念的介入,议院已不再只是一个"通上下之情"的舆情工具,而是有内在价值追求的制度。它在目标上与国家富强息息相关,既是推动国家富强的器具,也是民权得以落实的一种制度。这表明,中国知识分子已从孟子式的反专制主义发展为对民权统治作为施政普遍原则进行赞扬。按照这种新的观念,中国传统的专制政治之所以受到谴责,不仅是由于它造成了"君民相隔"而缺乏政治上的效率,更主要的是它缺乏道德方面的合法性。这是"君民共主"的议院与"民权"的议院的根本区别。从最重要的方面说,由王韬、郑观应所提供的"君民共主"的新政治模式仍是以假定传统王权政治具有合法性为前提的,民权概念则破坏了这种合法性,而具有民权意味的议院则成了中国自救富强的新希望。

然而,这种新的理论从一开始就含有致命的缺陷:如果假定"君民共主"的议院有利于统治者与人民的合作,可以为国家的强盛提供政治方面的必要条件的话;那么,民权的议院又如何能与国家的富强目标联系起来呢?无论民权与民主有什么不同,它都隐含着分散君权的倾向而对君权构成了限制,这就使得民权议院很难像"君民共主"的议院那样在君民间形成亲和力,因而也就使

---

① 康有为:《日本变政考(外二种)》,中国人民大学出版社2011年版,第261页,明治宪法发布后伊藤博文演说。
② 汤志钧编:《康有为政论集》(上册),中华书局1981年版,第339页。

其与富强目标之间缺少了必要的联系。这个理论无法找到一个在诉求民权价值的同时又把民权与富强目标联系起来的切点。

三

中国知识分子在观察先进的西方和落后的中国时有一个最基本的判断：西方的物质成就是西方优越的制度和文化所致。这是他们热切欢迎西方的制度和思想，并以此为榜样从政治上寻求中国富强出路的最重要的心理动机。这种心理动机很容易把宪政、民主、共和这些实体看作是西方有意设计出来以达致国家富强的东西。他们在不太理解西方那些价值所代表的不同意义的情况下，根据自己的需要把西方的那些价值实体分拆成为中国国家富强服务的工具。这并不是说中国知识分子不关心宪政、民主、共和自身所具有的价值，而是说他们有意识地把这些价值放在了第二位。这便形成了两个理论层次：在高处，他们把宪政民主与国家富强看作是手段和目标的关系；在低处，他们又关切和诉求宪政民主自身的价值。这两个彼此并不和谐一致的"价值期待"在中国宪政思想史上一直纠缠在一起，使其所诉求的宪政民主与他们关爱的富强目标往往存在着深刻的冲突。这是一种压力，也是一种二难的选择，迫使中国知识分子无法把宪政民主自身的价值坚持到底，宪政民主的理想最后不得不屈就于富强目标。

当康有为建议光绪帝"上师尧、舜、禹三代，外采东西强国，立行宪法，大开国会，以庶政与国民共之，行三权鼎立之制"，并坚信"则中国之治强，可计日可待"时，如果不是他有意误导中国皇帝，那么就是他并未意识到"开国会"与"立行宪法""行三权鼎立之制"之间存在的对立,在如何把这些彼此冲突的价值整合成为"中国之治强"目标服务的问题上,他并没有想到拿出一个什么方案。戊戌变法失败后的康有为基本上固守着他先前的思想,为我们提供的新东西并不多。与老师不同,流亡的梁启超对宪政民主制度及其思想的认识有不少的变化,对如何把这些东西与中国问题联系起来,他也进行了新的思考。根据他的判断,当下中国最急需的不是西方式的民主制议院,而是宪政制度。在宪政民主制度下,宪法非常重要,它既是宪政的旗帜和标志,也是国家权力和法度的合法来源。他给宪法下的定义是"一国之人,无论为君主为官吏为人民皆共守之者也。为国家一切法度之根源,此后无论出何令,更何法,百变而不许离其宗旨者也"①。这样的宪法肯定与民权有着不可分割的干系。② 为此,梁启超提出了立宪的三大原则:一是民主。他认为无论何种宪法只要是人民同意的就应视为完全和有效。③ 二是限权政府。他认为立宪政府都是有限的政府,具体说就是,无论是君主的权力、官吏的权力还是人民的权力都是受限制的,只有专制政体才主张权力无限。④ 三是人民主权。认为人民拥有主权可以防止君主和官吏滥用权力。反过来,制定得再好的宪法若没有人民的护卫和监督,也不过是一纸空文。梁启超在此着重强调了人民拥有主权的重要性。⑤

在人民主权的期望中梁启超进一步看到了政府权限如何划

---

① 梁启超:《立宪法议》,文集之五,第1页。
② 他说,"欲君权之有限也,不可不用民权;欲官权之有限也,更不可不用民权。宪法与民权,二者不可相离"。同上注,第3页。
③ 参见梁启超:《论立法权》,文集之九,第106页。
④ 参见梁启超:《立宪法议》,文集之五,第2页。
⑤ 参见梁启超:《立宪法议》,文集之五,第3页。

分这个被西方古典宪政主义者着重凸显的问题。为此,他写了《论政府与人民之权限》一文,专门讨论这个问题。他在论及立宪中为什么要突出限制政府权力这一问题的重要性时说:"因人民之权无限以害及国家者,泰西近世,间或有之……虽然,此其事甚罕见,而纵观数千年之史乘,大率由政府滥用权限,侵越其民,以致衰致乱者,殆十而八九焉。若中国又其甚者也。故本论之宗旨,以政府对人民之权限为主眼,以人民对政府之权限为附庸。"①换句话说,宪政的核心问题就是如何防止政府滥用权力的问题。为了表达清楚这个思想,他又进一步引述卢梭的《民约论》的观点,认为政府来自人民与政府之间的契约。所以政府的职责不外两端:"一曰助人民自营力所不逮,二曰防人民自由权之被侵而已。"如果政府的职责超出这两端,那么,"有政府如无政府,又其甚者,非惟不能助人民自营力而反窒之,非惟不能保民自由权而又自侵之,则有政府或不如无政府。"②在宪政的理论架构里,梁启超看到了民之自由的重要性,他说,"中国数千年之腐败,其祸极于今日,推其大原,皆必自奴隶性而来,不除此性,中国万不能立于世界万国之间。而自由云者,正使人自知其本性,而不受箝制于他人。今日非施此药,万不能愈此病"③。我们可以把梁启超的上述思想分为两个相关的部分:一是对宪政民主的解释;二是诉求民主宪政的理由。他在对民主宪政的解释上与西方宪政民主理论并无实质的区别。不同的是,西方的民主主义者与宪政主

---

① 梁启超:《论政府与人民之权限》,文集之十,第1页。
② 梁启超:《论政府与人民之权限》,文集之十,第2页。
③ 丁文江、赵丰田编:《梁任公先生年谱长编(初稿)》,中华书局2010年版,第116页。

义者始终存有冲突:前者坚持民主(公意)至上而反对宪政(分权)制度;后者则对民主怀有根深蒂固的敌意,意在限制民主。梁启超试图在一个既无民主更无宪政传统的中国,同时诉求民主和宪政,并试图用立宪的名义把两者统一于一体。实际上,他既没有找到统一的理论前提,也没有进一步提供怎样在中国既实现民主又能实施宪政的可能性。

值得注意的是梁启超诉求民主宪政的理由。如前所述,西方的民主主义者之所以珍爱民主制,是因为他们坚信多数人统治总是比一人或少数人统治更符合政治的本性,而不是因为民主能为国家力量的强弱做些什么;同样,宪政主义者之所以凸显权力控制制度,是因为他们一直把个人的自由放在第一位。与他们不同,梁启超首先要考虑的是中国国家的强盛问题。也就是说,梁启超之所以欢迎分权制度,是因为他看到了政府滥用权力会使国家"致衰致乱",而不是首先对个人自由的损害;梁启超之所以诉求自由,是因为他看到自由是消除导致中国衰朽腐败的病源——"奴性"的最佳药石,而不是自由本身具有什么神圣不可冒犯性。一言以蔽之,西方的宪政主义者与中国的梁启超都看重分权和自由,但两者提供的理由是完全不同的。

宪政民主在两个不同层面的诉求已预示了这样一种可能性:当民主宪政价值对富强目标构成障碍时,只能作出舍弃前者的选择。1903年以后,梁启超发现他所羡慕的民主宪政价值与国家富强的目标越来越远,便提出了一种新看法:"我中国今日所最缺点而急需者,在有机之统一与有力之秩序,而自由平等直其次耳。"①为了对这一看法增加理论上的分量,梁启超把卢梭当作标靶,对他猛烈开火。② 在这种背景之下,自由这个曾为梁启超看好的东西,现在也已变味了。他说,"自由云者,团体之自由,非个人之自由也。野蛮时代,个人之自由胜而团体之自由亡;文明时代,团体之自由强而个人之自由减"③。团体自由并不是不存在,但通过减少个人自由的方式实现团体自由则肯定不是梁启超先前所诉求的宪政了。从热爱"有机的统一和秩序"到抛别个人自由,梁启超最终与宪政挥泪告别④,走向了"开明专制"⑤。

---

① 梁启超:《政治学大家伯伦知理之学说》,文集十三,第69页。
② 梁启超主要是从以下三点对卢梭进行批判:第一,卢梭认为,根据社会契约论,一个人可以自由加入或离开他的国家。而梁启超则认为,一个人即便可以自由组成一个公司,但决不能成立一个国家。第二,卢梭认为,根据契约论,加入国家的每一个成员都是平等的,否则便是违犯社会契约。而梁启超则批评说,根据各国的建国经验,国家的建立全依赖于领导集团和权威,平等之说是荒谬的。第三,卢梭认为,国家是根据每个人的赞同而成立的。而梁启超则认为,这种"赞同"理论是站不住脚的,因为任何法律都不可能征得每一个人的赞同。(参见梁启超:《政治学大家伯伦知理之学说》,第67页)非常有趣的是,许多中国知识分子都有与梁启超相似的经历:先把卢梭当作宝贝,后来又对他极为不满,不留情面地进行"揭批",最典型的有严复、孙中山等。这从一个方面说明了中国知识分子对西方民主宪政理论的矛盾心境。
③ 梁启超:《新民说》,专集之四,第44页。
④ 梁启超曾用动情的话语表达了他那种非常矛盾的心境:"吾党之醉共和、梦共和、歌舞共和、尸祝共和,岂有他哉,为幸福耳,为自由耳。而孰意稽之历史,乃将不得幸福而得乱亡;征诸理论,乃不得自由而得专制。然则我于共和何求哉,何乐哉?吾乃自解曰:牺牲现在以利方来,社会进化之大经也……呜呼,共和共和,吾爱汝也,然不如其爱祖国!吾爱汝也,然不如爱自由!吾祖国吾自由而断送于汝之手也,则人也。呜呼,共和共和,吾不忍再污点汝之美名,使后之论政体者,复添一佐证焉以诅咒汝。吾与汝长别矣!"(见梁启超:《政治学大家伯伦知理之学说》,文集十三,第86页)
⑤ 参见梁启超:《开明专制论》,文集十七。

这里，我们可以下这样一个结论：中国知识分子之所以是"中国的"，因为他们首先是一些民族主义者——钦慕西方的强大力量而非西方整个文明的中国人；然后他们才是"西方宪政民主的学生"。他们从一开始就不是也成不了西方意义上的宪政主义者或民主主义者，所以当面临非要在冲突的富强目标和宪政价值之间作出抉择的时候，他们便自觉地选择了"国家利益"而非西方意义的"个人利益"。

如果说，梁启超曾从国家富强的意义上看到了自由的重要性，那么，严复则是从自由本身而发现宪政价值的。严复赞赏并接受宪政民主更多的是基于他本人对西方思想的了悟和参透。他通过认真钻研赫胥黎、斯宾塞、穆勒、孟德斯鸠等人的著作和思想，非常自信地认为自己找到了西方世界的奥秘："自由为体，民主为用。"①这也许是19世纪末叶中国知识分子对西方宪政民主最为深刻的解释了。② 关于自由，严复有着近乎于西方古典宪政主义者一样的理解："夫自由云者，作事由我之谓也。""唯天生民，各具赋畀，得自由者乃为全受。故人人各得自由，国国各得自由，第务令毋相侵损而已。侵人自由者，斯为逆天理，贼人道。其

---

① 严复：《原强修订稿》，载王栻主编：《严复集》（第一册），中华书局1986年版，第23页。

② 路易斯·哈茨曾这样评价严复："外国评论家的本事在于能揭示出所研究国家的社会生活中蕴含着思想方面的东西。因为这些评论家往往通过母国文化提供的对照，使异国社会生活中蕴含着的思想显得清晰可见。阿累维之所以令英国人感兴趣，托克维尔之所以令美国人感兴趣，就是因为英国人和美国人通过这两位分别大吃一惊地发现了自己……西方思想的西方评论家告诉我们的较多的是我们已知的事情；而严复进一步告诉了我们一些我们所不知道的事情……严复的看法，在极大程度上，很可能最终会成为我们的看法。"（参见〔美〕本杰明·史华兹：《寻求富强：严复与西方》，叶凤美译，江苏人民出版社1996年版，第1、9、2页，序言）

杀人伤人及盗蚀人财物,皆侵人自由之极致也。故侵人自由,虽国君不能,而其刑禁章务,要皆为此设耳。"①他还进一步把西方的自由概念与中国传统的"恕""絜矩"概念相区别,认为自由就是一种自我肯定②,并经由民权③的中介与立宪民主制度发生必然的联系:"今聚群民而成国家,以国家而有政府,由政府而一切所以治吾心之法令出焉,故曰政府与自由反对也。顾今使之为法,而此一切所以治吾身心者,即出于吾之所自立,抑其为此之权力,必由吾为之而后有。然则虽受治,而吾自由自若,此则政界中自治 Selfgovernment 之说也。"④严复把这种自治制度誉为"政界之境诣"。这一"境诣"说明了自治与自由的深刻联系,如果没有自治制度所确保的个人领地,政治自由只是一句空话。可以这样说,严复是中国近世知识分子中对西方宪政意义上的自由概念作了最成功、最全面、最准确阐释的第一人。

由上可以看出,严复对自由概念的理解与西方古典宪政主义

---

① 严复:《政治讲议》,载王栻主编:《严复集》(第五册),中华书局 1986 年版,第 1299 页;严复:《论世变之亟》,载王栻主编:《严复集》(第一册),中华书局 1986 年版,第 3 页。

② 严复说:"何则?中国恕与絜矩,专以待人及物而言。而西人自由,则于及物中,而实寓所以存我者也。"[严复:《论世变之亟》,载王栻主编:《严复集》(第一册),中华书局 1986 年版,第 3 页]

③ 严复对民权概念有着不同于康梁的解释。他认为,民权作为民主的前提,其含义是"民有权而自为君者"。([法]孟德斯鸠:《孟德斯鸠法意》,严复译,商务印书馆 1981 年版,第 96 页)"夫制之所以仁者,必其民自为之。使其民而不自为,徒坐待他人之仁我,不必蕲之而不可得也。就令得之,顾其君则诚仁矣,而制犹未仁也……在我者,自由之民也;在彼者,所胜之民也。必在,我此之谓民权。"[严复:《〈法意〉按语》,载王栻主编:《严复集》(第四册),中华书局 1986 年版,第 972 页]

④ 严复:《政治讲义》,载王栻主编:《严复集》(第五册),中华书局 1986 年版,第 1299—1300 页。

者没有多少分别,但偏好自由的理由却大相径庭。严复处理自由问题与梁启超处理议院、民权的方式差不多,所偏重的并非这些概念本身的价值,而是它们与富强目标的因果关系:"是故富强者,不外利民之政也,而必自民之能自利始;能自利自能自由始;能自由自能自治始,能自治者,必其能恕、能用絜矩之道者也。"①在这里,自利、自由、自治都被富强的红线紧紧地串联在一起。西方的富强是力充分释放的结果,而自利、自由、自治恰恰又是力得以充分释放的源泉。对中国而言,富强之道便是培养人民的自利、自治和自由的能力,因为个人的能力经过一定的环节便会转化为国家富强的活力和动力。为了培养这种能力,首先需要做最基础性的工作——"开民智""鼓民力""兴民德"。② 这是严复赞扬和接受自由的主要理由。正如史华兹教授在分析严复时敏锐地指出的,在严复的理论里,"自由意味着无约束地发挥人的全部才能,意味着创造一个解放和促进人的建设性能力,以便使人的能力得以充分发挥的环境。但中国圣人们所做的每件事都是在限制和禁锢个人的潜在能力,而近代西方则创造和培育了解放这些能力的制度和思想。调动这些能力的能力在于近代文明意义上的利己……严复从斯宾塞那里得到的牢固信念是:使西方社会有机体最终达到富强的能力是蕴藏于个人中的能力,这些能力可以说是通过驾驭文明的利己来加强的,自由、平等、民主创造了使文明的利己得以实现的环境,在这种环境中,人的体、智、

---

① 严复:《原强》,载王栻主编:《严复集》(第一册),中华书局1986年版,第14页。

② 关于民智、民力和民德对于富强的重要性,可见《严复集》(第一册),第1—54页,其中《原强》《辟韩》《救亡决论》《论世变之亟》中皆有相关内容。

德的潜在能力将得到充分的展现。"①

严复与其他知识分子不同的是,在把西方语境的宪政民主转换为中国的富强语境时,其逻辑上更加精密,理论也更加成熟。康有为也曾认为西方民主制度具有"合四万万人心以为心"的效用,但他并未证说其中的道理。他断然认为,平民百姓生来就具有爱国心,只要平民百姓亲自参与政治,他们就会自发地团结起来,形成公心,为国家富强目标出力使劲。严复则不同,他认为民主制度(自治)导源于人的"自营""自私"的天性。问题在于:人的"自营""自私"的特性在民主制度下并不妨害国家、社会的利益,相反它通过立宪民主制度(自治)"合私为公"的功能必然对国家的富强有利。② 即是说,自由有利于力的释放,而民主有利于形成公心。"自由为体,民主为用"的西方强大富足的奥秘就是通过"合私为公"的民主制的整合功能把导源于自由的个人能量整合为一种国家富强的力量。

正是因为严复把自由问题纳入富强的逻辑框架,所以他对西方思想存在严重误读。严复在翻译密尔的《论自由》一书时,在不少地方将密尔对个人自由的强调纳入他所理解的社会有机体说的框架,认为密尔对少数人的意见和个人自由的保护,同样是出于追求国家富强这一目标。他与密尔之间在观念和价值目标上都产生了距离,而这种距离恰是严复误读西方思想的根源。密尔在《论自由》中有一章的标题是:《论个性为人类幸福的因素之

---

① 〔美〕本杰明·史华兹:《寻求富强:严复与西方》,叶凤美译,江苏人民出版社1996年版,第54页,序言。
② 参见严复:《原强修改稿》,载王栻主编:《严复集》(第一册),中华书局1986年版,第31页。

一》,而严复对此误译为:《释行己自繇明特操为民德之本》。密尔说:"只有通过对这些生动的和有能力的个人冲动的培养,社会才算既尽其义务又保其利益。"而严复的译文是:"有国家者,必知扶植如是之秀民,而后为尽其天职,而其种之名贵,其国之盛强,视之,盖圣智豪杰,必出于此曹。"还有,密尔认为:"在不影响他人利益的事情上,只因为他不高兴而受到束缚,这便不能发展任何有价值的东西。"严复把这几句话译成:"独至行己自繇之屈,非以有损他人之权利也,而以或触其人之忌讳,则于民德无所进也。"在脚注中,严复概述这几句所在段落的全部内容为"民少特操,其国必衰。"①

既然密尔的保障少数人的自由已被严复误看作为新民德出力并最终为国家富强服务,那么当这少数人的自由与国家的利益发生矛盾和冲突时,个人自由就必须让位于国家利益,这是符合逻辑的结论。当严复意识到个人自由与国家目标并不一致甚至还存在威胁时,他便使用了与前不同的概念——"国群自由"与"小己自由"。他说,"国处冲散之地,随时有袭之忧,其政令安得不严密?外患如此,内忧亦然。间阎纷争,奸宄窃发,欲去社会安稳,亦不能不减夺自由"②,"小己自由,非今日之所急,而以合力图强,杜远敌人觊觎侵暴,为自存之至计","故所急者,国群自

---

① 参见〔美〕本杰明·史华兹:《寻求富强:严复与西方》,叶凤美译,江苏人民出版社1996年版,第127页,序言。
② 严复:《政治讲义》,载王栻主编:《严复集》(第五册),中华书局1986年版,第1298页。

由,而非小己自由也"①。"国群"与"小己"的两分,主要还不在于大小的不同,而是价值高低的区别。严复从自由出发,最终又复回到中国式的宪政语境。

不但康有为、梁启超、严复等思想家偏爱国家的富强价值,孙中山等革命党人对此也有更切、更深的体味。在孙中山的民权主义体系中,宪政民主在一定程度上是一个目的,对人民权利的保护、国家权力的划分与规制以及自治、联邦等问题,他都给以极大关注。然而,孙中山之所以如此珍视宪政民主,更多的是由于它能与国家的强盛联系起来。孙中山注意到当时最强大的国家是采用民主共和制的美国。在他的宪政方案里,共和问题一直是关注的焦点。

在孙中山看来,共和制显然比君主立宪制更先进更文明,因而中国应采用共和制而不是君主立宪制。② 其实,在孙中山和他的革命同志的思想里,推崇共和制更多的是出于一种反抗清朝统治的需要。陈天华在回答为什么中国不能采用君主立宪制时说

---

① 严复:《〈法意〉按语》,载王栻主编:《严复集》(第四册),中华书局1986年版,第981页。在这一观念驱动下,严复把国家奉为一种外在的抽象的"小己"效忠对象和权威力量:"邦国之为团体,吾人一属其中,终身不二,生死靡他,乃至紧要时会,此种团体其责求于我者,可以无穷,身命且为所有,何况财产。"[严复:《政治讲义》,载王栻主编:《严复集》(第五册),中华书局1986年版,第1246页]国家化为政府,"今日之政府,因五族四万万人民政府也,此五族四万万人民,各有保存此国,维持此政府义务,而不得上辞"。[见王栻主编:《严复集》(第二册),中华书局1986年版,第344页]政府化为元首,"夫大总统者,抽象国家之代表,非具体个人之专称,一经民意所属,即为全国致身之点。斯乃纯粹国民之天职,不系私昵之感情,是故言效忠于元首,即无异效忠于国家"。(马勇编:《严复语萃》,华夏出版社1993年版,第151页)由元首经政府至国家,"国群自由"已膨胀为霍布斯笔下的利维坦,而"小己自由"则消弭不见了。

② 参见《孙中山全集》(第1卷),中华书局1982年版,第287页、283页。

道,"今日满不去,则中国不能以复兴,以吾侪之所以不欲如日本之君主立宪,而必主张民主立宪者,实中国之势宜尔"①。在很多情形下,共和制则被看作推翻清朝统治的副产品。黄兴说,"吾辈以排满为宗旨,今悖党纲,请立宪,仍是君主奴隶尔"②。汪精卫则认为,"满洲人非中国之人民","各国革命有至君主立宪而止者,而我国今日为异族专制,故不能望君主主宪;纵令满洲政府下令组织国会,而自亡国之民视之,亦与满洲政府同气类者耳"③。由于此,革命之谓,便是"去满洲为第一目的,以去暴政为第二目的"。而且,"大辱未雪,大欲未偿,亦复何心以商此事?"汉人"不可以与满洲人去此侪处,无论以立宪饵之边,即有共和极制,非与满洲为群无从得之者,亦有舍置之而已"④。正是基于这样的判断,孙中山在1911年革命党人推翻了清朝统治之后便断然地认为:"今满政府已去,共和政体已成,民族、民权之二大纲已达目的。今后吾人之所急宜进行者,即民生主义。"⑤毫无疑问,排满与共和之间有许多环节,也有一定距离,排满的成功并非必然是宪政共和政治。共和制的建立,在当下的中国除了革命一途而外,还需要其他许多条件。由于革命党人在感情和理智上无法容忍一个满人的皇帝,因而共和在很大程度上只是一面排满的旗

---

① 《民报》第1号。
② 转引自侯宜杰:《革命派反对在中国实行君主立宪理论之评议》,载中国社会科学院近代史研究所科研组织处编:《走向近代世界的中国》,成都出版社1992年版,第186页。
③ 《民报》第4期、第12期。
④ 蛰伸:《论满洲虽欲立宪而不能》,《民报》第1期。
⑤ 《孙中山全集》(第2卷),中华书局1982年版,第338页。

帜,一种动员革命资源的意识形态。① 这与西方共和主义者崇尚共和的理念是完全不同的。

在孙中山的宪政方案里,既有他真切希望给人民以直接民权以达宪政民主的构想,也有造一个"万能政府"使中国尽快强大起来的诉求。这难以兼得的理论方案存在孙中山整个晚年,而富强与宪政、民主的共同诉求,使他的理论充满了混乱与矛盾,其宪政方案同样是被置于国家富强的语境中。②

四

在中国近代学术思想史上,宪政思潮与富强理念的合奏,汇

---

① 当时许多参加过革命的人都持有类似的看法。参加过革命的李书城后来回忆说:"同盟会会员对孙中山先生所提'建立民国,平均地权'的意义不大明白,以为是革命成功以后的事,现在不必推求……因此,同盟会会员在国内宣传革命,运动革命时,只强调'驱除鞑虏,恢复中华'这两句话……辛亥武昌起义以及各地顺应起义所用的口号,只是排满革命。"戴季陶也持有同样说法:"当时在三民主义旗下的人,大都是一民主义——不完全的一民主义——这时候革命党所用的量尺,仅是以排满复仇主义作材料制造出来的。用这一把量尺,来量全国的人,合格的便是革命党,不合格的便是非革命党;换一句话说,就是以排满复仇为民族主义全意义,是革命党的必修科,民权主义是随意科。民生主义,仅仅是科外讲演。"(戴季陶:《国民革命与中国国民党》,中国文化服务社1946年版,第13—14页)作为见证人的柳亚子在回忆中也表达了这一看法,"同盟会是提倡三民主义的。但实际上不消说,大家对三民主义都是莫名其妙,连民权主义也不过装装幌子而已。一般半新不旧的书生们,挟着赵宋、朱明的夙恨,和满清好象不共戴天,所以最卖力的还是狭义的民族主义"。(柳亚子:《自传》,载王子坚编:《时人自述与人物评传》,经纬书局1935年版,第233页)

② 对孙中山思想体系中的富强与民主、共和、宪政两个层次的划分及阐释可参阅王人博:《宪政文化与近代中国》,法律出版社1997年版,第八章"探索中的方案"。

成了一支并不怎么和谐的曲子。虽然中国的思想家和实践者在不同程度上诉求宪政自身的那些价值,但它始终被摆在富强目标之下成为第二位的东西,这是导致民主、共和和宪政在中国语境里出现价值混乱的主要根源。出现这种情形的原因是复杂的。中国作为一个文化大国,在深层上对西方文化是排斥的,而中国在近代所遇到的问题又不是传统文化能够解决的,这就出现了"中体西用"这样的"非牛非马"(严复语)的学理定式。中国知识分子和激进的实践者在其中所能选择的是:站在中国国家的立场,以不牺牲自己的文化传统为前提,向"敌手"(西方)求寻摆脱国家困境的方法和途径。而这样的选择又得之于儒家"经世致用"传统的支持。近世知识分子从一开始就没有打算用西方的宪政彻底取代中国的政治传统,而只是想用它来主要解决中国的生存困境问题,宪政的自身价值便成为附带性的了。这样做的后果是消解了宪政本身的价值。

这种在富强目标之下的宪政追求一直支配着中国的宪政理论和实践。"五四"时期的陈独秀以鼓吹西方的民主和宪政而闻名,但他最终也没有摆脱唯民主义、社会主义与民主宪政之间的缠绕[1];胡适虽然赞赏和接受了宪政价值并坚持个人主义的立场,但为了民族主义的目标,他又为个人加上了难以承

---

[1] 正是对民族问题的最高关切,使陈独秀越出了上一代知识分子的眼量,把目光从社会制度转向了更深层的文化和国民性问题。国民在陈独秀的思想体系里是一个与文化有着同等重要价值的范畴。他有时使用人民,有时使用民众指谓他所关注的对象。无论是人民还是国民,陈独秀都是从"群"的意义上理解或体悟其在民主宪政中的地位和价值以及与中国国家富强目标的关系的。

受的负担①。由于中国落后于西方并因此存在着生存威胁,中国不可能把民主宪政置于像西方那样的位置,宪政在很长一个时期也只是作为现代化目标的伴随物而被诉求,中国因此走了一条"富强为体,民主宪政为用"的道路。而事实上,国家富强与民主宪政在很多情形下是两种不同的价值体系,冲突大于一致。在这种情形下,追求前者而有意识地消解后者就是一种必然的结果。

更为重要的是,如今我们大多数人都承认这样一个事实:是自由理想激起了现代西方文明的发展。它是"经由不断试错、日益积累而艰难获致的结果,或者说它是经验的总和……文明于偶然之中获致的种种成就,实乃是人的行动的非意图的结果,而非一般人所想象的条理井然的智识或设计的产物"②。即使"被人们认为极有作用的种种实在制度,乃是某些显而易见的

---

① 格里德博士在评价胡适时说,尽管胡适"对民族主义的情感有着深刻的不信任感,但他本人与他为其思想偏见和政治战略感到悲哀的那些人一样是个民族主义者,只是表现形式不同了"。[见〔美〕格里德:《胡适与中国的文艺复兴——中国革命中的自主主义(1917—1937)》,王友琴译,江苏人民出版社1996年版,第310页]针对胡适要求一个"好人政府"的问题,格里德评论说,胡适"对待政治的态度,与他对待更重大社会改革问题的态度,在本质上都是强调智力活动的。他给作为变革力量的思想赋予了超乎寻常的重要性,他把一副沉重的责任负担放在了有知识的少数人的肩上——他们的职责必须是表达出改革时所依靠的那种'战斗的和决定性的舆论'"。同前引格里德书,第213页。对自由与"好人政府"(强力政府)的共同诉求反映出胡适面对中国社会现状既要求宪政民主,又要求一个强力政府这样一种期待。这是作为中国自由主义者的胡适在目标上追求民族复兴与在价值层面上的宪政主义信仰之间存在的始终无法克服的矛盾。

② 参见Hayek, *Studies in Philosophy, Politics and Economics*, Routledge & Kegan Paul, 1967, p. 96。

原则经由自生自发且不可抗拒的发展而形成的结果——并且表明,即使那些最为复杂、表面上看似出于人为设计的政策规划,亦几乎不是人为设计或政治智慧的结果"①。宪政制度在西方的生成、宪政理念在西方的实现,最终与所处其中的人与社会不可分割。中国知识分子们在引入、理解、接受并传播宪政的时候,他们所做的努力,仅仅限于"语境"内部的继受与变异,将宪政制度、理论从其生长的历史传统、心态观念和社会土壤这一"物境"中剥离出来,目的在于寻求各种替代现行社会秩序的方案,忽略和遗忘了西方宪政文明赖以生存的基本原则和构建方式。这往往是脆弱的,而对自身文化、传统积淀非常深厚的中国来讲更是如此。

但在另一个方面,中国的"宪政——富强"的文化范式或许也说明了这样一个问题:作为后发外生型现代国家,近代中国对宪政的功利性考虑也是一种不得已的选择。从国家、民族的立场思考宪政问题,也许是寻求现代化之路的后发现代化国家的普遍模式。换言之,宪政只有作为现代化过程的一种伴生物才会为这些国家的人民所接受。当代的新兴宪政国家基本上走了这样一条道路。稍有不同的是,中国在接受宪政时,受到来自传统文化和西方列强的双重压力更大一些而已。因而,也许只有"宪政——富强"的文化范式才能为中国的宪政提供发育生长的土壤,舍此别无他途。基于这种认识,对中国现代化过程中的宪政建设,我是乐观有信心的。同时,我也乐于见到宪政的研究者在这些问题上有所思索、有所探求并有自己的智虑心得。

---

① 〔英〕弗里德利希·冯·哈耶克:《自由秩序原理》(上),邓正来译,生活·读书·新知三联书店 1997 年版,第 65 页。

宪法概念的
起源及其流变

王人博

constitution 一词,首先经由英国政治实践固化为一个确定的政治概念;接着通过美国的政治试验成为一个地地道道的法律性概念;而那些社会契约论的信奉者们则运用"社会契约"方法,重新赋予了它新的含义,使其演变为一个优越于其他政治类型的现代立宪体制的代名词。近世以降,constitution 一词东渐吾国,复又激活了"宪法"这一古老的汉语词汇。被深深地嵌入中国特定历史情境中的宪法概念由此获得了西方现代政制与中国本土性的双重蕴义。

宪法概念的演变经过了三个大的阶段:英国的政治实践首先是将 constitution 这个古老词汇固化为一个确定的政治概念;美国的政治试验使它成为一个地地道道的法律性概念;而那些社会契约论的信奉者们则通过运用"社会契约"方法,重构了这个概念的含义,使其成为一个优越于其他政治类型的一种立宪体制的代名词。而汉语的宪法一词能成为现代中国政治、法律话语表达与实践的关键词肯定与 constitution 一词有关。从某种意义上讲,正是后者激活了宪法这个古老的汉语词汇,使它与现代性的政治法律话语发生关联。问题是,为什么中国人非要用宪法这个古典词语去对译西方的 constitution?两者的对等关系是如何被设定的?在这个关系的建构中到底发生了什么?本文试图在词源学的意义上探讨这些问题。

一

　　Constitution 源于拉丁文 constitutio,后者则源于动词 constituere,con 是"一起"(together),stituere 是"设置"(set)。作动词时,它指

的是用许多部件或成分组织建构某种事物。作名词时则是指事物构造的方式、结构和气质。它与古希腊 politeia 一词的意义密切相关,有着明显的词源关系。中国现行的宪法学教科书在讲到宪法概念在西方的起源时,通常都认为存在"古希腊宪法"这样的概念,其根据是亚里士多德的《政治学》一书。认为亚里士多德曾将古希腊各城邦的法律分为宪法和普通法律,并进一步认为《政治学》就是以对希腊各城邦宪法的研究为基础而写就的。古希腊的宪法被定义为,是有关城邦组织和权限的法律,主要包括有关公民的资格、公民义务的法律和城邦议事机构、行政机构和法庭的组织、权限、责任的法律。① 事实上,亚里士多德书写《政治学》一书时用的是希腊文,而他用以描述有关城邦问题的概念还原为拉丁文应该是"politeia"而不是拉丁文的"constitutio"。根据西方权威学者的观点,politeia 在希腊文中所指的是一种"城邦的生活方式"更准确的译法应该是"完美的城邦"。这个词的大体意思是说,一个人要获得幸福的一个基本条件是要有一个好社会,而这个社会必然是公民社会或政治社会;在这个社会中存在一个好的政府——由所有公民选举产生,这个政府不仅对政治事务进行管理,而且也为所有公民的幸福提供条件。或者说,politeia 所指的是公民社会赖以存在的一套制度,公民在其中生活,并维护这些制度。若没有这些制度,便没有公民社会,也就没有公民的生活。politeia 与公民身份密切相关,它所指的是有别于东方专制主义的

---

① 为了表示对同行的尊重,在此我们不打算——列出某某主编的宪法学教科书。尤其在当下学风并不很健康的情况下,我们更是力图避免这样做。若读者对上述问题感兴趣,这类教科书是不难查找的。

希腊世界的那种公民社会的制度和生活。① 吴寿彭先生在翻译《政治学》时,有时将其译为"政体",有时也在政体的意义上译为"宪法"。"宪法"这个译名是容易引起误解的。若就中国古典的宪法语义或者就亚里士多德所理解的那种 politeia(这个词更多的时候中文被译为"政治"),那么,"宪法"这个译名是没有问题的,但对一个现代的中国读者来说,它总是会让人与一种类似于法律规则或文本发生联想②。

拉丁文 constitutio 继承了希腊的 politeia 的含义,用来表示事物的结构以及组织方式。在希腊和罗马的意义上,事物的结构就是较低的部分服从高贵的部分,就像 politiea 一词所指示的那样,一个好的城邦就是公民服务于其中,而由公民组成的政府也能为公民的幸福提供条件。对人而言,constitutio 就是肉体服从灵魂。然而,从公元 2 世纪开始,constitutio 从一个希腊的自然主义

---

① 参见〔美〕列奥・施特劳斯:《自然权利与历史》,彭刚译,生活・读书・新知三联书店 2003 年版,第 137—139 页。

② 参见〔古希腊〕亚里士多德:《政治学》,吴寿彭译,商务印书馆 1965 年版。《政治学》第一次在英语世界出版是 1598 年,在这个最早的英译本里有这样一段文字:"policy(政策)是一组命令或表述,就像来自于城邦的其他部门一样,是来自于具权威的部门——为了统治和管理国家,这个部门具有最强的权力和最高的权威。在希腊语中,这种统治机构被称为 policie,在英语世界被称为国家(commonwealth)。"对这段话的评论是这样总结的:"policy(政策)是城市中管理者的命令或处置权,特别是在(英)联邦政府中享有最高权力的主体。"这是当时从法文本翻译为英文的《政治学》及其评论。直到 1776 年,《政治学》才第一次直接由希腊文翻译为英文。而 politeia 一词在这个英译本中被译作"统治形式",并将亚里士多德对 politeia 的定义译为 politeia。就像驾驶船舶,是"对于一个城市——包括其他所有的部门——的安排和规制,特别是对拥有最高权力的部门。"直到 19 世纪,politeia 才被译为"constitution",意思是"对一个国家统治权力特别是对最高的权力的安排"。(参见〔美〕特伦斯・鲍尔、〔美〕约翰・波考克主编:《概念变迁与美国宪法》,谈丽译,华东师范大学出版社 2010 年版,第 28 页)

概念逐渐转变为一个技术性的概念,它主要用来表达罗马皇帝的立法行为。譬如,公元212年皇帝卡拉卡拉(Cara calla,211—217年在位)颁布的《安东尼努斯敕令》(Costitutio Antoniniana)[①],而《查士丁尼法学总论》一书的序言4次使用constitutio,而这部著作本身就是由查士丁尼皇帝钦定的,并赋予了其法律效力的法律。[②] 而到罗马帝国后期,则出现了constitutio与constitution相互混用的现象。

中世纪以降,西方古典文明在"蛮族"的铁蹄下被辗碎了,教会则成了这一文明碎片的唯一保管者,教士们也就成为能够使用拉丁文书写的唯一文化阶层,而拉丁文的constitution概念也就被教会承续下来。中世纪的教会用这个概念主要表示教会的法律和规章,如1317年的《克莱蒙特判令集》(Constitutiones Clementnae)。

在中世纪,世俗政权也通常在教会的意义上使用这个词语。如,1164年英王亨利二世颁布的《克莱伦登法规集》(Constitutions of Clarendon),该法规集是教会的法令的汇编,调整英国国内俗人与教会之间的权利义务关系。同时,英国也常常将该词用在纯粹的世俗行政规则意义上,特指王家的法令。中世纪,这个概念有时也用于上级封建主规定与其有附庸的关系、城市、城市行会等相互关系的法律中,如,1037年神圣罗马帝国皇帝康拉德二世颁布的《封地法令》(Constitutio de Feudis),其目的是确认和保护伦巴德各封建主对所属封地的权力。应注意的是,这类法令所调整的关系一般具有"契约关系"的性质。在中世纪,封建关系中的封

[①] 这是一个重要的敕令,它将罗马公民权授予了帝国境内的全体自由民。
[②] 参见〔古罗马〕查士丁尼:《法学总论——法学阶梯》,张企泰译,商务印书馆1989年版,第1—3页。

建主们自认为他们继承了日耳曼人的传统,彼此都视对方为平等的主体。实际上,这种封建关系是因土地分封而形成的庇护与忠诚的关系,是一种根据传统习惯所确定的契约关系,因而双方不经对方同意就不能任意解释和变更。而这种关系也适用于城市或城市的行业组织,他们往往向国王或大封建主支付一定数额的金钱换得一张取得自治权的"特许状",这个法律文件具有契约性质,不经双方同意也不能变更。① 然而,在中世纪,并不是所有具有契约性质关系的法律规则都用 constitutio 或 constitution 来表达。譬如,被中外宪法学者看作英国宪政奠基石的 1215 年的《大宪章》(Magna Carta),就不是用的该词语。"carta"是"charter"的英文的古语形式,其意思是表示该文本的契约性质。也就是说,《大宪章》可能是英国宪政主义的起源,但绝不是一个现代意义上的宪法。宪法(constitution)不等于契约,"契约理论"是解释立宪体制下宪法现象的方法,但它不是宪法概念本身。一个现代性的宪法概念只能到 constitution 自身的演变过程去寻找。

二

"宪法"(constitution)一词的现代意义生成过程有两条线索:一条是作为一个政治术语在表达政府体制的总体安排这层意思上的演变过程;另一条是作为一个法律术语用以表达根本性法律的含义的确定过程。前者主要是由英国实践的,后者更多的是由

---

① 有关中世纪西欧的这种关系的性质及其意义可参阅〔法〕基佐:《欧洲文明史——自罗马帝国败落到法国革命》,程洪逵、沅芷译,商务印书馆 1998 年版。

美国(包括北美殖民地时期)提供的。就概念的历史渊源讲,前者与古希腊 politeia 一词相关,后者与拉丁文 constitutio 有着联系。

英语世界里的 constitution 一词在 16 世纪以前主要是一个医学概念,用以表达灵魂与肉体的构成方式。直到 18 世纪,被誉为美国"宪法之父"的麦迪逊在其《联邦党人文集》的第 38 篇中还把可以改善或毒害病人"状况"(constitution)的药方与对美国宪法的建议作类比。[①] 16 世纪以后,随着英语在正式法律文献中运用得越来越普遍,英语世界才开始在"组织实体""政治实体"的意义上使用 constitution 这个术语。从此以后,该术语才从一个医学的词汇逐渐演变成一个政治术语。这个演变过程的一个显著特征就是它经历了从自然现象到政治现象的类比。具体地说,就是将通常指涉肉体、有机体的一个词语运用到政治实体方面。17 世纪初,英语世界流行这样一种观点:所有的组织及其结构与人体相似:就像人的生命特定时期身体的组织被认为是完美的一样,一个国家也有这样一个特定时期,其规模大小最适中。就像在医学中一样,对于政治,在应用一定的方法达到目的之前,很重要的一点就是了解政治组织的组织结构。据论者考辨,最早把 constitution 同政治组织实体联系起来的用法出现在 1592 年。它同英格兰教会的一个分离主义者布朗(Henry Barrow)的言论联系在一起。布朗在抨击时,把英格兰教会称作"反基督教式的组织结构",提出了"真实的教会组织形式"这一问题,并反复申明。此后,在围绕分离与反分离的言论中,用 constitution 指称教会的组

---

① 参见〔美〕汉密尔顿等:《联邦党人文集》,程逢如、在汉、舒逊译,商务印书馆 1985 年版,第 38 篇。

织结构这层含义被反复表述。①

而将 constitution 的含义使用在政治实体上,与身体性情的类比开始淡去以至被人遗忘的过程始于 1610 年,国王詹姆士一世强行征税而在议会引发了激烈的争论。有的人警告国王:在未经议会同意的情况下对人民征税会导致"政治架构和英联邦宪法的彻底破坏"。有的也表达了类似的观点:国王征税的决定是"违背英格兰王国的自然架构和宪法的,这将颠覆国家的根本法则,同时引发一种新的国家和统治形式的产生"。自此以后,宪法的这层含义一直保持到 18 世纪,直到美国联邦宪法诞生以及随后不久所出现的马布里诉麦迪逊案,它才被美国宪法的概念所取代。②

在另一条线索上,从罗马时代开始,constitution 被作为一个法律术语使用也是源远流长的。早在 1640 年,英国就出现了"根本宪法"(fundamental constitution)这样的表述,其意思是说,通过根本宪法,英格兰在国王和臣民之间保持衡平。1649 年,在对查尔斯一世的重罪进行审判时,他被指控企图推翻王国的根本"宪法(fundamental constitution)",尽管指控者并没有指出具体的"根本宪法"是什么。

在法律术语的意义上使用宪法一词更多的要归功于北美殖民地的实践。独立战争以前,作为复数形式的"宪法"(constitutions)一词被用以指称法规和规则,这在殖民地的许多地区是屡见不鲜的。而且,作为高级法意义上的"根本法"的含义也出现在

---

① 参见〔美〕特伦斯·鲍尔、〔美〕约翰·波考克主编:《概念变迁与美国宪法》,谈丽译,华东师范大学出版社 2010 年版,第 32 页。
② 参见〔美〕特伦斯·鲍尔、〔美〕约翰·波考克主编:《概念变迁与美国宪法》,谈丽译,华东师范大学出版社 2010 年版,第 29 页,constitution 的意义演变。

殖民地。据论者考析，约翰·洛克（John Locke）曾草拟过"卡罗莱纳根本宪法"（fundamental constitutions of Calolina），共有120条。在宪法的结尾部分，他说："这些根本宪法，120条以及里面的每一个部分，必将成为卡罗莱纳神圣和亘古不变的原则和规则。"几年之后，威廉·潘恩（William Penn）为宾夕法尼亚草拟了24条根本宪法。① 当然，作为单数形式的宪法术语在这个时期的北美更多的是在英国的意义上用以表达政府的统治形式。独立战争后到1787年前，摆脱了殖民统治而获独立的各州纷纷制定自己的宪法。1776年独立战争爆发不久，康涅狄克和罗得岛就改写了殖民地宪章，删除了效忠英国王室的条款，保留了其他部分，并把宪章（charter）改称为宪法（constitution）。迟至1780年的马萨诸塞，北美十三个州纷纷制定了自己的宪法，并都以constitution命名，因而也就使该词的后一种含义固定化了。直到1787年、1803年，美利坚合众国宪法的诞生以及连同马歇尔的那个判例，使得宪法这个术语成为一个庄严的概念，成为立宪体制的根本性、正当性的要素和规则。后经美国人的努力，他们把这个宪法概念带到了全世界。

三

宪法无论在英国还是美国，其语义的生成都与"社会契约"毫无关联。当西方的思想家们把社会契约理论作为论证公民国家

---

① 参见〔美〕特伦斯·鲍尔、〔美〕约翰·波考克主编：《概念变迁与美国宪法》，谈丽译，华东师范大学出版社2010年版，第37页，constitution的意义演变。

的起源及其合理性的正当根据时,宪法作为一种政府的构造形式或政府的根本规则也随之被看作社会契约的模本,这也是为什么原不被称作"宪法"的英国《大宪章》自然会成为宪法典范的原因。然而,"社会契约论"只是其信奉者解释立宪体制的一种方法,它并不是宪法概念的原有之意。本文在这一部分通过对社会契约理论自身的构造及其方式的描述,解释宪法这一概念是如何被"宪政化"的。

社会契约论是由霍布斯、洛克、卢梭等人提出的一种解释国家起源和政府组织方式的一种学说。这种学说作为有关国家理论的一种曾风靡西方,后来随着西方其他国家理论的兴起而渐渐失去了威力。但这个学说仍然是西方乃至中国学者解释西方立宪体制以及其宪法理论与实践的主流范式和方法。这个学说的大致意思是说,在公民社会出现以前曾存在过一个"自然状态",生活在"自然状态"下的人们为了某种谋算,他们彼此签订契约从自然状态下逃脱出来而共同进入一个文明的社会或国家。该理论的核心是要说明,后来成为公民的人们在签订契约时,对哪些东西必须放弃、哪些东西将保留在未来国家中已经达成了协议。由于这些契约论者的主旨不同,因而在回答"放弃"什么和"保留"什么时观点并不一致。霍布斯认为,契约人把一切交给了主权者,其着重点是回答国家主权者的权力来源问题;洛克则认为,契约人在国家中保留了自由和财产权之类的东西。这些东西被称作"不可让渡的权利"。按照洛克的见解,国家是契约的产物,因而国家及其政府的统治必须征得另一部分契约人的同意,而且这种统治须依据契约进行,若政府方违背了契约,那么其他的契约人就得强迫它遵守,若还不行,这些契约人只好拿起武器推翻它,重订契约,这被看作是"人民反抗权"的理论来源。洛克的契约论也因此被认为是比较激进的那种。

社会契约论要勾画的不是像柏拉图提出的那样一个有关理想国家的方案,而是对已经存在的国家形态的一种论证。洛克的学说是为立宪体制辩护的,他所提供的并不是一个"好国家"的方案,而是认识立宪体制的合理性及其构造的一种方法。这也是契约论与宪法概念关联的一种方式。

用契约论描述立宪体制的本质和构造可能是一种比较好的方法,但契约论的这种优越性不等于它作为一种理论自身构造的优越性。它经常被人诟病的就是其理论本身的构造。在契约理论中,"自然状态"这个概念是关键,它常被人们诟病,因为它从未存在于人类的历史中。也就是说,"自然状态"不是历史的,而是哲学的,即论者为了论证公民国家存在的理论合理性而拟制出来的一个概念。若没有这样一个概念的存在,公民国家就无法在理论上被推导出来。人类可能有过"无政府状态",有过"野蛮时期"这是契约论者深知的,但它对论证公民国家的起源和合理性没有任何帮助。"自然状态"是一种观念而不是一种设想事物的方式:它是我们在某种东西中努力寻找的对象。这些东西构成了人的最深层,并且不依赖于某某类型的文明所带来的历史因素。当洛克在他的《政府论》下篇中想把"自然状态"变成一种"历史状态",并以美洲野蛮人作为例证,假设他们处于自然状态时,这显然是极其荒谬的。对一个中国读者而言,想想西方有关"伊甸园"的观念,可能会更好地理解"自然状态"这个概念。"自然状态"在哲学上应该这样被定义:它"是当人不仅被收回了社会带给他的东西,而且是被收回了某某类型的社会——即历史的偶然性

带给他的东西时,在他身上继续存在的事物"①。正如施特劳斯在论证卢梭时指出的那样:

> 以自然状态的名义保留了一块针对社会的地盘,意味着拥有了一块针对社会的保留地,而不必——或者是被迫,或者是有能力——去表明那种为之作出保留的生活方式或事业和追求。在人道的层面上返于自然状态的想法,乃是要求从社会中获取自由(而不是为着某种东西的自由)的在观念上的根据。②

"自然状态"这个概念的缺陷在于:公民国家可能有时比"自然状态"更糟。它没有告诉人们当公民国家比自然状态更糟时怎么办;也没有告诉人们当不愿意生活在公民国家而要返回自然状态时的"返回之路"。它所提供的只是"要求从社会中获取自由的在观念上的根据"而已。

社会契约论另一个难以解决的问题是:生活在自然状态下的人们是如何签订契约的?事实上,一个集体契约的达成是与人数多少有关的。像中国这样有着13亿人口的政治共同体,如果假定是从自然状态下通过签订一个集体契约而达成的,那是非常荒谬的事。即便我们设想一个自然状态下的人群有10万人,要签订这样一个契约也是不可能的。"社会契约"并不是一个说明事实的概念,它与"自然状态"一样只是一种观念。它是对公民国家存在的事实的观念化:既然公民都生活于同一个政治共同体而不逃离,这就假定了他们是认同这个共同体的,这个共同体便可以被预设为一个相互

---

① 〔法〕弗朗索瓦·夏特莱:《理性史——与埃米尔·诺埃尔的谈话》,冀可平、钱翰译,北京大学出版社2000年版,第108页。
② 〔美〕列奥·施特劳斯:《自然权利与历史》,彭刚译,生活·读书·新知三联书店2003年版,第300页。

"同意"的结果,而这样一个基于相互同意而成的共同体只能是"社会契约"的产物。社会契约不是产生公民国家的原因,而是论证公民国家合理性与合法性的一种观念。除此之外,契约论者要完成这个作为契约形式一种的社会契约还需从以下三个方面进行论证:第一,进行交易的各方在地位上是平等的;第二,契约建立在相互意见一致的合意基础之上,契约的各方均有行为能力;第三,契约是契约人在立约时认为对双方均更为有利的一种交易。要说明的是,这种对"双方有利"只是在交易前双方的理性预期,而不一定是交易的实际后果。这是契约发生的前提条件。① 无论霍布斯、洛克还是卢梭,他们为了理论的自洽对三个问题的论证都做了极大的努力,但留下的难题并不少:要论证清楚自然状态下的人的地位是平等的,而且每个人都无智力障碍具有签约的行为能力并不是一件轻松的事情;另外,如果用基于"双方有利"这样一种"合理预期"来解释宪法就是社会契约,显然是不符合宪法的历史或经验的,因为制宪权本身并不是根据社会契约产生的。而事实是,谁取得了决定性的力量,制宪权就是谁的。制宪是强者与强者的博弈,而不是强者对弱者的怜悯。社会契约论无法改变这个规则。

更为重要的是,社会契约论者所论的是公民国家的起源和合理性问题,而不是一个宪法概念的问题。事实上,社会契约论者也从没有直接把宪法看作社会契约。社会契约论与宪法之间有三个不同层面的逻辑关系:首先它是对公民国家提供的一种逻辑

---

① 参见苏力:《从契约理论到社会契约理论——一种国家学说的知识考古学》,载《中国社会科学》1996年第3期。

解释。第二,公民国家已形成的立宪体制反过来又成为解释社会契约理论的最佳范本;第三,第二种情况带来了一个新的结果:它把在英语世界并不属于 constitution(宪法)的事物当作宪法最典型的表达。然而,宪法(constitution)并不起源于社会契约,它是后来被那些社会契约论的信奉者们"社会契约"化了;或者说,"宪法是社会契约"是西方那些信奉"社会契约论"的立宪主义者对宪法的一种解释方法。只是,这种解释方法不但改变了"宪法"概念的原意,而且也重构了西方宪法的历史。这个宪法的历史可以被称为西方的"宪政历史"——因为社会契约论的缘故,宪法的历史被宪政化了。

四

汉语世界里的"宪法"一词的出现要比希腊和罗马早得多。汉语宪法二字有两种意思要加以注意:一是古汉语中的语义;二是现代汉语的表达。关于汉语中的"宪"字,以下的话经常为中国宪法教科书所引用:"率作兴事,慎乃宪"(《尚书·益稷》);"先王克谨天戒,臣人克有常宪"(《尚书·胤征》);"监于先王成宪,其永无愆"(《尚书·说命下》);"先王之书,所以出国家、布施百姓者,宪也……是故古之圣王,发宪出令,设以为赏罚以劝贤沮暴"(《墨子·非命上》);"君乃出令,布宪于国。五乡之师,五属大夫,皆受宪于太史……首宪既布,然后可以行宪。"(《管子·立政》);"作宪垂法,为无穷之规。"(《汉书·萧望之传》)。孔颖达在《尚书正义》中对"宪"也有类似的解释:"宪,法也,言圣王法天以立教于下。"这些还只是对"宪"字的解释。"宪"与"法"连用,用以表达的句子在下列典籍中可以找到:"有一体之治,故能出号令,明宪法矣"(《管子·七法》);《周礼》"县法示人曰宪法"(《集韵·去愿》);"赏善罚奸,国之宪法也"(《国语·晋语九》);等等。

遗憾的是,征引者对这些典籍并没有给出一个令人满意的解释:为什么近人非要用中国古典的宪法一词去对译西语中的constitution? 中国的"宪法"词语与 constitution 的对等关系是如何被设定的? 这种对等关系的设定到底发生了什么?

从引证的上述典籍可以看出,把中国古典的"宪法"解释为一种王权体制下的制度,或是特指君王的典章或法律是没有大错的。问题是,近人为什么要用这个古老的词汇指译英文的 constitution? 难道他们真的不知道这两者的根本不同吗? 对这个问题的解释还得从古汉语的"宪"字谈起。《康熙字典》对"宪"字的解释是:"悬法示人曰宪(憲),从害省,从心从目,观于法象,使人晓然知不善之害,接于目怵于心,凛乎不可犯也。"如是再申引其义,其后就有了"表示"与"博文多能"之意。表者,使对之省察,当畏之。博多者,如文武之政,布在方策,中心藏之。如或见之,曰:"宪章文武"之言,使人有所取法。

从语言学上讲,汉语的"宪法"一词有其能指(Signifier)与所指(Versus Signified)两个面向。其能指是固定的,而所指可以叠加或取舍,能指与所指的关系是任意建构起来的。① 详言之,从以上的引证中我们可以得知,古汉语中的"宪"与"宪法"在能指的面向上有两层含义,而后一种含义更是被汉语的解释者所忽略:

---

① 譬如,汉语中的"枣""花生""栗子"这些词汇,其能指就是其固定不变的物质意象,而中国民间有些地方意喻表达的"早生贵子"的所指却是人为建构的。

其一,"宪"与"宪法"指的是"根本性",譬如,已形成的王权体制,以及这个体制或体制的最高者确立的规则。这些规则之所以是根本性的,是因为在制定者看来它涉及国家的秩序与和谐。"根本性"又可以引申出"权威性"和"至上性"这样的概念,它是人们必须敬畏与尊崇的根据。其二,当《中庸》用"祖述尧舜,宪章文武"来表达这种根本性时,这里也隐含了我们现代人使用的"正当性"概念。中国古典文化与西方文化的一个重要差异就是中国人对人类事务的正当性判断并不是从一个超验的实体(譬如上帝)那里领受的。中国的正当性来源是经验的、历史的。① 如《诗经·大雅·荡子》曰:"殷鉴不远,在夏后之世。"同样,像尧、舜、文、武、周公这样的圣贤,他们不只是些过往的伟大历史人物,而且也是后世借以模仿的典范;他们不但为中华文化提供了"德性"之源,而且也为后世的中国提供了有关人类事务(政治)的正当性标准。在中国古典文化里,"根本性"从来都不是一种纯粹的实证主义语境,而始终隐涉了一种"德性"的判断。当"宪"被理解为一种"接于目怵于心,凛乎不可犯"的事物时,那已隐涉了这样一种判断:因为"宪"是由像尧舜、文武这样伟大的帝王确立或规制的,所以它本身就是正当性之源,人们没有理由不敬畏与尊随。中国的"宪"与"宪法"的根本性,并不是来自于西方意义上的"规范等级"中的"最高规范",而是由确立者或制定者的正当性决定的。也就是说,问题不在于这种体制或典章本身的品质如何,重要的是它是圣王的制度和典章。同样,夏桀与商纣的制度与典章

---

① 有关中西"正当性"来源问题,可参阅〔美〕郝大维(David L. Hall)、〔美〕安乐哲(Roger T. Ames):《通过孔子而思》,何金俐译,北京大学出版社2005年版,第256页。

之所以不能被称作"宪"与"宪法",主要不是因为它缺乏规范意义上的效力,而是因为它的制定者本身出了问题。《孟子》论证诛杀纣王的正当性也正是从此着眼的:"贼仁者谓之贼,贼义者谓之残,残贼之人谓之一夫。闻诛一夫纣矣,未闻弑君也。""宪"与"宪法"本身也涵摄了使用该词语的人所体验到的那种充满敬意的主观感受。这与英国人使用 constitution 一词表达与其他"蛮夷"国家不同的规范和治理政府的制度与规则时的那种"自豪感"是类似的。这或许可以说明用"宪法"对译 constitution 的部分合理性。

当汉语的"宪法"一词的能指被固定以后,其所指在不同的语境下是可以任意叠加和取舍的。即是说,宪法是表达中国古典体制或典章,还是指涉西方现代性的制度和规则是可以选择的。问题的关键在于:当近人用"宪法"一词翻译 constitution 时,它强调的不是这种制度或规则与中国古典"宪法"的相似性,而是它们相似的"正当性"和"根本性"。不管西方那种被我们称作宪法"的东西的所指如何变化,不变的是它的正当性和根本性。正是后者使中国在现代意义上运用"宪法"这个概念表达西方的制度和规则时,始终潜含了"中国性"的理解。

中国通用的现行宪法教科书一般都认为在现代意义上首次使用"宪法"一词的人是郑观应。[①] 遗憾的是,这些教科书都没有告诉我们他们是如何确证的。事实上,如论者所言,汉语的"宪法"二字,是近代日本用来翻译西方概念的一个语汇。而这个翻译后又传入中国为中国人所沿用。论者把它称为"回归的书写形

---

① 参见张千帆:《宪法学导论——原理与应用》,法律出版社 2004 年版,第 59 页。

式外来词",即"源自古汉语的日本'汉字'词语"①。日文中的"宪法"二字既有古汉语中的"正当性""根本性"的含义,又有近代日本人添加的新意,它暗含了"立宪制度"这一要素,而不是仅就正当性、根本性还是"一般性"这一层意思而言的。也就是说,日文中的"宪法"并不是泛指一切根本性的制度或规范,而是特指立宪体制下的根本性制度或规章。它不适用于指称中国古代的那种王权体制以及与之相关的典章。换言之,日本人用"宪法"去对译西文的 constitution 时,保留的是这一古汉语词语的能指,改变的是它的所指。这也反映了日本人对东西方文化的某种把握。

当现代的中国宪法学者从法律规则的意义上把宪法表达为根本大法时,他们又深感这个定义不适用于英国宪法。宪法的定义与英国的"宪法现象"始终存在某种紧张关系。这种紧张更大程度上与他们对汉语"宪法"和英国意义上的 constitution 的双重误读有关。无论是古汉语的"宪法"一词,还是英文中的 constitution 的早期,其意思并不主要指向某种类似于法律的规则,更不是用来表达一个类似于法律的文本。这也是近代日本人在作上述翻译时已注意到了的事实。如上所述,在很长的一段时间里,英国人用 constitution 表达的东西与中国古典宪法语词的表达相类似:他们有时用它表达重要的法律规则,有时用来表达组织结构,而规则并不是其主要的表达,更不是唯一的表达。而与汉语"宪法"所指不同的是:这种政制之所以被表达为 constitution,那是因为它有与其他

---

① 刘禾:《跨语际实践——文学,民族文化与被译介的现代性(中国,1900—1937)》,宋伟杰等译,生活·读书·新知三联书店2002年版,"附录D"第409页。

"蛮族"国家不同的"构造"①,这种构造之所以是优越的、根本性的、不能轻易变更的,那是因为它本身符合古典主义的政治原理:在人类管理的事务中,任何权力的腐败,实际上都是人的变质。当人的高贵部分的欲望(灵魂)不能控制较低部分(肉体)的欲望时,变质就发生了。② 一个国家也同样有它的高贵部分的欲望和较低部分的欲望,为了权力不至于变质,一个控制较低欲望的"构造"就是必需的,而这个控制权力变质的立宪体制也就是一种优越的"构造"。当用汉语的"宪法"表达英国这种立宪体制时,"英国宪法"自然是根本性的,也是符合英国人的 constitution 的应有之意的,当然也就不存在"成文"与"不成文""刚性"与"柔性"的"宪法"之说。然而,当汉语"宪法"一词既指涉英国的 constitution,也表达美国的 constitution,或 constitutional law 时,语义的混乱就发生了。毫无疑问,英国和美国虽然都用 constitution 这同一个词表达事物,但其指涉的对象是有分别的。在国家的层面上,constitution 通常被美国用来表达 1787 年那个制定的文本,也就是通常被称作"联邦宪法"的东西。虽然这个文献从未宣示说它是"根本大法",但事实上它为国家既提供了正当性,也确立了根本性。这种正当性和根本性一方面来自它确立了现在美国仍沿用的基本制度。另一方面也来自美国人的某种假定:它被假定为人民的"约定",是带有"社会契约"性质的文书。但是,为

---

① 如上述,英文中的 constitution 一词本来就有"构造""体质"等含义。当它用在事物的时候,是指事物的构造方式,当用在人的时候是指人的"灵魂"与"肉体"的关系,西方的古典主义相信灵魂与肉体是人的主要构成方式,它决定人的气质。

② 参见〔美〕列奥·施特劳斯:《自然权利与历史》,彭刚译,生活·读书·新知三联书店 2003 年版,第四章"古典自然权利论"。

什么人民的"约定"就具有正当性？是因为"约定"中的人民是像中国的尧舜、文武、周公这样具有的伟大德性的圣王，还是人民本身就代表了真理？美国人对此并没有说明。

19世纪初，一个叫约翰·马歇尔的法官又为 constitution 概念增添了另一种意义。这位法官把它变成了一种实实在在的法律。在他看来，任何一个社会都可能制定出不义的法律，如果法官按照这样的法律判案就可能产生新的不义。于是，美国的法官们就争得了一项权力，他们在审判案件时，有权先审判法律。因此，constitution 也就具有两种含义：一方面它是控制政治生活的"根本大法"；另一方面又因为可以在司法过程中加以适用而成为实实在在的法律。这个概念对后世影响甚大。虽然现代国家未必都是通过司法过程而把宪法变成一种实在的法律，但从法律的意义上理解这种"根本性"是美国作出的贡献。问题也恰恰出在这里。本来，现代的汉语"宪法"一词既指涉英国的那种 constitution，也用来表达美国的 constitution，这种"双重表述"是平行的、对等的。然而，在宪法话语历史实践中，美国的 constitution 成为一种标本，汉语中的"宪法"词语也就成了表达美国式"根本性法律"的专有词汇，与之相联系的，美国的那种"宪法"也随之被解释为判断宪法概念的一种尺度：与之不同的被称作"不成文宪法""柔性宪法"。实际上，被称作"英国宪法"的那个对象本身就是与美国不同的。汉语"宪法"的现代定义与英国"宪法现象"之间存在的那种紧张关系部分也由此而生。这也说明，不管西方的立宪体制或规则如何被定义，中国人都无法割断它与中国古典宪法语词之间的某种粘连。

"国体"词义考

王本存

国体的语词是传统中国的,概念内涵却是近代"中—外""东—西"之间的。它的意义脉络既关联着东方日本的理解,也牵扯着西方的复杂语义,更有中国思想的转圜。国体的西方概念是隐微的政治神学概念和显白的法政概念的"化合物"。日本的政治神学语境及其转型压力非常方便其完成全面吸收,并有力地促进了日本的近代转轨。中国学习者认为这是最好的经验。由于中国政治高度理性化,外来的国体概念无法被完全吸纳,而只能在中国政治哲学框架内做法政技术的运用,但中国近代转型及殖民压力同样迫使国体的政治神学层面获得中国式运用。最终,中国的国体走向了统合这两个层面的政治社会学理解和运用。

国体是亚洲宪法学上的特殊概念。作为法律概念，它最早由日本锻造完成①，其能指符号是日本从中国引进的。日本水户学者开启了国体含义的日本创造性转化，使之具有区别西洋和中国的民族主义含义，日本法政学者最终将之定型为独特的宪法概念。当中国人面临着和日本一样的殖民刺激和转型压力时，它成为了中国的转轨工具。概念有它的历史，犹如树木的年轮，记录下雨水的丰枯和年景的好坏。本文是概念史研究，其目的不仅仅在于解释语词背后的概念与话语，还要尝试观测操作这一概念兴起的知识意志与权力意志。

一、词语的容量与延异

国体、政体是中国古代并立的词语。国体后被引入日本成为日语词汇，采用汉字写法，是日本思想的重要概念。日本宪法学家穗积八束用"国体""政体"两词对译德国国法术语"staatsform"，"由此

---

① 林来梵：《国体宪法学：亚洲宪法学的先驱形态》，载《中外法学》2014年第5期。

发展出当时日本独有的'国体政体二元论'"①。由于欧美法政世界,并无政体、国体二分,当穗积八束如此行动时,似乎成为了概念史上的关键时刻。"国体—政体"在西方概念系统中的对应物——"πολιτεια"(politeia)②、"res publica""corpus politicum""body politic""polity""staatsform"——含义丰富又复杂。穗积八束的对译,有可能激发或者恢复了西方词汇本身潜藏的含义。就中国而言,国体、政体两词自古有之,中国意义背景为接纳西方概念提供了弹性空间和想象资源。从中国、日本望去,这些创造性转化有可能是合理的概念对译过程,是权力场域精妙的话语实践。换句话说,这些翻译—适用活动可能就是权力意志与知识意志的复合作用。审视这一创造,需要复返这些概念的故乡,检视概念的延异变迁。

希腊的城邦政治生活孕育了对城邦政治的分析性词语"πολιτεια"③。"'政体'(regime)一词是我们对希腊语 politeia

---

① 林来梵:《国体概念史:跨国移植与演变》,载《中国社会科学》2013 年第 3 期。

② "politeia"是 πολιτεια 的拉丁拼音转写。在英语世界里,通常被翻译成为"国家"(commonwealth)、"政体"(polity)或者"政府"(government),不同类型的政体则用"kinds""fashions"或"forms"来翻译。1776 年,威廉·埃利斯(William Ellis)第一次将亚里士多德的《政治学》从希腊文译为英文文本时,将之译为"政府形式"(form of government)。这个对译方式据说最为持久,沿用到 18 世纪晚期的美国制宪时期。(参见杰拉尔德·施图尔茨:《Constitution:17 世纪初到 18 世纪末的词义演变》,载〔美〕特伦斯·鲍尔、〔美〕约翰·波考克主编:《概念变迁与美国宪法》,谈丽译,华东师范大学出版社 2010 年版,第 29 页)

③ 吴寿彭先生在翻译《政治学》时,将它翻译为"宪法",也将之翻译为"政体"。(参见〔古希腊〕亚里士多德:《政治学》,吴寿彭译,商务印书馆 1965 年版,第 483 页)刘小枫先生指出:politeia 的原初含义是"城邦人的个体德性或灵魂品质",只有到了雅典民主时代,雅典作家们才将之用作"具有普遍描述性的政制词语",而且即便如此,这个词也指的是"对个人具有内在强制性的引导和规范力量"。(刘小枫:《王有所成:习读柏拉图札记》,上海人民出版社 2015 年版,尤其是第 181—223 页)

(国家构成)的翻译。我们称之为《理想国》的这本书在希腊文中就叫 Politeia。这个词通常被译作'政制'(constitution),指的是被理解为城邦形式的政府形式,……它通过规定城邦所追求的目的或者其仰望的最高目标,以及通过规定城邦的统治者而确定城邦的特征。"①政体在古希腊语境中意味着政治生活的方式与品性,以及这种品性的担当者,被用来辨识城邦的统治者是谁,获知城邦政治生活所能达到的高度,并最终回答政治哲人关心的问题:人在此政体下能够实现的最高可能是什么?进而,哪种政体才是最好的?所以,施特劳斯说"politeia"的最佳译法是"最佳政体"。据说,普鲁塔克给"politeia"下了经典定义:"首先指'城邦民所分享的城邦中的权利';然后指'一个操办共同事务的治邦者的生活[方式]',或者'为共同事务所做的一个恰当行为';最后才是'关涉城邦治理的秩序安排和法律制度'。"②政治家对政体的使用则是实践性的。伯利克里在阵亡将士国葬典礼上的演说③,就是明显修辞性的④——雅典政体蕴含着雅典人对幸福、自由和勇敢的深刻向往,成为了政治动员的最佳话语。

罗马人民是一个"家族",有着共同的祖先,基于共同的习俗、约定团结起来,完成一个天命:"统治这世界,要把文明和秩序强

---

① 〔美〕列奥·施特劳斯、〔美〕约瑟夫·克罗波西主编:《政治哲学史》,李天然等译,河北人民出版社 1993 年版,第 59—60 页。
② 刘小枫:《王有所成:习读柏拉图札记》,上海人民出版社 2015 年版,第 215 页。
③ 〔古希腊〕修昔底德:《伯罗奔尼撒战争史》,谢德风译,商务印书馆 1960 年版,第 147 页。
④ 施特劳斯在讲疏亚里士多德《政治学》时明确指出伯利克里治下的雅典民主不过是"第一人"(first man)统治。[参见〔美〕施特劳斯讲疏:《古典政治哲学引论——亚里士多德〈政治学〉讲疏(1965 年)》,〔美〕扎科特整理,娄林译,华东师范大学出版社 2018 年版,第 121—122 页〕

加给这个世界的野蛮状态"①。罗马人的始祖建立了城邦（civitas），形成了罗马人的共同体（populus Romanus）。罗马人区分"公事"（res publica）与"私事"（res privateae）。"res publica"是"罗马人共同的（或公共的）活动或关切"②，是全体罗马人民的事务和福利③，是罗马人共同体城邦的人格化④。西塞罗用"res publica"表示"πολιτεια"中城邦的含义，用"status rei publicae"表示"共和国"的属性或者状态，"πολιτεια"中"政体"的部分与拉丁文"status"等值，而"status"与"constitutio"含义相近。⑤ "constitutio"亦是"consistere"（"共同安顿""共同建造"）的名词。"西塞罗就把综合性很强的希腊词"πολιτεια"解分了：在希腊语中，它既是国家，又是宪法。经过西塞罗的处理，国家（res publica）还是国家，但宪法（status）不是国家本身，而只是国家的一种'身位'，或属性。"⑥"constitutio"的张力是：它既是自然的——人类生活的注定之物；又是人为的——罗马始祖和人民的共同行动。罗马政治家们用诗意的语言将罗马人的政体描绘为"多个世纪间由许多老

---

① 〔英〕迈克尔·奥克肖特：《政治思想史》，〔英〕特里·纳尔丁、〔英〕卢克·奥沙利文编，秦传安译，上海财经大学出版社2012年版，第157页。

② 〔英〕迈克尔·奥克肖特：《政治思想史》，〔英〕特里·纳尔丁、〔英〕卢克·奥沙利文编，秦传安译，上海财经大学出版社2012年版，第164页。

③ 〔英〕J. H. 伯恩斯主编：《剑桥中世纪政治思想史：350年至1450年》（上册），程志敏等译，生活·读书·新知三联书店2009年版，第39页。

④ 〔意〕朱塞佩·格罗索：《罗马法史》（2009年校订本），黄风译，中国政法大学出版社2009年版，第152页。

⑤ 刘小枫先生则指出："与politieia对应的拉丁语译法不应是res publica，而应是constitutio populi 或 civita。"他还指出，将politieia译为res publica是文艺复兴时期学人的做法，因为他们不懂希腊文。（参见刘小枫：《王有所成：习读柏拉图札记》，上海人民出版社2015年版，第213—214页）

⑥ 徐国栋：《宪法一词的西文起源及其演进考》，载《法学家》2011年第4期。

前辈建立的"①。来自希腊的罗马政治家、历史学家波利比乌斯,借助希腊哲学提出了这样的问题:罗马如何在53年内独霸了世界?回答是罗马政体的优势——"自然进化的累积过程"中形成的最稳定的"混合政体"②。当罗马人把政治生活看作他们的命运之时,共和国就成为了他们的精神寄托。

日耳曼人"民团"(comitatus),靠"领袖"(dux)与伙伴(comites)之间的信赖和忠诚聚合在一起。领袖将攫取的土地分封给伙伴和追随者。他们推选庇护他们的领主(领袖)成为国王(rex)。③ "移民时代的各个日耳曼民族通过他们的王而获得政治人格意识。这种王权的基础是一种经过独特融合的个人魅力,它必须在军事和行政的成功中证明自己,同时要出身于高贵家族。"④王权有两个权能:司法权(jurisdictio)⑤和统治权(gubernaculum)。⑥ 国王不断借用基督和罗马遗产构筑合法性。日耳曼人

---

① 〔古罗马〕西塞罗:《国家篇 法律篇》,沈叔平、苏力译,商务印书馆2002年版,第56—57页。
② 〔英〕克里斯托弗·罗、〔英〕马尔科姆·斯科菲尔德主编:《剑桥希腊罗马政治思想史》,晏绍祥译,商务印书馆2016年版,第443—453页。
③ 关于王与诸侯的关系,以及王如何产生,参见〔美〕孟罗·斯密:《欧陆法律发达史》,姚梅镇译,中国政法大学出版社1999年版,第22页下。
④ 〔美〕沃格林:《政治观念史稿·第2卷:中世纪(至阿奎那)》,叶颖译,华东师范大学出版社2009年版,第48页。
⑤ 这个词由"ius"和"dicere"构成,意思是宣布什么是法律。
⑥ 陈思贤先生将这两个拉丁文词语翻译为"法治"与"掌舵",参见陈思贤:《西洋政治思想史(中世纪篇)》,吉林出版集团有限责任公司2008年版,绪论,第2页下。亦可参见〔英〕迈克尔·奥克肖特:《政治思想史》,〔英〕特里·纳尔丁、〔英〕卢克·奥沙利文编,秦传安译,上海财经大学出版社2012年版,第244页。不同意见请见〔德〕恩内斯特·康托洛维茨:《国王的两个身体》,徐震宇译,华东师范大学出版社2018年版,第254页。

查理曼加冕成为罗马皇帝,被视为天命的移转。① 国王成为罗马帝国皇帝,与基督教会的教皇一道构成帝国的双重统治。精神权力与世俗权力的并立、制约与均衡后逐渐演变为"王权人士融入神秘体"②。圣经中对基督身体的描述经过使徒保罗的阐释成为了"神秘体"理论③,教士、先知、殉道者以及国王们由于恩典的不同而在这个神秘体中地位不同,发挥着不同功能。这被托洛维茨称为"以基督为中心的王权"——接受涂油礼的王权因上帝的恩典而渐渐褪去日耳曼民族的神话合法性,融入基督教会的"神秘体",政治的想象被困在神圣帝国的基督影像之中。

不过,"每一个单元,无论个人还是社会,都在该王国中积极通过行动来为各自开创地位,彼此同时地致力于论证其特定行为的正当性,方法是赋予它某种特定、据说无法由任何其他单元完成的功能或使命。随着这些新力量的出现,一个在政治上进行自

---

① 〔美〕沃格林:《政治观念史稿·第2卷:中世纪(至阿奎那)》,叶颖译,华东师范大学出版社2009年版,第52页。
② 〔美〕沃格林:《政治观念史稿·第2卷:中世纪(至阿奎那)》,叶颖译,华东师范大学出版社2009年版,第64页。
③ "'神秘体'的意思是,教会由耶稣所亲建,它是'耶稣的新娘',甚至是'耶稣的身体'(corpus Christi),但它并非指'耶稣实际的肉体'(Corpus Christi Verum)——此乃指圣餐礼中耶稣的身体,而是'所有虔信者在耶稣中的连接'(a unity of all the faithful in the body of Christ)。所以这个'信徒所组成之群体'是一个'神秘体',或者完整地说,它是'在耶稣神秘身体中的连接'(corpus Christi mysticum),意味着它是一种道德性、政治性的连结,而非真正的耶稣身体。"[详见陈思贤:《西洋政治思想史》(中世纪篇),吉林出版集团有限责任公司2008年版,第20页。亦可参见〔德〕恩内斯特·康托洛维茨:《国王的两个身体》,徐震宇译,华东师范大学出版社2018年版,第306—319页]

我解释的时代开始了"①。"神秘体"开始逐渐褪去"奥秘性","最后变成只是指作为政治体的教会,或者,通过借用,指世俗世界的任何政治体"②。古老的有机体③隐喻开始流行。索尔兹伯里的约翰(1115/1120—1180)在《论政府原理》中,提到"republic"是"a sort of body"。④ 伯尔曼指出:"《论政府原理》第一次把一种有关世俗政治秩序的有机体理论输入了欧洲的思想领域……有机体比喻所蕴含的意思是:政府,或者说政治统治,对于人来说是自然的。它不是需要用武力强加给社会的东西,也不是发源于某种契约或协定的东西。"⑤索尔兹伯里的约翰试图在"国家"

---

① 〔美〕沃格林:《政治观念史稿·第 2 卷:中世纪(至阿奎那)》,叶颖译,华东师范大学出版社 2009 年版,第 116 页。

② 〔德〕恩内斯特·康托洛维茨:《国王的两个身体》,徐震宇译,华东师范大学出版社 2018 年版,第 320 页。

③ 基尔克曾这样说:"中世纪思想对人类社会的有机解释非常熟知,而对机械和原子式的解释则异常陌生。在圣经寓言和古希腊、古罗马作家塑造的模型的影响下,将大到人类小到每一个人类小团体比作有机体被压倒性地普遍采用。"Otto Gierke, *Political Theories of the Middle Age*, Translated with an introduction by Frederic William Maitland, Cambridge: At the University Press, 1913, p. 22. 有机体、社团、组织的罗马法和日耳曼来源,请参见〔美〕哈罗德·J. 伯尔曼:《法律与革命——西方法律传统的形成》,贺卫方、高鸿钧、张志铭、夏勇译,中国大百科全书出版社 1993 年版,第 260—267 页。而关于"有机体"的本质解释,请参见〔德〕奥拓·基尔克:《私法的社会任务:基尔克法学文选》,刘志阳、张小丹译,中国法制出版社 2017 年版,第 58—81 页。必须指出,学者认为基尔克发掘的有机体日耳曼起源是一种德国图景。"这是一个可以质疑并且越来越受到质疑的论题。"[详见〔英〕J. H. 伯恩斯主编:《剑桥中世纪政治思想史:350 年至 1450 年》(上册),程志敏等译,生活·读书·新知三联书店 2009 年版,导论,第 8 页]

④ John of Salisbury, *Policraticus*, edited and translated by Cary J. Nederman,(剑桥政治思想史原著影印本),中国政法大学出版社 2003 年版,第 66 页。

⑤ 〔美〕哈罗德·J. 伯尔曼:《法律与革命——西方法律传统的形成》,贺卫方、高鸿钧、张志铭、夏勇译,中国大百科全书出版社 1993 年版,第 348—349 页。

(republic)与有机体之间建立联系,这使王国、公国等单位(unity)获得一种非帝国和基督的政治行动能力——"试验性地将国家唤启为(evoke)尘世之中的政治行动单元"①。政治共同体/有机体日渐流行,不断出现在各种语言文献中,"并被那个时代的大多数政治思想家出奇一致地采用"②。"到13世纪中期,当博维的樊尚(Vincent of Beauvais)用'国家的奥秘之体'(corpus reipublicae mysticum)指称国家的政治体时,国家是有机体就成了一件很不一样的事,具有很不一样的性质。这是一个很清楚的例子,借用教会的概念,将其转移到世俗国家,并赋予其某些通常是教会才有的超自然和超越性的价值。"③有机体成为了一种绝佳的论证模式,一种脱离了基督的最佳合法性资源。新词语"政治体"(body politic)④开始流行,其要义是人类的各种共同体具有自然起源和道德合法性,这与"自然"有关,而与神恩无关。托马斯·阿奎那(1225—1274)指出人类各种共同体目的的不完满性,需要上帝和教士的恩典和支配,却也承认人类共同体的"必要性"——共同体具有本身的目的,而非仅为享受"上帝的快乐"的工具⑤。马西利乌斯(Marsiglio of Padus,1275—1342)不再承认启示与理性

---

① 〔美〕沃格林:《政治观念史稿·第2卷:中世纪(至阿奎那)》,叶颖译,华东师范大学出版社2009年版,第129页。
② 〔英〕J. H. 伯恩斯主编:《剑桥中世纪政治思想史:350年至1450年》(上册),程志敏等译,生活·读书·新知三联书店2009年版,第739页。
③ 〔德〕恩内斯特·康托洛维茨:《国王的两个身体》,徐震宇译,华东师范大学出版社2018年版,第321页。
④ 陈思贤:《西洋政治思想史》(中世纪篇),吉林出版集团有限责任公司2008年版,第85页。
⑤ 〔意〕托马斯·阿奎那:《阿奎那政治著作选》,唐特雷佛编,马清槐译,商务印书馆1963年版,第43—48、83—86、101—102页。

之间的融合:启示是"超"理性的,从而是"非"理性的。启示就不是人类理性处理世俗问题时考虑的因素。他直白地诉诸亚里士多德的权威,将政治体比作动物的身体①,它的目的是人的"富足生活"。"从世俗的角度来看,这个共同体不仅是绝对自给自足的,而且也是绝对全能的。"②

但新合法性的论证并未使"政治之体"(corpus politicum)与"奥秘之体"(corpus mysticum)"绝缘",相反二者之间产生了复杂的利用关系——政治体借助奥秘体的隐喻和模仿汲取了后者的"神圣性"。承载这份"神圣性"的是学者们重新发明的老词"祖国"(patria):"……国家被呈现为一个可与教会相比的奥秘之体。这样,'为祖国而死'(pro patria mori),为了这个奥秘-政治性的身体的利益而死,才有了意义;……因为人们认为其价值和后果等同于为基督教信仰、为教会、或者为了圣地而死。如果每一位基督徒,'凡住在教会这个身体之中的,都有责任奋起保卫这个身体',那么,一个直接而简单的结论就是,每一个法国人,住在法兰西这个身体之中的,就都有责任奋起保卫这个民族的身体(national body)。……这种牺牲更加值得献上,因为它乃是为了一个道德和政治之体的利益。这个道德和政治体看重自身的永恒价值,并且树立了自身的道德和伦理自主权,与教会的奥秘之体形成对峙。"③已经成为"祖国"的"有机体"又逐渐获得时间上的"不

---

① 马西利乌斯对"有机体"的运用,请参见赵卓然:《〈和平的保卫者〉中的医学与有机体论》,载《文化研究》2017年第4期。
② 〔美〕乔治·萨拜因:《政治学说史(第四版)》(上卷),〔美〕托马斯·索尔森修订,邓正来译,上海人民出版社2008年版,第353—354页。
③ 〔德〕恩内斯特·康托洛维茨:《国王的两个身体》,徐震宇译,华东师范大学出版社2018年版,第387页。

朽性",从而具有了终极性的神圣性——如神一般不生不灭。法学家巴尔都斯(Baldus de Ubaldis,1327—1400)精巧地借助罗马人民的永久性提供了这样的图景:"一个王国不仅包含了物质性的领土,也包含了王国的人民(the peoples of the realm),因为这些人民总和起来就是王国。……王国的总体或国体(totality or commonweal of the realm)不会死亡,因为即使在国王遭到驱逐之后,国家(commonweal)仍然存续。"①有机体的自然合法性、道德神圣性与时间不朽性终于汇集在一起,构成了神圣永恒的共体(universitas)。国家的精神现象学质素已齐备,它的身影若隐若现。

  自然之物无法生成神圣,落差只能由治理加以修饰和弥合。没有神圣权柄的王权必须得到更为系统的解释和安置。福蒂斯丘(Sir John Fortescue,1395?—1477?)曾言:"……跟着布鲁图斯来到这个土地上的那个团体,它希望联合成一个政治体,叫王国,并要有一个首脑统治它;因为,如那哲人所说,每一个由许多部门联合起来的群体,必要一个首脑。于是他们就选那个布鲁图斯做他们的首脑和王。并且,为了这一联合,为了他们结成的这个王国的制度,人们和那王约定:这王国要靠他们全体同意的法律实施统治和管理,这等法律因为被称为'政治的',并且,因为它由王实施,它也被称为'王室的'。"②沃格林评论道:"福蒂斯丘以神秘身体一词表示王国,进一步促成了一套探讨政治号召之神秘

---

① 〔德〕恩内斯特·康托洛维茨:《国王的两个身体》,徐震宇译,华东师范大学出版社 2018 年版,第 421 页。
② 〔英〕约翰·福蒂斯丘爵士:《论英格兰的法律与政制》,〔英〕谢利·洛克伍德编,袁瑜琤译,北京大学出版社 2008 年版,第 121 页。

性的术语框架的创建。正如自然身体有一个心脏作为其生命的中枢,王国这个 corpus mysticum[神秘身体]也有 intencio populi[民意]作为其中枢,有利于人民福祉的政治补给品被作为营养血液,借之输送至该身体的头部和肢体。这个宗教范畴向世俗领域的转换,征示着民族王国的力量已深入时代情感中,与此相应,一统的基督教神秘身体已陷于虚弱无力。"①

马基雅维利(1469—1527)给出了双重教诲:新国建立或腐败国更新时,国王当如狐狸和狮子一样行事,高贵的目的可以证成卑劣的手段;国家建立或更新后则要推行共和,使民众参与政事,依法执政,注重人民权利之保障。② 他的《君主论》从"国家"(stato)入手,以呼吁梅迪奇将"祖国"——意大利——从蛮族手中解放出来结尾。"国家—祖国"的神圣之像和治理之术融为一体。让·博丹(Jean Bodin,1529/1530—1596)提出规范性概念"主权"(soueraigntie)——"共同体(commonwealth)所有的绝对且永久的权力"③时,这个政治体的神圣性有了规范的内核:主权享有者无须征求国内统治者、国外皇帝与教皇的同意而自行制定法律,进而可以宣战、征税、铸币、任命首要官员、审判、赦免,以塑造政治

---

① 〔美〕沃格林:《政治观念史稿·第三卷:中世纪晚期》,段保良译,华东师范大学出版社 2009 年版,第 173 页。

② 一旦进入对马基雅维利的解读,立刻就进入了思想史的大漩涡。首先就是马基雅维利两本重要著作的"表面差异"。一个用拉丁文写成,简短如说明书,一个用古罗马文写成,复杂如迷宫,一个是对君主的求职文书,一个是对贵族青年的教育文本。而至于解读的张力则在剑桥学派与施特劳斯派之间展开。清晰而有问题意识的梳理,请参阅刘小枫:《以美为鉴:注意美国立国原则的是非未定之争》,华夏出版社 2017 年版。

③ 〔法〕让·博丹:《主权论》,〔美〕朱利安·H. 富兰克林编,李卫海、钱俊文译,邱晓磊校,北京大学出版社 2008 年版,第 25 页。

共同体的生活方式。关于政治共同体(commonwealth)的类型,博丹的观点非常清晰:"……为判断国家(commonwealth)是什么类型,我们就必须看一看在任何特定的国家里,是谁在拥有着主权。如果主权由君主一个人独享,我们会称之为君主制国家;如果由全体民众共享,我们会说该政体是民主制的(populaire);如果是民众中的一小部分人享有,我们会断定该政体是贵族制的。"①

古老的"πολιτεια",经由罗马人的"res publica""status rei publicae""constitutio",中世纪"corpus politicum"的复兴,通过"corpus mysticum"的涂油加冕凝结成伟大的民族政治共同体"国家"(stato)——"祖国"(patria),随即转入治理术(regime)的讨论,神圣性成为阴性的一面沉潜下来,治理、统治、掌舵(regimen②)则升腾为阳性的画面:从托马斯·阿奎那在《神学大全》中完全用regime表达亚里士多德的"πολιτεια"开始,到博丹最终总结出它的规范性表达——主权(soueraigntie)。希腊人的政治品性、罗马人的自由使命与基督的神意蜕变为"政体共同体"的"祖国",成就了现代政治的定海神针。主权及其规范结构漂浮在意识形态之上,里面是神圣的"祖国",联通表里的是治理术。

---

① 〔法〕让·博丹:《主权论》,〔美〕朱利安·H. 富兰克林编,李卫海、钱俊文译,邱晓磊校,北京大学出版社2008年版,第148页。译文根据J. Bodin, *The Six Bookes of a Commonweale*, translated by Richard Knollbs, Impensis G. Bishop, 1606, 有轻微改动。要指出的是原来译文"政体"似乎是 sorts of commonwealth 的直译,却有重复之嫌,遂作轻微改动。这正显示出国体一政体的本来面目。可以清楚看到,这与日本人的规范理解完全一致,不同的是将谁放置在"主权者"的位置上。

② 意思是舵,引申为领导。参见谢大任主编:《拉丁语汉语词典》,商务印书馆1988年版,第469页。它的英文 regime 意为政体、体制等。

二、"出口转内销"的"艳遇"

日本的"国体","是中国传入日本经过一段时间的使用后,逐渐与日本的国家和民族特色相结合而产生的新词"①。国体在传统中国的含义有:(1)辅佐国君的重臣;(2)国家的典章制度;(3)国家或朝廷的体面。② 第(1)(3)两种含义暗含着"身体"前见,是古代典籍中的常用隐喻。③ 日本在最初引进这个词语时,词义并未超出"国家形态、国家风气、国家体面"。登上过英国捕鲸船的会泽正志斋(又名会泽安,1781—1863)在使用国体时尤其强调了其中必须含有日本独特的国家形态。殖民压力下,独特性的诉求最终指向了万世一系的天皇体制和政治神学解释④,最终在

---

① 庄娜:《日本"国体论"研究——以近代国家建构为视角》,中国社会科学出版社2016年版,第66页。
② 参见林来梵:《国体概念史:跨国移植与演变》,载《中国社会科学》2013年第3期;范贤政:《"国体"与"政体"在近代中国的演变与分化》,载《学术研究》2014年第3期;王宏斌:《"政体""国体"词义之嬗变与近代社会思潮之变迁》,载《安徽史学》2014年第5期。王宏斌指出国体还有"国家体力"的意思。亦可参阅罗竹风主编:《汉语大词典》,汉语大词典出版社1997年版,第1717页。还需指出,"体—用"是理解这些词语使用的思想史背景,当古代的人们使用"国—体"时,他们心目还有一个"国—用"这样的思想意旨。在这个意义上,似乎可以把"国体"理解为国家的根本。这样国体的传统三重含义就不过是这一根本意义的表征和侧面。日本也正是在这个意义上使用。
③ 关于中国传统的"身体政治学",请参阅侣化强:《国体的起源、构造和选择:中西暗合与差异》,载《法学研究》2016年第5期。而事实上日本学者丸山真男就注意到"国体"的最终细胞是"共同体","共同体"使得天皇制很难清除,并引发日本社会的停滞。(〔日〕丸山真男:《日本的思想》,宋益民、吴晓林译,吉林人民出版社1991年版,第33页)
④ 关于这套政治神学解释,详见林来梵:《国体宪法学:亚洲宪法学的先驱形态》,载《中外法学》2014年第5期。

伊藤博文（1841—1909）对帝国宪法的官方解释中"道成肉身"："天皇之宝祚承之于祖宗，传之于子孙，为国家统治权之所在，而宪法则尤其揭示大权之所在，并以条章形式明确标记，以示并非因宪法而新设国体，而是固有之国体因宪法愈益巩固。"①

日本宪法学者长尾龙一（1938—）认为，国体是"将国学意义上的政治神学那种宗教性的原理，与天皇主权这种世俗性的原理的合成物"②。穗积八束在选择"国体"对译"staatsform"时对此心知肚明："考虑到国体这一成语，其用例并不唯一，一直以来通用的国体是泛指国家民族之特性，主权之所在虽亦是国家的特色之一，但并不限于这个意义。然今若专从法理方面观察国家，主权之所在乃极为重要显著之特征，而又无确切称呼之成语，故予使用国体之称谓，以便法理之解说。"③其用意是通过"国体"将民族精神整合，与主权之所在粘连成不易剥离的血肉结合。美浓部达吉（1873—1948）后来的国体概念取消说恰恰就是针对这种粘连的自由主义政治操作。从水户学者开始，日本人对"国体"进行了创造性转化，它不再简单指向政治共同体的成分、形态，而是与天皇体制以及政治神学解释融为一体，成为日本语境中的统合力量和国家机轴。"国体"使用了来自中国的能指符号以及潜在有机体隐喻，混合上西洋的主权及其背后的"祖国"政治神学，成就了不同于西洋和中国的民族主义概念。

---

① 庄娜：《日本"国体论"研究——以近代国家建构为视角》，中国社会科学出版社2016年版，第68页。

② 林来梵：《国体宪法学：亚洲宪法学的先驱形态》，载《中外法学》2014年第5期，第1129页。

③ 庄娜：《日本"国体论"研究——以近代国家建构为视角》，中国社会科学出版社2016年版，第71页。

事实上,古老的中国"国体"早已被西洋介入,换句话说,晚清中国的"国体"已经有了近代释义学背景。据研究,丁韪良(William Alexander Parsons Martin)和他的同伴翻译的《万国公法》(1864, Elements of International Law)①中就多次提及"国体":"查对底本,相对于'君身'的'国体'对应 state,区别于'其迹'的'国体'对应 the essential form of the state,与'君威'有关的'国体'对应 the dignity of his nation,意思分别是今人所说的国家、国家的基本组织和国家尊严。"②丁韪良区分了国家与"君主""政府",并提及国家的政治共同体的政治神学象征——"尊严"。在讨论"易君主变国法"与国家债务无关时说:"盖其国犹然自主,则其国体仍在,所变者其迹,非其体也。"③李提摩太(Timothy Richard)在翻译《泰西新史揽要》(1895, the Nineteenth Century, a History)时将"a constitution bestowed upon her by royal hands"译为"欧洲各国国体",将"国体"等同于"constitution"。傅兰雅(John Fryer)口译,俞世爵笔述的《各国交涉公法论》(1895, Commentaries upon International Law),则将"the nature of the legal personality of a corpora-

---

① 该书翻译的是惠顿(Herry Wheaton)的 Elements of International Law。丁韪良和他的中国同伴于1862年着手翻译,1864年以《万国公法》之名出版。括号里的年份是中文译本的出版年份。下同不再赘述。

② 邓华莹:《1834—1898年间"国体"与"政体"概念的演变》,载《学术研究》2015年第3期。相关具体用语的语境亦可在此页查对。但笔者对邓华莹先生对"the essential form of the state"的翻译持异议。较为妥帖的译法应当是"国家的根本形式"。

③ 转引自邓华莹:《1834—1898年间"国体"与"政体"概念的演变》,载《学术研究》2015年第3期,第99页。

tion"译为"国体"。① 国家作为政治共同体在法律上如"自然人"一样具有主体之地位,具有尊严,以国法(constitution)组织自身的欧洲民族国家形象已经勾画完成。

西方思想的介入恰恰在于中国传统"国体"的破碎。② 甲午战争之后,"传统国体观中模糊的主权意识,愈益清晰地转向近代国家观念。与此前主要是为了顾及朝廷体面不同,此时所言国体,更多的是着眼于维护国家权益和自主权利。"③流亡日本的梁启超与留学日本的法政学生,以日本思想为媒介,主动开始"国体—政体"的论说与翻译,为未来的变革准备资粮。梁启超主编的《清议报》将加藤弘之的《各国宪法の异同》译为《各国宪法异同论》④,然后又"参考"吾妻兵治的汉译本《国家学》,选译平田东助、平塚定二郎翻译的伯伦知理的《国家论》。⑤ 东京大学政治科留学生王鸿年将穗积八束的宪法学科笔记整理成为《宪法法理要义》,较为系统翻译介绍穗积八束的"国体—政体"思想。任教于日本的德国学者那特硁(Karl Rathgen)的英文讲义被译成日文

---

① 邓华莹:《1834—1898年间"国体"与"政体"概念的演变》,载《学术研究》2015年第3期。
② 〔美〕沙培德:《战争与革命交织的近代中国(1895—1949)》,高波译,中国人民大学出版社2016年版,第51—52页。
③ 李育民:《晚清时期国体观的变化试探》,载《人文杂志》2013年第6期。
④ 邓华莹:《东学笼罩与"国体""政体"的勾连缠绕(1899—1903年)》,载《河北师范大学学报(哲学社会科学版)》2018年第2期。
⑤ 参见〔法〕巴斯蒂:《中国近代国家观念溯源——关于伯伦知理〈国家论〉的翻译》,载《近代史研究》1997年第4期。巴斯蒂直言:梁启超"逐字逐句'抄袭'的,是稍晚一点的译著,即1899年东京出版的吾妻兵治的《国家学》"。

后,也被《清议报》、商务印书馆组织译成汉语。① 庚子事变之后,清廷力主变法,大臣们上的折子中,多有"国体"之议。"国体"的外部含义渐次转入内部含义,对外的"国权""自主权"与对内的"大权"日渐闭合。

丁韪良在中国词汇与西方术语之间建立了"喻说"——"不同语言之间虚拟的对等关系(hypothetical equivalences between languages)以及这种虚拟对等关系的历史建构过程"②。前提是政治体的"身体隐喻"在中国和西方普遍存在,政治体的独特性成为政治体自我塑造的向心力。翻译并不是简单的意义转换,而是塑造意义秩序。中国和西方的语言在某种程度上都发生了改变,中国古老词汇被介入治疗之后成为了引入西方价值的桥梁和过滤网——国体从国家有机组成部分(大臣)、国家体制、国家体面向民族国家、宪法、国家尊严靠拢。中国从天下变成"民族国家",这种前所未有的挤压感和新词义的介入性构成了中国人向日本学习的释义学背景。中国与日本同文同种,具有文化的亲缘性,面临着同样的民族国家建构的重压,又有一种被超越后的耻辱与艳羡。最贴近的心灵,却有最深刻的差异。

1905年,载泽、尚其亨就对日本有非常之好感③。在日期间,访问伊藤博文,聆听穗积八束演讲,明确向清廷汇报君主立宪"大意在尊崇国体,巩固君权,并无损之可言",并力陈"立宪之

---

① 邓华莹:《清末"国体""政体",区分说的源起与变异》,载《中山大学学报(社会科学版)》2018年第6期。
② 刘禾:《帝国的话语政治:从近代中西冲突看现代世界秩序的形成》,生活·读书·新知三联书店2009年版,第148—149页。
③ 佚名:《清末筹备立宪档案史料》(上),文海出版社1981年版,第6页。

利"——"皇位永固""外患渐轻"与"内乱可弭"①。清廷在听取出洋考察政治大臣的意见后,1906年9月1日发布《宣示预备立宪谕》。1907年7月28日,袁世凯上奏折奏请派大臣专访宪法问题②,这才有了达寿、于式枚作为"考察宪政大臣"分别出使日本、德国。达寿从1907年9月到次年7月在日本考察宪政,后被调回国内任职,余下任务由时任驻日大使李家驹完成。他们的考察事项由伊藤博文和伊东已代治等"协同商酌",得到了穗积八束、有贺长雄、太田峰三郎等著名学者的指导。③ 回国后,慈禧太后和光绪皇帝多次召见询问。1908年8月7日,达寿专门上折汇报考察结论,其中提及"国体"36次。

达寿除使用"国体""政体"概念外,还使用"国本"与"皇室","国体"与"主权"来说明立宪的好处。这些语境构成了达寿"国体"概念的释义背景,或者说"国体""主权""国本""皇室"有一个内在的意义脉络——"政体取于立宪,则国本固而皇室安。宪法由于钦定,则国体存而主权固。此皆有百利而无一害之事"。细读之下,"国本"指的是"国民竞争力"。在"国际竞争之天下",没有国民竞争力无法立足于世。透过立宪,以民之参政权换纳税服兵役,最终"上下共谋,朝野一气",国民竞争力日增。此境之下,皇室借助立宪实行"间接政治",界分"国家"与"皇室",使大臣对"国事"负责,而无须因国事连累"皇室",这样"君权未尝

---

① 载泽:《奏请宣布立宪密折》,载夏新华等整理:《近代中国宪政历程:史料荟萃》,中国政法大学出版社2004年版,第40—41页。
② 《直隶总督袁世凯请派大臣赴德日详考宪法并派王公近支赴英德学习政治兵备片》,载夏新华等整理:《近代中国宪政历程:史料荟萃》,中国政法大学出版社2004年版,第54页。
③ 柴松霞:《出洋考察团与清末立宪研究》,中国政法大学博士论文,2009年3月。

减少,……皇室超然于国家之上,法之完全,无过此者","皇室"钦定宪法,行"大权政治"。宪法明定"君主大权",使之不受国会法律限制。臣民权利又可用法律限制,不至于"犯上作乱"。政府对皇帝负责,对皇帝命令可不副署,使之不得施行,与"中书省之旧制"无异。代表人民的国会是君主主权的"客体",其议决事项有限,其开闭也由皇帝决定。军队由皇帝统管,收尽兵权,可增强国防兵力,又冰释督抚军权,一箭双雕。达寿的这些见解和建议尤其侧重日本经验。他使用的"国体"一方面剔除了日本政治神学部分(天照大神,万世一系),留下日本宪法学上的纯法律概念(主权之所在);另一面也使"国体"的中国传统含义发生了湮灭(大臣、国家体面)和偏转(国家制度)。①

载泽、尚其亨、达寿等对日本变法的喜爱几乎是溢于言表的,他们在日本的变法图强中看到了清廷的未来。这种倾心一如一场艳遇,带有美好的自我想象,将自身投射到一个与己近似的个体上,做起自己的"春秋大梦"不过是爱自己。而这个自己则是在"天下"幻灭之下被锻造的。中国儒臣已用经世致用的眼睛打量世界,清廷渐次采用"万国观"——"不过是传统天下观的某种修正或变异"②——观照自己。甲午海战之后,清廷被迫签订丧权辱国的《马关条约》,这个"中国中心"亦被清除。"其后果是中国不再成为万国之中心,对外开放、引进敌国制度,也就成为天经地

---

① 达寿:《考察宪政大臣达寿奏考察日本宪政情形折》,载夏新华等整理:《近代中国宪政历程:史料荟萃》,中国政法大学出版社2004年版,第55页。
② 金观涛、刘青峰:《观念史研究:中国现代重要政治术语的形成》,法律出版社2009年版,第234页。

义。"①国体的"转内销"和创造性转化,笼罩着"天下"向"民族国家"的退让——中国从"天道"秩序的担纲者(中心),转换为世界上的平等政治体。"当文化至上论绝望地退出历史舞台的时候,民族主义就占据了中国人的心灵。"②

晚清中国改变了"国体"的传统含义,而接受了日本"国体"的法律概念,表面上看来是因为达寿等大臣习得了日本的宪法学,而实际上却在于他们明确知晓日本国体的"政治神学"与儒家政治哲学之间的抵牾。中国儒家政治哲学是从周朝以来形成的"天命观"——"以德配天"。周朝为论证取代殷朝(异姓交替)而革新传统的天命观,指出天命是与统治者的德性相关的。天子并非天血缘的"儿子",而是天拣选有德性统治者的结果。"政权移转是天命承受的转移,表明周代国家政权的正当性形式是承天命。……由于承天命的证明往往是君主的德性和人民的意愿('崇德贵民'),革'命'的理由(所谓正当性)也就与革命者的德性和人民的意愿相关。"③《易传·革卦》说得明白:"天地革而四时成,汤武革命,顺乎天而应乎人,革之时义大矣!"相反,"天皇的权位依据所谓太阳神之子孙承续的血统观念而正当化。天皇即位时,即位仪礼的中心仪式是天皇就位于高御座,这个高御座只允许天神的嫡系子孙就座。所谓天神就是太阳神天照大神。这样一种天神嫡系子孙继承皇位的观念到了8世纪以降,就已经

---

① 金观涛、刘青峰:《观念史研究:中国现代重要政治术语的形成》,法律出版社2009年版,第240页。
② 〔美〕列文森:《儒教中国及其现代命运》,郑大华、任菁译,中国社会科学出版社2000年版,第88页。
③ 刘小枫:《儒家革命精神源流考》,上海三联书店2000年版,第35页。

在即位典礼上明文宣示,这显然与中国的受命于天的观念完全不同"①。日本国体中的"政治神学"包括"天皇为天照大神后裔",万世一系统治日本,与臣民为一体一家,天皇制神圣不可侵犯。这就可以理解达寿奏折中为什么用对君主制(制度)合法性论证——"我国之为君主国体,数千年于兹矣"——取代了清王朝(家族)统治合法性的论证。日本国体中的"万世一系""神的子孙"与儒家政治哲学"以德配天"枘凿冰炭。日本国体中的政治神学,中国自然无法挪用。②

这样,清王朝从"天下王朝"向"世界民族国家"转变时,就无法对日本资源进行中国转化。转型中国的整合问题变得非常棘手。清王朝采取的是"内郡县—外封建"的帝国模式,其间夹杂着复杂的君主的人身依附关系——"他是汉人的皇帝,蒙古人的可汗,满人的族长,西藏喇嘛教的保护人"③。内部统治虽然采取郡县制,但保持了"旗人"统治阶层,树立满汉畛域界分的基本制度设计。④ 晚清国家建设稍有差池,就会走俄罗斯帝国、奥匈帝国以及奥斯曼帝国的"民族建国"与"帝国解体"之路。⑤ 达寿在奏折中,剥离了国体的日本政治神学,却在国体的法律概念与历史之

---

① 〔日〕沟口雄三:《中国的思想》(修订版),赵士林译,中国财富出版社2012年版,第6页。
② 〔美〕吉尔伯特·罗兹曼主编:《中国的现代化》,国家社会科学基金"比较现代化"课题组译,江苏人民出版社2010年版,第48页。
③ 章永乐:《旧邦新造:1911—1917》,北京大学出版社2011年版,第2页。
④ 参见常安:《统一多民族国家的宪制变迁》,中国民主法制出版社2015年版,第30—33页。也有学者批判这种"新清史"的解读,可参阅杨昂:《清帝〈逊位诏书〉在中华民族统一上的法律意义》,载《环球法律评论》2011年第5期。
⑤ 汪晖:《革命、妥协与连续性的创制》(代序),载章永乐:《旧邦新造:1911—1917》,北京大学出版社2011年版,第2页。

间建立了历史哲学的合法性联系——"国体根于历史以为断,不因政体之变革而相妨。……易曰:天尊地卑,乾坤定矣。春秋曰:天生民而树之君,使司牧焉。五伦之训,首曰君臣。此皆我国为君主国体之明证也。……盖国体者,根于历史而固定者也。政体者,随乎时势而流动者也。"①达寿引用的既有《易经》(经)亦有《春秋》(史),这样国体既取决于"解释",也取决于"认知",结果国体不但不能成为团结的"机轴",相反成为了争夺和操作的概念。国体从具有合法性论证功能的术语转化为了权力安排的技术词语。

　　这一变化在晚清报章上也有所体现。在清廷考察宪政之前,国体的含义更多的是"国家体面""国家体力"的意思。例如1901年10月,《北京新闻汇报》上转载《论外交宜以国体为》(原载《中外日报》1901年9月30日)言及:"此后,办理交涉事,大都以能处处屈就为博外人之欢而已,以能博外人之欢为善保其位而已。其于国体二字茫然不知为何物!"②《江苏(东京)》(1903年第6期)撰有国内时评《蔡钧巇辱国体》批评离任驻日公使蔡钧接受日本外务省宴请,招歌姬数人,并将清国礼服供歌姬跳舞使用。1908年之后则迥然不同,《学海:甲编·文科、法科、政治科、商业科》(1908年第1卷第01期)法律学界刊载了陈治安的《国体与政体之区别》,法理缕析精当,与达寿从日本取的"经"同频共振:"国体者,主权所在之意。国体之别,即统治权所在之别也。……盖国体者,历史之结果。而国体论者,各国历史之问题也。……"

---

　　①　〔清〕达寿:《考察宪政大臣达寿奏考察日本宪政情形折》,载夏新华等整理:《近代中国宪政历程:史料荟萃》,中国政法大学出版社2004年版,第56页。
　　②　《北京新闻汇报》,1901年10月,第3871—3875页。

"且夫主权之所在,不外乎国民之确信。而国民之确信,原因于历史之结果。是则主权之所在,非定于法律,而决于历史者也。"①《广东地方自治研究录》(1909年第12期)上的杂录《国体及政体第二》不但指出国体论的前提"认国家为人格",并申明"据最上之权力者,则为最高机关,而国权即附丽之。此定国权之组织者,所谓国体是也",更为关键的是指出:"大抵政体易变者也,国体不易变者也。由君主而易为众治,由民主而定以一尊,此非经鼎革以后,不可得为。……故国体之成立,本之历史,为君主,为民权,皆当依其历史沿革所由,而不能以人力为之。"②

清廷大臣与知识阶层似乎达成了一致意见,国体成为了法律概念,政治神学因素被剥离掉了。这没有消除而是重新激发了合法性诉求。这一诉求只能指向"身体"的政治想象和历史哲学,而无法生成一种"政治神学"。它是以一种高度理性化,甚至可以说是功利化的方式被使用。作为道德意识存在的国家脱敏了,清朝无法在列国之争时发明一种道德意识形态,使之成为清朝的政治神学与合法性所在。大臣与知识阶层拒绝了日本国体冰山下的部分,而只能在中国的思想资源中找寻民族国家的建构之道。这也令他们无法窥探到日本"国体"的"显教—密教"构成。③ 这次

---

① 陈治安:《国体与政体之区别》,载《学海:甲编·文科、法科、政治科、商业科》1908年第1卷第01期。

② 《杂录:国体及政体》第二,载《广东地方自治研究录》1909年第12期。

③ "他们明里把天皇解释为拥有绝对无限的权力和权威,这是'显教',暗里把天皇看作国家机关,权力要受到议会和宪法的限制,这是'密教'。在国民的中小学教育和军人教育中,使用天皇主权说的'显教',而在大学等高等教育和高等文官考试中,则使用'密教'。"(庄娜:《日本"国体论"研究——以近代国家建构为视角》,中国社会科学出版社2016年版,第27页)

一见倾心的艳遇注定短暂而无果。它爱上的不过是自己在对方身上的投射,对方的秘密虽然令人惊奇,却始终无法懂得,最终只能带着艳遇中自身感知独自生活下去。

晚清经济上的内卷化、政治参与的拥塞、结构性腐败以及意识形态的匮乏①,意味着清朝的民族国家转型失败了。《清帝逊位诏书》②明确写道:"是用外观大势,内审舆情,特率皇帝将统治权公诸全国,定为共和立宪国体。"清帝逊位,是国体变更,主权(统治权)之移转——从君主到全国人民。③ 这一移转仍然被放置在"以德配天"的政治哲学中加以正当化——"今全国人民心理,多倾向共和。南中各省,既倡义于前,北方诸将,亦主张于后。人心所向,天命可知"。作为纯粹法律概念的国体与古典政治哲学关联在一起。晚清的国体成为了一个纯粹宪法概念——"主权之所在",笼罩着与日本政治神学不同的中国政治哲学,并在民国成立时被迫释放出"结构"意指(技术装置)——民国组织问题。

---

① 〔美〕沙培德:《战争与革命交织的近代中国(1895—1949)》,高波译,中国人民大学出版社 2016 年版,第 37—51 页。亦可参见迟云飞:《清末社会的裂变与各阶层分析——兼论清王朝的覆亡》,载《史学集刊》2003 年第 4 期。

② 《清帝逊位诏书》的系统性研究,可以参见杨昂:《清帝〈逊位诏书〉在中华民族统一上的法律意义》,载《环球法律评论》2011 年第 5 期。对这一研究的批判性文献可以参阅李细珠:《再论"内外皆轻"权力格局与清末民初政治走向》,载《清史研究》2017 年第 2 期;杨天宏:《清帝逊位与"五族共和"——关于中华民国主权承继的"合法性"问题》,载《近代史研究》2014 年第 2 期。

③ 地方督抚电文中,对国体的使用,明显与清廷一致,皆指主权之所在。例如,赵尔巽在电文中就说"恭读钦奉懿旨,国体解决"。[《东三省总督赵尔巽致陈昭常等电稿》,载中国第一历史档案馆编:《清代档案史料丛编》(第八辑),中华书局 1982 年版,第 185 页]

三、团结的精神与技术

"南北议和"的政治安排是,南方参议院通过法律接受北方并入民国①,选举袁世凯为大总统。实质是,北方接受南方的"革命建国"的正当性,服从《中华民国临时约法》的法统,保留行政权能与统合力量。此时,民国承受着西方列强更为深重的对领土染指的殖民压力②,边疆分裂态势逼人。内部政体之争也愈演愈烈,南方参议院主导通过的《中华民国临时约法》改美式总统制为法式内阁制,随后起草的《天坛宪草》则塑造了"超级议会制";袁世凯解散国民党,使民国首届国会瘫痪,另立政治会议,制定《中华民国约法》打造"超级总统制"。无论是国民党还是袁世凯都意识到集中权力应对分裂动乱和组织国家建设的重要性,只是将权力集中到何处却针尖对麦芒,没有定论,背后的逻辑是军阀和议员们的"派系政治":一种无"主义"的私人利益交换和无尽斗争。民国初年是军—绅政权。"……在一九一二年以后,军人的实力壮大,中国的行政机构从上到下,却变成了军人领导绅士的政权。"③军阀成为了政治的主导性力量,靠着施恩能力建立起私人信赖关系,分裂为不同派系。士绅则持续催生着地方主义——"本省人治本省人之事",这激发了民国后"国体"话语——联邦

---

① 南京临时参议院于2月16日通过《中华民国接收北方各省统治权办法案》声明:"清帝退位,满清政府亦既消灭。北方各省统治权势必由中华民国迅即设法接收,以谋统一。"
② 唐德刚:《袁氏当国》,广西师范大学出版社2004年版,第123页。
③ 陈志让:《军绅政权——近代中国的军阀时期》,生活·读书·新知三联书店1980年版,第4页。

制与省制——之争。① 士绅借助议会选举进入了中央,个个希望在国会中分享更多的权力。② 没有规则、无限制的派系斗争成为了民国初年的基本特征。③ 派系、地方主义撕裂着中国,民国不过"调剂敷衍,相忍为国"④。国体转向"国家结构",绝非逃避,而是意识形态匮乏下的技术补强。

袁世凯礼聘的宪法顾问有贺长雄(1860—1921)⑤适时发表《观弈闲评》(1913 年 8 月校印)与《共和宪法持久策》(1913 年 10 月),鼓吹民国"统治权转移说""超然内阁制",宣扬袁世凯受清帝命组建民国,行政最有经验,宜行总统制,与第一届国会的《天坛宪草》针锋相对。⑥ 他在《共和宪法持久策》中指出:"制定共和政体之宪法,须注重国民心理。苟国民心理以为不公平,虽宪法成立,亦难持久。"⑦有贺长雄对中国国民心理之认识,已在 1912 年的一次演讲中坦露:"首先,考察中国四千多年的历史,可以判

---

① 张季:《民初"二次革命"前知识分子群体关于联邦制的论争——以〈民立报〉〈庸言〉〈东方杂志〉为中心》,载《安徽史学》2005 年第 5 期。
② 张朋园:《中国民主政治的困境:1909—1949 晚清以来两届议会选举述论》,吉林出版集团有限责任公司 2008 年版,第 110 页。
③ 参见朱勇:《论民国初期议会政治失败的原因》,载《中国法学》2000 年第 3 期。亦可参见杨立强:《论民国初年的政党、党争与社会》,载《复旦学报(社会科学版)》1993 年第 2 期。
④ 汤志钧编:《章太炎年谱长编》,中华书局 1979 年版,第 370—372 页。这种失望之情还可参见罗志田:《对共和体制的失望:梁济之死》,载《近代史研究》2006 年第 5 期。
⑤ 有贺长雄与近代中国的关系,可参见李起:《宪法顾问有贺长雄赴任前的"中国渊源"》,载《新余学院学报》2017 年第 3 期。
⑥ 参见尚小明:《有贺长雄与民初制宪活动几件史事辨析》,载《近代史研究》2013 年第 2 期。李超:《论民初宪法顾问有贺长雄的制宪思想》,载《湖北社会科学》2015 年第 7 期。
⑦ 〔日〕有贺长雄:《共和宪法持久策》,载《法学会杂志》复刊第 1 卷第 8 号。

断,中国不是一个法治国家,而是一个伦理国家,历代统治者都试图建立一个人际关系融洽的社会,伦理是其统治的基础。所以,中国人向来都崇尚古代,期待圣人的出现,希望出现几百年一遇的伟人,建立一个理想的社会,以德行征服民众,使国家团结。这点特征与西方社会截然不同。其次,从这样的国情出发,共和制也好,君主立宪制也好,都不适合中国。"①1913年12月袁世凯在"政治会议"上抱怨民国国体就"顺理成章"了:"国力之强否,视其内政外交之若何;而内政外交之善否,又视其政府之强固与否,而国体为君主为民主不与焉。共和政治,为宪政之极轨,本大总统固欣然慕之,然何敢谓招牌一改,国力即随之充足。即以目今之内政外交而论,紊乱何堪设想。一般人民以国体既改,国民均属平等,于是乎子抗其父,妻抗其夫,属员抵抗长官,军士抵抗统帅,以抵抗命令为平等,以服从命令为奇辱。而政治遂不能收统一之效。"②"政治会议"起草的《中华民国约法》最大特点在于"国体的可变性"③,也就毫不见怪了。袁世凯通过官制、约法的组织程序准备、对二次革命的镇压以及宪法顾问古德诺和筹安会六君子的鼓吹,开始"合法"政变。国体也就进入了另一个关键的概念"时刻"。

二次来华的古德诺(Frank J. Goodnow,1859—1939)应袁世

---

① 〔日〕有贺长雄:《大聖人の出現を待つのみ》,载《早稲田講演》1912年3月第12号,转引自李超:《论民初宪法顾问有贺长雄的制宪思想》,载《湖北社会科学》2015年第7期。

② 〔加〕陈志让:《乱世奸雄袁世凯》,傅志明、鲜于浩译,湖南人民出版社1988年版,第165—166页。

③ 聂鑫:《"国体的可变性"与袁记宪制的法国元素》,载《清华法学》2016年第3期。

凯要求就国体问题写了一份备忘录。这份备忘录很快就被翻译，以《共和与君主论》为题发表在《亚细亚日报》上。① 他开篇就写道："一国必有其国体。其所以立此国体之故，类非出于其国民之有所选择也。虽其国民之最优秀者，亦无所容心焉。盖无论其为君主或为共和，往往非由于人力。其于本国之历史习惯与夫社会经济之情状，必有其相宜者，而国体乃定。假其不宜，则虽定于一时，而不久必复以其他之相宜之国体代之，此必然之理也。"②这里的国体完全没有"国家结构"的意思，而是重回晚清的法律含义"主权之所在"。古德诺在论证从共和转为君主的条件时特别指出"如政府不预为计划，以求立宪政治之发达，则虽由共和变为君主，亦未能有永久之利益"，暗示君主有"立宪"与"专制"之别，也与晚清以来的法政知识吻合。古德诺的看法基于不能使中国成为"小专制者林立、军人专制"的"最坏的政体"的公理预设③，以及对中国的诊断：中国是农业国，没有发展出社会合作；中国的家庭组织严密，财富分配均衡，无法培养社会合作，依靠道德统治，人更保守、散漫，而不注重个人权利；没有科学观念，通过调和

---

① 《共和与君主论》的译者是总统府法制局参事林步随，可参阅阙光联：《古德诺与民初中国政治》，载《百年潮》2004年第4期。古德诺随后召开记者招待会申明他并没有主张中国改行君主制，并在《京报》（英文版）上发表英文原文，以正视听。（可参见曾景忠：《古德诺与洪宪帝制关系辨析》，载《历史档案》2007年第3期；任晓：《古德诺与中国》，载《读书》2000年第7期）

② 〔美〕古德诺：《共和与君主》，载《大同月报》1915年第9期。

③ 田雷：《最坏的政体——古德诺的隐匿命题及其解读》，载《华东政法大学学报》2013年第5期。

折中和先验理性认知世界。① 他传递出了与有贺长雄一样的看法:国体不是绝对的,而是可以变换的,必须与国情相适应。古德诺以为中国民智未开,民主政治经验全无,没有社会团结的经验,无法实质地参与政治,决定统治权之承继。他的国体变换背后的基本原理是国体与国情(历史习惯、经济社会条件与文化观念)相适应的——一种现代政治科学和现代政治工程学。古德诺用政治技术解决精神团结问题。他在国体的法律概念上叠加了现代政治科学原理,却没有揭开其后潜藏的政治神学问题。

筹安会在杨度等人的筹划下紧锣密鼓地成立。君宪赞成派的代表首推杨度。他在1907年发表的《金铁主义》中曾指出"国家之必有统治权,统治权必有一总揽机关,此无论何国而皆然。君主专制国之总揽机关在于君主,民主立宪国之总揽机关在于国会"②。国体之关键在"统治权"的"总揽机关"。《君宪救国论》明确认定"立宪政体"有防止人亡政息,累积功效之用:"盖立宪者,国家有一定之法制,自元首以及国人,皆不能为法律外之行动,人事有变,而法制不变。贤者不能逾法律而为善,不肖者亦不能逾法律而为恶。国家有此一定之法制以为之主体,则政府永远有善政而无恶政,病民者日见其少,利民者日见其多。"③立宪不能办成在于共和不成,因为国家的多数人民不知共和、法律、自由、平等为何物,任意而行,选举不得,"则举兵以争之",又"中央威信

---

① 这是古德诺在《美国政治科学评论》上发表的"Reform in China"一文中的观点。该文来自于1914年冬古德诺在美国政治学年会上的演讲。此处的文字综合借鉴了黄岭峻先生的研究。[详见黄岭峻:《从古德诺的两篇英文文章看其真实思想》,载《中南民族大学学报(人文社会科学版)》2003年第3期]
② 《杨度集》,刘晴波主编,湖南人民出版社1986年版,第365页。
③ 《杨度集》,刘晴波主编,湖南人民出版社1986年版,第570页。

远不如前,通地散沙,不可收拾",结果只好共和用"专制",本末颠倒。"故非先除此竞争元首之弊,国家永无安宁之日。计唯有易大总统为君主,使一国元首立于绝对不可竞争之地位,庶几足以止乱。……不改君主则已,一改君主,势必迫成立宪。"①结论是:"非立宪不足以救国家,非君主不足以成立宪。立宪则有一定法制,君主则有一定之元首,解所谓定于一也。救亡之策,富强之本,皆在此矣。"②杨度的思路的背后有两个前提:君主制对国家统一的关键性作用,以及国体的可变性。这两个前提可以统一为"制度决定论"。

梁启超终于"不能忍",在北京的《京报》汉文版发表《异哉所谓国体问题者》③,直接针对杨度的《君宪救国论》和古德诺的《共和与君主论》。梁启超在此文中回归到他在晚清时期持有的国体见解④,并将国体与政体对峙,使之不生关系:"今之论者则曰:与其共和而专制,孰若君主而立宪。夫立宪与非立宪,则政体之名词也。共和与非共和,则国体之名词也。吾侪平昔持论,只问政体,不问国体,故以为政体诚能立宪,则无论国体为君主为共和,无一而不可也。政体而非立宪,则无论国体为君主为共和,无一而可也。国体与政体,本截然不相蒙。谓欲变更政体,而必须以变更国体为手段。天下宁有此理论,而前此论者,谓君主决不能立宪,惟共和始能立宪。今兹论者,又谓共和决不能立宪,惟君

---

① 《杨度集》,刘晴波主编,湖南人民出版社1986年版,第571页。
② 《杨度集》,刘晴波主编,湖南人民出版社1986年版,第573页。
③ 此处学界有考证,当为北京首发,详见李德芳:《梁启超〈异哉〉一文公开发表问题》,载《近代史研究》1998年第3期。
④ 关于梁启超对国体、政体理解的转变,请参见喻中:《所谓国体:宪法时刻与梁启超的共和再造》,载《法学家》2015年第4期。

主始能立宪,吾诚不知其据何种理论以自完其说也。"①

梁启超从国体的"国家结构"理解重回晚清的标准理解值得细看。要理解梁启超在这篇政论性文字中"国体"的含义,就必须到意义脉络和背景中一探究竟。他首先谈道:"凡国体之由甲种而变为乙种,或由乙种而复变为甲种,其驱运而旋转之者,恒存乎政治以外之势力"②,此处梁启超暗示国体的决定力量并非是政治,这番话针对的是政治家与政论家(理论家)。又说,"夫国体本无绝对之美,而惟以已成之事实为其成立存在之根原。欲凭学理为主奴而施人为的,取舍于其间,宁非天下绝痴妄之事仅痴妄犹未足为深病也。惟于国体,挟一爱憎之见,而以人为的造成事实,以求与其爱憎相应,则祸害之中,于国家将无已时"③,意思是国体成立不以人之喜好为转移,而以民国共和之不适症状意图变更这一事实,为害不浅,显然是说给国内政治舆论听的。然后,他讲了这样一段意味深长的话:"盖君主之为物,原赖历史习俗上一种似魔非魔之观念,以保其尊严。此种尊严,自能于无形中发生一种效力,直接间接以镇福此国。君主之可贵,其心在此。虽然尊严者不可亵者也,一度亵焉而遂将不复能维持。……自古君主国体之国,其人民之对于君主,恒视为一种神圣。于其地位,不敢妄生言思拟议。若经一度共和之后,此种观念遂如断者之不可

---

① 梁启超:《异哉所谓国体问题者》,载《梁启超全集》(第十卷),北京出版社1999年版,第2902页。
② 梁启超:《异哉所谓国体问题者》,载《梁启超全集》(第十卷),北京出版社1999年版,第1900页。
③ 梁启超:《异哉所谓国体问题者》,载《梁启超全集》(第十卷),北京出版社1999年版,第1901页。

复续。"①

如此看来,"国体"绝不仅仅是"主权之所在",它还指向了一种"神圣",一种无可抗拒的局面,一种无法用政治力量变动之物。所以才有了"夫变更政体则进化的现象也","而变更国体则革命的现象也"。国体变成了"天下重器","可静也不可动"。这次对晚清概念的回归中,梁启超在其中隐约敞开了政治神学侧面。在这篇政论中,梁启超无法也不被允许讨论国体的政治神学侧面,但这些隐晦的语词中蕴含的神圣意指,却构成了政论的前提和要津。要在这些氤氲之中看出些端倪,就要回望一下梁启超的思想轨迹。"维新变法"流亡日本的梁启超接受了伯伦知理的国家有机体理论②,"在日本期间,他学会了将国家理解为超出个人意志集合或其各部分的简单累加的某种东西。梁启超追随的是支配晚期明治日本的德国公法学派,将国家当作具体实体"③,这个转变在他的系列政论《新民说》中逐渐显现,"基于国家有机体观念,梁启超把希望放在组成国家有机体的分子即个人身上,通过教育和灌输现代国家理念,塑造新的国民,使他们成为自觉和自由的主体,最终让国家有机体内部各分子之间的'内竞'更好地促进有机体之间的'外竞'"④。梁启超从人民主权论转向

---

① 梁启超:《异哉所谓国体问题者》,载《梁启超全集》(第十卷),北京出版社1999年版,第2904页。
② 〔法〕巴斯蒂:《中国近代国家观念溯源——关于伯伦知理〈国家论〉的翻译》,载《近代史研究》1997年第4期。
③ 〔美〕沙培德:《战争与革命交织的近代中国(1895—1949)》,高波译,中国人民大学出版社2016年版,第78页。
④ 雷勇:《国家比喻的意义转换与现代国家形象——梁启超国家有机体理论的西方背景及思想渊源》,载《政法论坛》2010年第6期。

了国家至上论,从"卢梭式的民主共同体"转向"德国式的以国民忠诚为前提的威权共同体","原先以国民信仰为中心的民族国家共同体必须改变其认同方式,寻求国家权威背后的民族文化精神灵魂"①。"梁启超的民族主义在民国建立前,表现为追求建立现代民族国家;而在民国建立后,则更多转向民族认同,也就是他所谓的'国性'问题。"②

1912年12月,流亡海外十四年的梁启超回国在天津创办《庸言》,首刊《国性篇》:"国性无具体可指也,亦不知其所自始也。人类共栖于一地域中,缘血统之聊合,群交之渐剧,共同利害之密切,言语思想之感通,积之不知其几千百岁也,不知不识,而养成各种无形之信条,深入乎人心,其信条具有大威德,如物理学上之摄力,搏挽全国民而不使离析也;如化学上之化合力,熔冶全国民使自为一体而示异于其他也。积之愈久,则其所被者愈广,而其所篆者愈深,退焉自固壁垒而无使外力得侵进焉,发挥光大之以加于外,此国性之用也。"③国性是无形"信条",如同物理上的吸引力和化学上的化合力,使国民熔冶"一体"。因此,"公共信条失坠,个人对个人之行为,个人对社会之行为,一切无复标准,虽欲强立标准,而社会制裁力无所复施,驯至共同生活之基础,日薄弱以即于消灭。……国家失其中心点,不复成国家;乃至社会一切

---

① 许纪霖:《共和爱国主义与文化民族主义——现代中国两种民族国家认同观》,载《华东师范大学学报(哲学社会科学版)》2006年第4期。
② 张汝伦:《现代中国思想研究》,上海人民出版社2001年版,第138页。
③ 梁启超:《国性篇》,载《梁启超全集》(第九卷),北京出版社1999年版,第2554页。

有形无形之事物皆失其中心点不复成社会"①。国性的生成依赖于历史,"涵濡数百年","长养于不识不知之间","不甚假于人力","可助长而不可创造","可改良而不可蔑弃"。梁启超对国体的理解实际上越来越远离国体的法律理解(主权之所在)而愈发转向国体的政治神学理解(神圣的精神团结)。这样一来,《异哉所谓国体问题者》中的国体已经不同于主权问题,而是暗地里指向了精神团结。如此,梁启超才能从容地将国体(精神)与政体(技术)区分开来。② 民国困境首先是技术问题,是政体的原因,要从政体入手,从技术性的角度入手解决。《异哉所谓国体问题者》的核心主张才彰显出来:政体是民国困局主因,"方子"要在政体上找。国体、政体各有不同运作机制。斩断国体与政体之间的联系,无法将政体问题(技术)回归到国体(精神)上处理,国体的精神面向才得以保存和重建。

《亚细亚报》上刊载的《国体谈》(八月十四日)说:"至于国体则大都因事势及其国历史所创造而成,其得失是非未足深论。"③"破浪"先生则指出:"何为国体,曰主权之所属也。……顾主权之所属,多原因于国民之确信。而国民之确信又原因于历史之结果,或时势之所成。故国体之解决,非定于法律及其时之人,实决之于其国之历史与其国之时势。然则国体问题,历史问题也,抑亦时势当然之结果,决非人与法律之力所能支配于其

---

① 梁启超:《国性篇》,载《梁启超全集》(第九卷),北京出版社 1999 年版,第 2555 页。
② 梁启超:《异哉所谓国体问题者》,载《梁启超全集》(第十卷),北京出版社 1999 年版,第 2903 页。
③ 南华居士编:《国体问题》(首卷上册),华新印刷局 1915 年版,第 136 页。

间,彰彰明矣。"①舆论也回归了晚清以来的看法——国体是"主权之所在",但已不再简单地将之视为法律技术问题,而是指向了历史深处,从中透露出了一种神秘气息:它被委诸命运。国体政治神学化,自然意味着国体退出政治讨论的领域。

袁世凯的北洋军是现代与传统的产物,数目字管理混合着拟制血缘和恩惠能力。他正是凭借着这股组织力量成为中华民国的总统。他的子弟兵进入地方的结果却固化了晚清以来的"内轻外重"的格局,成就了彻底的军阀割据。士绅的地方化,新型政党的独立性,儒家伦理的碎片化,都让袁世凯无法找到社会整合的着力点。于是,国体上袁世凯"复古尊孔"②,意图恢复精神的团结效能;政体上袁世凯打造了"超级总统制"技术方案,在法律上集聚超过专制君主的大权。二者交汇之处正是传统帝制。帝制鼓手们在国体与政体之间建立的因果联系,恰恰是对这一政治逻辑的理论表达。梁启超的《异哉所谓国体问题者》则是对这一理论的回应。袁世凯之流想从国体中打捞出一点技术资源以应付时局,梁启超则完全斩断了这一可能性,将国体重新放回了政治神学之中。梁启超敏锐觉知到国体的神圣性,从新民说、武士道到国性论,他一直小心培养精神团结,却始终不得其法——国体被放入了神龛,却始终无法显示神力。

陈独秀在梁启超供奉于神龛中的"国体"里看到了:"……要

---

① 破浪:《论国体》,载鹤唳声编:《最近国体风云录》,乙卯年(1915年)九月刊行,第38页。
② 1912年9月20日,袁世凯颁布《整饬伦常令》,下令"尊崇伦常",提倡"礼教",他说:"中华立国,以孝悌忠信礼义廉耻为人道之大经。政体虽更,民彝无改""唯愿全国人民恪守礼法,共济时难。……本大总统痛时局之阽危,怵纪纲之废弛,每念今日大患,尚不在国势,而在人心。苟人心有向善之机,即国本有底安之理"。

诚心巩固共和国体,非将这班反对共和的伦理文学等旧思想,完全洗刷得干干净净不可。否则不但共和政治不能进行,就是这块共和招牌,也是挂不住的。"①陈独秀在《新青年》上发出了"吾人最后之觉悟"——"吾敢断言曰:伦理的觉悟,为吾人最后觉悟之最后觉悟"②——一种经过学术觉悟、政治觉悟之后的最终之觉悟。这最终觉悟针对的正是"国体"背后的精神性要素:"盖伦理问题不解决,则政治学术,皆枝叶问题。纵一时舍旧谋新,而根本思想未尝变更,不旋踵而仍复旧观者,此自然必然之事也。孔教之精华曰礼教,为吾国伦理政治之根本。其存废为吾国早当解决之问题,应在国体宪法问题解决之先。今日讨论及此,已觉甚晚。"③"五四"运动用"德先生"和"赛先生"的火将神龛里的物件付之一炬。"所提倡的不是半新半旧的改革或部分改革,而是一个大规模的激烈的企图,要彻底推翻陈腐的旧传统,代之以全新的文化。……它通过使民众在思想和行动上的团结而加速中国依循'民族国家'(nation-state)制度形态来达到统一。"④新知识分子发出了最后之觉悟,学生们走上街头,并与新生的工人阶层联合在一起,并最终走向了农村。"五四"运动敲碎了传统伦理,人们从大家庭、军队、乡村解放出来,开始基于新的精神团结起来。

孙中山与"五四"运动若即若离。孙中山在"五四"前后密集

---

① 陈独秀:《旧思想与国体问题——在北京神州学会讲演》,载《新青年》第3卷3号。
② 陈独秀:《吾人最后之觉悟》,载《新青年》第1卷6号。
③ 陈独秀:《宪法与孔教》,载《新青年》第2卷3号。
④ 〔美〕周策纵:《五四运动:现代中国的思想革命》,周子平等译,江苏人民出版社1999年版,第13—14页。

写作,系统表达了三民主义。"孙中山接受了"五四"新文化运动重宣传和发动青年的影响,但对于宣传的内容则坚持其三民主义,而不大赞成新文化的反传统和世界主义主张。"①三民主义并没有国体的语词,但却有国体的思考。孙中山认定中国的最大危机是亡国灭种。中国人一盘散沙,必须将之凝结成为"国族"。黏合的方法是把民族主义捡回来,运用能知与合群两大方法。能知——知晓中国目前的困境:它的内忧外患,它的弊病与希望;合群——"善用中国固有团体,像家族团体和宗族团体,大家联合起来,成一个大国族团体"②。这需要旧道德的创造性转化,"我们现在要恢复民族的地位,除了大家联合起来做成一个国族团体以外,就要把固有的旧道德先恢复起来","还是要尽忠,不忠于君,要忠于国,忠于民,要为四万万人去效忠。……国民在民国之内,要能把忠孝二字讲到极点,国家便自然可以强盛"③。孙中山从"五四"要摧毁的东西中找到了有用的物质,借助这些质素,孙中山的三民主义、权能分离、革命程序论成为了国民党的意识形态和团结技术。

毛泽东《新民主主义论》讨论的是中国的新文化和新政治问题。1940年抗日战争进入了相持阶段,中国向何处去的问题变得模糊起来:"抗战以来,全国人民有一种欣欣向荣的气象,大家以为有了出路,愁眉锁眼的姿态为之一扫。但是近来的妥协空气,反共声浪,忽又甚嚣尘上,又把全国人民打入闷葫芦里了。特别是文化人和青年学生,感觉锐敏,首当其冲。于是怎么办,中国

---

① 桑兵:《孙中山的活动与思想》,北京师范大学出版社2015年版,第151页。
② 《孙中山选集》(第2版),人民出版社1981年版,第679页。
③ 《孙中山选集》(第2版),人民出版社1981年版,第681页。

向何处去,又成为问题了。"①他指出中国的方向是从资产阶级领导的旧民主主义向无产阶级领导,农民、知识分子和其他小资产阶级为基础的新民主主义发展,并最终走向社会主义。在这个背景下,他谈到了新政治的关键:"这种新民主主义的国家形式,就是抗日统一战线的形式。它是抗日的,反对帝国主义的;又是几个革命阶级联合的,统一战线的。"并指出了国体的内涵问题:"这里所谈的是'国体'问题。这个国体问题,从前清末年起,闹了几十年还没有闹清楚。其实,它只是指的一个问题,就是社会各阶级在国家中的地位。"国体概念从此具有了政治社会学内涵,而不再是晚清以来的法律概念,也将梁启超的国体政治神学社会科学化了。紧接下来,毛泽东说了这样的一段话:"至于还有所谓'政体'问题,那是指的政权构成的形式问题,指的一定的社会阶级取何种形式去组织那反对敌人保护自己的政权机关。没有适当形式的政权机关,就不能代表国家。中国现在可以采取全国人民代表大会、省人民代表大会、县人民代表大会、区人民代表大会直到乡人民代表大会的系统,并由各级代表大会选举政府。但必须实行无男女、信仰、财产、教育等差别的真正普遍平等的选举制,才能适合于各革命阶级在国家中的地位,适合于表现民意和指挥革命斗争,适合于新民主主义的精神。这种制度即是民主集中制。只有民主集中制的政府,才能充分地发挥一切革命人民的意志,也才能最有力量地去反对革命的敌人。'非少数人所得而私'的精神,必须表现在政府和军队的组成中,如果没有真正的民主

---

① 毛泽东:《新民主主义论》,载《毛泽东选集》(第二卷),人民出版社1952年版,第655页。

制度,就不能达到这个目的,就叫做政体和国体不相适应。"①

政体作为与国体对偶出现的概念承接了更为技术化的功能,国体与政体之间的关系得到了政治社会学意义上的重构。如何更好地将革命阶级的力量民主集中起来,这正是晚清中国以来最根本的问题,更是现代中国国家建构的要津之所在。西方帝国主义对世界经济秩序的支配,直接让旧中国的自然经济破产,土地在世界工业体系和贸易体系下失去固有的经济意义。结果是士绅没落,丧失基于土地的支配性权力,农民无产化和游民化,成为了军阀的士兵。读书人丧失了传统参与政治的渠道,日渐转化为公共知识分子。第一次世界大战以来,帝国主义忙于军事竞争和军事生产,中国资本主义得到喘息,中国的资产阶级、小资产阶级和无产阶级得以形成。这些新兴的力量无法用传统方式加以统合,必须由新的精神和技术将之黏合在一起,以形成民族主义的新中国。这种需求在民族危亡和帝国主义的重压下,变得烧灼人心。国体作为这一问题的概念容器,一直草蛇灰线,不绝于缕地在概念史上载沉载浮。最终,中国人民在中国共产党的领导下找到它的中国内涵和它的中国道路。②

西方的政体被转义改造成为日本的"国体—政体"结构,并非误读,因为西方政体概念一开始就具有精神团结的成分,只是它沉潜在下。日本人的眼睛从东方望向西方时,并没有看走眼,相

---

① 毛泽东:《新民主主义论》,载《毛泽东选集》(第二卷),人民出版社1952年版,第670页。
② 现行《宪法》第1条明确写道:"中华人民共和国是工人阶级领导的、以工农联盟为基础的人民民主专政的社会主义国家。社会主义制度是中华人民共和国的根本制度。中国共产党领导是中国特色社会主义最本质的特征。禁止任何组织或者个人破坏社会主义制度。"这被视为宪法的国体条款。

反因为立场和视域的错位而看出了其中机巧。中国在运用来自日本的"国体—政体"概念时更非误识,中国人的眼睛向东方看到的是更内在的问题。概念的旅行、杂交、挪用是近代中国法政语言无法逃避的命运。这里并没有被错过的东西,或者惊人的概念时刻,有的仅是思想纠缠,以及这背后的权力与技术。

庶民的胜利

——中国民主话语考论

王人博

民主无论作为一种意识形态还是作为现代中国的政治象征,它都与中国的现代性话语密切相关,至少是中国政治精英、知识精英"现代政治话语"的重要构成要素。而现代中国民主话语本身所不断显现出的某些特征又与早期中国人对英语的"Republic""Democracy"的翻译有关,与中国经典所构成的传统民主话语有关。从一定意义上讲,正是传统的民主话语与西方的"Republic""Democracy"的某种结合形成了现代中国独特的民主语境。

他们无法表述自己,他们必须被别人表述。

——马克思

写作使叙事人获得权势,不识字使阿Q丧失地位。

——刘禾

一

对20世纪汉语"民主"与英语"Republic""Democracy"三个词汇间的"跨语际实践"(Tran lingual practice)所形成的复杂关系的研讨,可从语言学的视角对现代中国的民主话语及其实践作一种新的诠释。我们已习惯了"现代民主生活",习惯了对我们这种生活的表达方式,而对这个表征着"庶民的胜利"的"民主"词语早已忘却了它似乎还有出生史的事实。今天重新阐释、辨析这一段历史,其目的并不只是为了弄清现代汉语"民主"一词的词义,而是通对其起源、流变以及由此所构建的中国现代民主话语的省察,对中国的政治现代性问题提供某种重新解释的途径。

当然,有关中国政治的现代性的问题的论述和研讨的方法和途径是多样的,未必非从"民主"一词开始。自 19 世纪真正遭遇西方以来,中国的历史就再也无法自足地展开,西方对中国历史的加入不但引发了中国历史一系列的重大事件,而且每一个事件本身都成了中国政治现代性的某种象征。"戊戌变法""立宪改革""共和革命""新文化运动"等事件的发生,都直接或间接地与"民主"相关,而"五四"新文化运动的那些人干脆用"德先生"(民主)来表达他们活动的意义和诉求的目标。对这些事件的叙述、阐释固然是对中国民主进程的把握,并蕴含着对民主一般意义的理解,但是,把中国的政治现代性与"民主"一词的使用相联系,对理解现代的中国民主话语及其实践无疑是重要的,对展现现代的中国民主的特质也无疑会提供某种帮助。

早在 80 多年前李大钊就对祈福于中国的"Democracy"(民主)作了整体性的描述:

> 现代生活的种种方面,都带有 Democracy 的颜色,都沿着 Democracy 的轨辙。政治上有他,经济上也有他;社会上有他,伦理上也有他;教育上有他,宗教上也有他;乃至文学上、艺术上,凡在人类生活中占一部位的东西,靡有不受他支配的。简单之一句话,Democracy 就是现代惟一的权威,现在的时代就是 Democracy 的时代。①

民主无论作为一种意识形态还是作为现代中国的政治象征,它都与中国的现代性话语密切相关,至少是中国政治精英、知识精英"现代政治话语"的重要构成要素。而现代中国民主话语本身所不断显现出的某些特征又与早期中国人对英语的"Repub-

---

① 《李大钊文集》(上),人民出版社 1984 年版,第 632 页。

lic""Democracy"的翻译有关,与中国经典所构成的传统民主话语有关。从一定意义上讲,正是传统的民主话语与西方的"Republic""Democracy"的某种结合形成了现代中国独特的民主语境。话语不同于语言,它不能简单地还原为语句和语法。"话语并不只具有意义或真理,而且还具有历史,有一种并不把它归于奇异的生成变化律这样的特殊的历史。"①话语的历史即是它自身的实践。正像奥斯汀的一本书名所提示的那样:说话就是做事(To say something is to do something)。② 话语不仅仅是语言,它的历史、它的指称力量有着型构现实的作用。话语实践(discursive practice)肯定是社会实践的一个重要部分。

对我而言,最关紧要的问题是,中国早期的知识者以及深懂中国文化的那些"跨语际旅行"的西方传教士为什么要用"民主"这个中国传统词语去处理西方的"Republic""Democracy"? 民主是怎样被等同于"Republic""Democracy"? 这里的问题不只是"Republic"或者"Democracy"能否被翻译成"民主",更重要的是为什么被如此翻译。民主这个汉语词汇是如何被等同于英语的Republic 和 Democracy 的? 汉语的民主一词与上述两个英语词汇之间具有对等性吗? 这种对等性是怎样被设定的,是在何种语境下被设定的? 民主与 Republic、Democracy 的关系,仅仅是本源语(source language)与译体语(target language)之间的相互作用的翻译学问题吗? 若进一步发问,那也可转换为这样一个问题:当一个词语、一个范畴或者一种话语从一种语言向另一种语言"旅

---

① 〔法〕米歇尔·福科:《知识考古学》,载〔法〕米歇尔·福科:《词与物——人文科学考古学》,莫伟民译,上海三联书店 2001 年版,译者引语,第 5 页。

② J. L. Austin, *How to Do Things with Words*, Harvard University Press 1962.

行"时,究竟发生了什么?是"平行的滑移",还是创造性地被借用和挪用?对此,爱德华·赛义德提出了"四个阶段"的著名论说:

> 首先,存在着出发点,或者似乎类似于一组起始的环境,在那里思想得以降生或者进入话语之内。其次,存在着一个被穿越的距离,一个通过各种语境之压力的通道,而思想从较早一个点进入另一种时间和空间,从而获得了一种新的重要性。第三,存在着一组条件——称之为接受的条件好了,或者是抵抗(接受过程必不可少的一部分)的条件——而抵抗的条件对抗着被移植过来的理论或思想,也使得对这种理论与思想的引进和默认成为可能,无论它们显得多么疏远。最后,现在已经完全(或者部分)被接纳(或吸收)的思想,在某种程度上被其新的用法及其在新的时间与空间中的新位置所改变。①

正如论者所言,赛义德过分肯定了"理论"的首要性,以至于其使得如下的问题倒无足轻重了:理论在往哪个方向旅行(从西方向东方,还是相反),出于什么目的(是文化交流、帝国主义,还是殖民化?)旅行,或者使用哪一种语言、为哪些受众旅行?② 就中西的复杂关系而言,与其说现代汉语的"民主"概念是西方的"Republic""Democracy"在中国"旅行"的结果,倒不如说是两者艳遇后的必然结局。"艳遇"(a eroticadventure)一词是表达西方 De-

---

① 〔美〕爱德华·赛义德:《世界,文本,批评家》,第226—227页,转引自刘禾:《跨语际实践——文学,民族文化与被译介的现代性(中国,1990—1937)》,宋伟杰等译,生活·读书·新知三联书店2002年版,第28页。

② 同上书,第29页。

mocracy 与中国"民主"关系的最好喻说(trope):短暂相逢,匆匆道别。①

本文以此为出发点,试图确证这样一个问题:无论是 Republic 还是 Democracy 与中文的"民主"之间透明地互译是不可能的,文化以这些词汇所构成的语言为媒介进行透明的交流也是不可能的。词语的对应是历史地、人为地建构起来的,而语言之间的"互译性"也必须作为一种历史的现象去理解和研究。任何互译都是有具体的历史环境的,都必然被一定的具体条件和话语实践所规定。本文不局限于对汉语"民主"一词的一般性考辨,通过考察力图达到这样一个目的:

> 考察的是新词语、新意思和新话语兴起、代谢,并在本国语言中获得合法性的过程,不论这过程是否与本国语言和外国语言的接触与撞击有因果关系。也就是说,当概念从一种语言进入另一种语言时,意义与其说发生了"转型",不如说在后者的地域性环境中得到了(再)创造。在这个意义上,翻译已不是一种中性的、远离政治及意识形态斗争和利益冲突的行为。相反,它成了这类冲突的场所,在这里被译语言不得不与译体语言对面遭逢,为它们之间不可简约之差别决一雌雄,这里有对权威的引用和对权威的挑战,对暧昧性的

---

① "艳遇"是中国传统志怪小说的典型叙事线索:主人公往往为一介聪慧书生,在云游四方或进京赶考的途中无意间邂逅一位绝色佳人。才子与佳人彼此顿生爱慕之情。佳人遂邀书生深夜畅读诗书,同床共眠。最后,书生恋恋不舍地与佳人作别,继续踏上旅程。然而故事的点题之笔往往姗姗来迟,书生终于发现与自己苟合的原来是只狐狸精,而卧榻之所只是她在庭院中施展魔法变化出来的亭台屋宇。(参见上引刘禾书,第 194 页)这里适用的是这个故事的隐喻:拂去西方 Democracy 的魔法以后,剩下的也许只是中国被表述的"庶民的胜利"的民主。

消解或对暧昧的创造,直到新词或新意义在译体语言中出现。①

二

"民主"一词在古汉语中就有,《尚书·多方》中就有这样的话:"天惟时求民主,乃大降显休命于成汤。"(蔡沈注:"言天惟是为民求主耳。桀既不能为民之主,天乃大降显休命于成汤,使为民主。")"代夏作民主"(蔡注:"简,择也,民择汤而归之。")这里的"民"与"主"不是现在的主谓关系,而是修饰关系,即民的主宰者的意思,多指帝王或官吏。类似的句子还有,《左传·文公十七年:"齐君之语偷。臧文仲有言:'曰民主偷必死。'";《文选·班固〈典引〉》:"肇命民主,五德初始"(蔡邕注释:"民主,天子也");《资治通鉴·晋惠帝太安二年》:"昌遂据江夏,造妖言云:'当有圣人出为民主'。"在此,我们所不能忽略的是中国古典民主语词所包含的复杂意思。从字面上看,民主指的是民的统治者,但上述的表达也隐含着什么样的统治者能够作为"民"之"主"的一种价值评判。就《尚书》所提供的语境看,"桀"显然不能为民主,所依据的不仅是事实——桀的统治的被颠覆,更主要的是一种德性的判断——桀的统治为什么被颠覆:既然桀已失去天命民心,那么商王朝的开创者自然是承天命顺民心的民主。民主只能是那些上承天命、下顺民心的圣王。也就是说,古典的民

---

① 刘禾:《语际写作——现代思想史写作批判纲要》,上海三联书店1999年版,第35—36页。

主一词包含着对统治者的一种基于道德的合法性要求。在儒家的文献里,民主的语词往往又与传统的圣王革命话语相关联。①

在现代中国,伴随西方民主的翻译过程而得到复活的民主概念,虽然未必出自这些典籍,但与之肯定有着某种关联。它能走出中国的典籍——像李大钊所表述的那样——渗入中国人日常的话语世界,其基本要素——统治类型、统治的普遍性、合法性——与现代民主话语构成了拒斥或融通等复杂关系。

中文的现代民主概念与西方的 Democracy 有着不可分的联系,同时也与中国传统的民主语词有着某种语义上的粘连。也就是说,Democracy 与"民主"的虚拟对等性不是一次完成的,而是经过了一个漫长历史的拟制过程。要解释其中的各种关节,还须从 Democracy 最初如何被汉语表达开始。

早在 19 世纪早期,英语的 Democracy 已经在汉语里得到解释。而解释者既不是纯粹的西方人,也不是纯粹的中国人,而是那些早期的"跨语际实践"的人——西方的传教士。对 Democracy 的早期解释大致是这样的:1822 年马礼逊(Robert Morrison)将其

---

① 《孟子·尽心下》云:"民为贵,社稷次之,君为轻。是故得乎丘民为天子。"(〔东汉〕赵岐《孟子注疏》:"君轻于社稷,社稷轻于民。"〔宋〕朱熹《四书章句集注》:"丘民,田野之民。")《孟子·离娄上》又云:"桀纣之失天下也,失其民也。失其民者,失其心也。得天下有道,得其民,斯得天下矣。得其民有道,得其心,斯得民矣。得其心有道,所欲与之聚之,所恶勿施尔也。民之归仁也,犹水之就下。"(朱熹《四书章句集注》:"民之所欲,皆为致之,如聚敛然。民之所恶,则勿施于民。")在儒家的民主思想体系中,"天命""民心"是最重要的概念,它关涉政治统治以及政权转移的道义问题。(参见刘小枫:《儒家革命精神源流考》,上海三联书店 2000 年版,第 34—38 页)

解释成"既不可无人统制亦不可多人乱管"①。1847年,麦都思(Walter Hemy Medhurst)则用"众人的国统,众人的治理,多人乱管,小民弄权"②进行诠解。1866年,罗存德(W. Lobscheid)的《英华字典》对之作如下释义:"民政,众人管辖,百姓弄权。"③

有的论者把这种解释看作源于西方民主的历史认识④,这个观点令人生疑。问题是,上述三位的解释之间有着很大的差异,甚至是对立的。前者的解释虽然语义上模糊不清,但它仍有明确的指示:不能把 Democracy 与"多人乱管"的政制相混淆,并潜有"Democracy 比'多人乱管'优越"的判断;而后两者的意思表达是一致的,都给予了一种否定性的解释。对在中国的这三个西方人而言,他们之间虽在时间上相隔不远却横跨了中国的两个时代:一个是虽遭遇西方基督教文化但中国仍处于自主地位的时代;一个是中国丧失了话语优势而受帝国主义武力支配的时代。Democracy 的汉语解释上的差异,与言说者——西方传教士在中

---

① 马礼逊:《华英字典·五车韵府》卷三,澳门 Honorable East India Compang's press 1815—1822年版,第113页。《华英字典》分三部分,第一部分名《字典》,系据嘉庆十二年(1807年)刊刻的《艺文备览》翻译,汉英对照;第二部分名《五车韵府》,英汉对照;第三部分名《英汉字典》,英汉对照。三部分相继于1815年、1819年、1822年问世,共2500余页。(参见方维规:《东西洋考"自主之理"——19世纪"议会""民主""共和"等西方概念之中译、嬗变与使用》,载《中外法学》2000年第3期)本文引证取自该文的不再详注。

② 麦都思:《英汉字典》,上海1847年版。转引自注①,方维规文。

③ 罗存德编辑的原版《英华字典》(English and Chinese Dictionary)发行于1866年,至19世纪末已经难以得见,市面流传的是邝其照等人的缩编本《华英字典集成》。转引自注①,方维规文。

④ 方维规博士认为,西方传教士对 Democrncy 的汉语诠释是直接来自西方历史上对 Democracy 概念的理解,这种理解甚至可以追溯到其发端时代即古希腊的民主时代。参见注①,方维规文。

国的不同"角色"有关。

在鸦片战争以前的时代,欧洲既然还没被看作会对中国社会的稳定构成威胁,那么,对中国的士大夫而言,西学就是一种不必要的剩余物,它和权力或成功没有任何的直接联系。① 与此相关,那些西方的传教士使用西学的目的主要是为了使自己成为一个有教养的绅士,从而取得与儒家士大夫相同的身份。他们要与中国的士大夫打交道,首先得给自己的传教行为披上一件中国外衣,并努力使自己的思想观念适应中国的文明。"他们或多或少地像一个候选人,要接受能否成为这个国家之成员的资格审查,否则,必须滚蛋。那些有权力对这种资格作出审查的中国人,只是偶尔对耶稣会士带来的西方知识感兴趣。"②显而易见,马礼逊,一个生活在中国人并不认为"西方优越于中国"的时代的末代传教士,他要向他的阅读者——中国的士大夫介绍西方的 Democracy,就得采用一种中国士大夫能够接受的调和方式:只是含混地说明而不明确地作出判断。

鸦片战争以后在中国通商口岸的那些传教士则不同,他们具有独立精神,根本不需考虑中国人的感情。"早期的耶稣会士给中国带来的是一种优美的文化,从而修饰和丰富了它固有的并受到全世界尊敬的文明。而后来的欧洲人强加给中国的却是一种毋庸置疑的外国异端。"③传教士本身则成了文化优越者的象征。

---

① 参见〔美〕列文森:《儒教中国及其现代命运》,郑大华、任菁译,中国社会科学出版社 2000 年版,第 41 页。
② 同上注。
③ 参见〔美〕列文森:《儒教中国及其现代命运》,郑大华、任菁译,中国社会科学出版社 2000 年版,第 41 页。

在这样的语境下,麦都思、罗存德既可以把西方的 Democracy 表述为一种优越于中国的文明形态,从而向中国士大夫传播西方民主的福音;也可以明确地向中国的士大夫发出上述那样的警告。"播扬"与"警告"虽然语义不同,但言说者的角色并无二致,警告本身就是一种话语权力。两位传教士之所以选择后者也许包含了他们对"小民"在解决中国问题时的意义持一种并不乐观的判断。

这也可解释后来的传教士为什么把西方的 Republic、President 等概念用汉语的复合词"民主"对译并加以播扬的原因。据考释,近代第一个使用汉语复合词"民主"译介西方政制概念的是美国传教士丁韪良(W. A. P. Martin)。他在 1863 年开始翻译美国著名律师惠顿(Hemy Wheaton)的《万国公法》(Elements of International Law)时用复合词"民主"将"republican"(form of government)翻译成"民主之国",以相对于"monarchic"(form of government),即"君主之国"。① 这之后,还有把"President"译成"民主"的。1874 年 12 月《万国公报》卷 316 载:"美国民主曰伯理玺天德(president),自华盛顿为始。"1879 年 5 月 31 日该刊卷 541 所题《纪两次在位美皇来沪盛典》称:"篇中所称伯理玺天德者,译之为民主,称之国皇者。"同年 5 月 17 日该刊卷 539《华盛顿肇立美国》称:"美国虽得自主而尚无人君治理,故通国复奉顿为民主,四年任满,再留任四年。……美国有民主以顿为始。"② 在有的情形下,汉语"民主"一词到底是指译"republic"还是"president"并不

---

① 参见〔美〕惠顿:《万国公法》,上海书店出版社 2002 年版,第 34 页:"若民主之国,则公举首领,官长均由自主,一循国法,他国亦不得行权势于其间也。"
② 康有为亦曾说:"众民所归,乃举为民主,如美、法之总统然。"

清晰,如:

> 美国乃公天下民主之国也,传贤不传子,每四年公举一人为统领,称"伯理玺天德"。①

> 美国合邦之大法,保各邦永归民主,无外敌侵伐。倘有内乱而地方官有请,则当以国势为之弭乱。②

> 地球所有国政,约分三种:一为君主国之法,一为贤主禅位之法,一为民主国之法。间有于三种中择一法行之者,亦有于三种中参用二法者,又有合三法而并用者,如今之英吉利是也。③

> 民主国以平等为主义,大统领退职后,与齐民无异。……法兰西为欧洲民主之国,其建国规模,非徒与东亚各国宜有异同,即比之英、德诸邦,亦不无差别。……而后知其立国之体,虽有民主之称,统治之权实与帝国相似。④

实际上,在整个19世纪,中国人(包括传教士)在现代的意义

---

① 张德彝:《航海述奇》(1866),载钟叔河主编:《走向世界丛书》,岳麓书社1985年版,第556页。
② 参见〔美〕惠顿:《万国公法》,上海书店出版社2002年版,第37页。
③ 〔英〕傅兰雅:《佐治刍言》(1885),上海书店出版社2002年版,第30页。
④ 载泽:《考察政治日记》(1905),张德彝:《航海述奇》(1866),载钟叔河主编:《走向世界丛书》,岳麓书社1985年版,第580页,第657页。在很多情形下,即便"民主"一词之后没有"国"字,也很难判定"民主"一词对译的是 republic 还是 president,如:"西洋立国,有君主、民主之分,而其事权一操之议院,是以民气为强,等威无辨,刑罚尤轻。"[郭嵩焘:《伦敦与巴黎日记》(1878),载钟叔河主编《走向世界丛书》,岳麓书社1985年版,第611页]"夫各国之权利,无论为君主,为民主,为君民共主,皆其所自有,而他人不得夺之,以性法中决无可以夺人与甘夺于人之理也"。[夏东元编:《郑观应集》(上册),上海人民出版社1982年版,第175页]"有一人专制称为君主者,有庶人议政称为民主者……"[黄遵宪:《日本国志》(1890),岳麓书社2017年版,第81页]

上运用"民主"一词时,其语义往往是 Republic、President 和 Democracy 三者兼而有之。譬如,1875 年 6 月 12 日出版的《万国公报》卷 340 所刊的《译民主国与各国章程及公议堂解》一文便是一例。该文对"民主国"的解释是:"按泰西各国所行诸大端,其中最关紧要而为不拔之基者,其治国之权属之于民,仍必出之于民而究为民所设也……治国之法亦当出之于民,非一人所得自主矣,然必分众民之权汇而集之于一人,以为一国之君,此即公举国王之义所由起也。而辅佐之官亦同此例矣。"

有的学者指出,王芝在其 1872 年版的《海客日谭》中,用"民主"一词来翻译"Democracy"这可能是把"民主"与 Democracy 建立起关系的最早尝试。而现代汉语中后来的译法广泛流传,可归因于日语的 minshu。① 王芝是不是最早用"民主"来翻译 Democracy 的第一人无可考,而后来这个译法的广为流传既可能归因于日本人,也可能归因于中国的思想家严复。严复 1895 年 3 月在《直报》上发表的《原强》所说"以自由为体,以民主为用"一语中的"民主"则当是 Democracy 之意译。Democracy 还被严复译作"庶建"。严复所译法国人孟德斯鸠的《法意》(现译为《论法的精神》)曾解释说,"庶建乃真民主,以通国全体之民,操其无上主权者"。《法意》中西译名表:"庶建 Democracy,本书中又作民主。"又据梁启超转引严复所言:"欧洲政制,向分三种:曰满那弃(monarchy)者,一君治民之制也;曰巫理斯托格拉时(aristocracy)者,世族贵人共和之制也;曰德谟格拉时(democracy)者,国民为政之制

---

① 〔美〕爱德华・赛义德:《世界,文本,批评家》,第 226—227 页,转引自刘禾:《跨语际实践——文学,民族文化与被译介的现代性(中国,1990—1937)》,宋伟杰等译,生活・读书・新知三联书店 2002 年版,"附录",第 375 页。

也。"后来严复在论及自由、平等和民主的关系时也曾说："自由者,各尽其天赋之能事,而自承之功过者也。虽然,彼设等差而以隶相尊者,其自由必不全,故言自由则不可以不明平等。平等而后有自主之权,合自主之权,于以治一群之事者,谓之民主。"①这里的"民主",亦当是 Democracy 之义。

　　上述的材料与言论至少给我们传达了以下信息:汉语的"民主"与西方的 Republic、President、Democracy 等概念的对等性首先是由西方的传教士建立起来的。"民主"一词在近代中国的复活是西方传教士启蒙的结果。从某种意义上说,重要的不是"民主"一词能否被确当地指译 President 还是 Democracy,而是"民主"这个古典的中国词汇在近代被激活的方式。问题是,西方的传教士为什么要用中国古代的"民主"一词去指译时下的西方政制的概念? 丁韪良的《万国公法》能说明这个问题。这个文本有两点值得注意:第一,它并非是一部古典的西方名著,而是一部"现时态"的类似国际法教科书;第二,丁韪良是用中国古代的"民主"词汇去处理西方现时态的概念。这里要紧的不是概念和术语的"时态"问题,而是这种翻译方式所包含的权力问题:文本中作为过去时的中国"民主"语词的意义早已被现在时态的西方的优越的前提决定。换言之,西方的"Republican"之所以能为中国古代的"民主"词语所翻译,不是因为现实的中国与西方对等,而是因为对西方的屈从。中国必须被西方启蒙——这也许是丁韪良翻译《万国公法》的真正动机。这正如西方的 autocracy 能让中国人发现中国

---

① 王栻主编:《严复集》(第一册),中华书局 1986 年版,第 118 页。

古代的"专制"一词对描述现时中国的价值一样。① 这里的丁韪良就像著名小说家老舍笔下的"伊牧师":

> 伊牧师是个在中国传过二十多年教的老教士,对于中国事儿,上自伏羲画卦,下至袁世凯作皇上(他最喜欢听的一件事),他全知道。除了中国话说不好,简直的他可以算一本带着腿的"中国百科全书"。他真爱中国人:半夜睡不着的时候,总是祷告上帝快快的叫中国变成英国的属国;他含着热泪告诉上帝:中国人要不叫英国人管起来,这群黄脸黑头发的东西,怎么也升不了天堂。②

正如詹姆士·何为亚(James Hevia)所言,"传教士话语的目的不仅在反映现实,而且在塑造现实"③。丁韪良不仅推动了中国的西化改革,而且还型构了现代中国的政治语言。

古汉语的"民主"与西方的 Democracy 的对等关系的设定经历了一个复杂的过程。虽然在趋向上"民主"一词逐渐向 Democracy 滑移,并逐渐形成了一种固定化对等关系,但"民主"始终与 Republic 和 President 两个概念之间有着某种粘连。譬如,直至 19 世纪末期,还有以"民主"指译"President"的情形。20 世纪 20 年代,《英华成语合璧字集》也有这样的词条:"民主:President of a

---

① 《左传·昭公十九年》:"若寡君之二三臣,其即世者,晋大夫而专制其位是晋之县鄙也,何国之为";《汉书·西域传下·乌孙国》:"昆莫年老国分,不能专制,乃发使送骞,因献马数十匹报谢";又见《韩非子·亡征》:"婴儿为君,大臣专制,树羁旅以为党,数割地以待交者,可亡也"。

② 《老舍文集》,人民文学出版社 1980 年版,第 407 页。

③ James L. Hevia, Leaving a Brand on China: Missionary Discourse in the Wake of the Boxer Movement, *Modern China*, Vol. 18, No. 3, 1992, p. 306.

Republic"(见上引方维规文)。究其原因,这与英文中的 Republic、Democracy 两个概念本身存在的界限模糊不清有关。更重要的是,英语中的三个概念都无法割断与中国传统"民主"语义的那种相斥相纳的复杂关系。相较而言,President 是最接近中国古代"民主"词义的,两者都有"民之主"的意思。由于中国古代"民主"的"主"本身也含有对民心、民意的诉求,因而在合法性上两者也有相合之处;梁启超从不同的角度曾敏锐地意识到这一点:

> 吾侪之倡言民权,十年于兹矣,当道者忧之嫉之畏之,如洪水猛兽然,此无怪其然也,盖由不知民权与民主之别,而谓言民权者,必与彼所戴之君主为仇,则其忧之嫉之畏之也固宜,不知有君主之立宪,有民主之立宪,两者同为民权,而所训致之途,亦有由焉。凡国之变民主也,必有迫之使不得已者也。①

显而易见,英语中的 Republic、Democracy 都在不同的层面上与古汉语"民主"中的"民"相通相感。或者说,这两个概念对"民"存在类似的认知方式。无论是 Republic 还是 Democracy,"民"是其基本元素,都确认"民"在政治生活中的地位和价值。"民"是串联两个概念的基本线索,这是"民主"为什么始终与上述两个概念纠缠不清的主要原因。然而,传统的民主词汇毕竟在新的时代背景下被重新激活,其语义和意义自然会发生变化。它意味着中国传统的民主话语与西方的现代民主话语接轨,意味着中国从此被纳入了由西方宰制的民主文明进程。"民主"语词不仅能唤起对中国古代"纯风美俗"的美好回忆,而且也预示了现代西方所能带来的令人心醉的远景。正由于西方传教士的加入,

---

① 《饮冰室合集》文集之五,中华书局1989年版,第4页。

"民主"一词便突破传统而具有现代性的意义,它使得后来的中国人在宣扬"人民"的同时也包含着社会变革的种种许诺。

三

"知识从本源语言进入译体语言时,不可避免地要在译体语言的历史环境中发生新的意义。译文与原文之间的关系往往只剩下隐喻层面的对应,其余的意义则服从于译体语言使用者的实践需要。"①由传教士所传递的"民主"意义被他的中国读者中途拦截,在译体语言中被重新诠释和利用。"五四"新文化运动中的中国知识者就是一批非同寻常的读者。他们将传教士的"民主"重新"翻译"成自己的激情创作,成为中国现代民主话语的重要设计师。

"五四"时的中国知识分子与上个时代的西方传教士不同,甚至也与他们的前辈严复不同。他们不愿意把"Democracy"仅仅理解为国家政制中的一种"民主",而期望在 Democracy 身上要求更多的东西。他们把 Democracy 叫作"德谟克拉西"(Democracy 的音译),为了显得亲切也叫它"德先生"。陈独秀认为,"德先生"和"赛先生"(科学)有无穷的能耐,是中国的救星。他"认定只有这两位先生,可以救治中国政治上道德上学术上思想上一切的黑暗"②。为什么能够用汉语"民主"一词表达清楚的问题,要用"德谟克拉西"一词?为什么"德谟克拉西"这个译名最终又被民主语

---

① 〔美〕爱德华·赛义德:《世界,文本,批评家》,第 226—227 页,转引自刘禾:《跨语际实践——文学,民族文化与被译介的现代性(中国,1990—1937)》,宋伟杰等译,生活·读书·新知三联书店 2002 年版,第 88 页。

② 《独秀文存》,安徽人民出版社 1987 年版,第 242—243 页。

词取代？而读识这些问题是有难度的,困难就在于这个激情创作的民主话语本身所具有的含混性和歧义性。①

据论者考计,民主一词出现在《新青年》中有 305 次,加上"德谟克拉西"和"德先生"出现的次数共有 513 次。② 中外史家一般把民主话语在中国的流行与播扬归因于《新青年》,这虽非错识,但也非史实全貌。事实上,当时有上百种刊物都关涉民主这个话域。而这些刊物的创办者既有像陈独秀这样的激进知识分子,也有温和的自由派知识分子。更为有趣的是,他们对西语中的 Democracy 一词有着近乎一致的翻译。

中国古典的民主语词在"五四"时代被重新激活,取代"民权"一词而成为中国精英阶层的流行词汇,可能是由张勋复辟这个事件所导引。这个事件清楚地宣告了中国仿行西方政治体制的最终失败。它进一步激化了中国一些人的沮丧情绪,同时也激发了另一些人对西方民政的更为迫切的欲求。双方的观点针锋相对,但其话语却共同地加入了一个关键词汇:民主。1917 年康有为在《不忍》杂志发表了《共和平议》与《与徐太傅书》,成了这种失望情绪的见证,同年陈独秀写的《驳康有为〈共和平议〉》,表达的是对西方的进一步向往。而两个密切相关的文本都是由同一个事件共同设定的。康的出发点在于:他把"复辟"不但作为共和体制试验失败的证据,而且欲想进一步反证他主张的君主立宪的正确。陈的用意是表达对这个观点的不满和驳证。民主这个概念就在上述一个话语层

---

① 参见姜义华:《彷徨中的启蒙——〈新青年〉德赛二先生析论》,载《文史知识》1999 年第 5 期。

② 参见金观涛、刘青峰:《〈新青年〉民主观念的演变》,载(香港)《二十一世纪》1999 年 12 月号。

面同时展开。据学者统计,《驳康有为〈共和平议〉》一文中,共55次使用"民主"一词,54次是在与君主相对立的意义上使用的,1次是用以表达西方社会制度。① 在民主语义的把握上,陈与康是一致的,他并没有为这个概念提供新的东西,不同的是陈支持这个概念,而康则反对。民主是中国古典的"民心""民意"之德性元素与西方传教士所译释的 Democracy 所代表的西方现代性政治形态的一体化再现。这再一次表明现代性的汉语民主一词无法扯分与 Republic、President 概念的粘连。②

"五四"新文化的反君主主义的特质之一就是既反对立宪体制下的虚君制,也反对与君主制相关涉的儒家文化。在他们看来儒家文化不但要对复辟事件负责,也是整个中国乱象的原因,恰恰是儒家文化之下的君主体制扼杀了中国成为一个现代国家的全部生机。李大钊正是从此着眼来定义这个运动的:"政治上民主主义的运动,乃是推翻父权的君主专制政治之运动,也就是推翻孔子的忠君主义之运动。"③他们是一些彻底的共和主义者,但不是西方意义上的共和主义者。具有反讽意味的是,他们不是以公民理论反对身份制度,而是以中国儒家所提供的"人民"的道德价值武器去批判儒家。既然君主已经被证明像个酗酒的船长,无法指挥驾驭国家这艘航船,那就应该让人民来试试。人民犹如水,既能托载船只安全航行,也能一个浪头打翻正在航行的船只。

---

① 参见金观涛、刘青峰:《〈新青年〉民主观念的演变》,载(香港)《二十一世纪》1999年12月号。
② 《独秀文存》,安徽人民出版社1987年版,第128—149页。
③ 李大钊:《由经济上解释中国近代思想变动的原因》,载《新青年》第七卷第二号。

儒家对民的德性的赞扬，成了"五四"新文化论证人民合法性的根据：人民既是水，也是船，也应成为驾驭船的船长。儒家的错误不是对人民的价值估计过高，而是不够。由中国古典文化提供的"人民价值"，成为"五四"新文化平民主义创作的活力之源。这预示着，民主一词需要添加新的语义，Democracy需要重新翻译。

1919年前后，中国的知识界大都用"平民主义"或者与之相近的词汇翻译Democracy。这在某种程度上颠覆了传教士的知识传统，而与中国古典的"民主"语词更为接近。

据学者考析，1919年毛泽东在《湘江评论》的创刊号上，首先把Democracy翻译成"平民主义"，随后又译为"兑莫克拉西""民本主义""民主主义"和"庶民主义"。① 民主词义的这种改变，以及Democracy被重新翻译，是决定中国民主话语实践的重要时刻，也是中国政治话语发生深刻改变的重要事件之一。② 毛泽东也许是"偶然"将Democracy翻译为"平民主义"的，否则他为什么随后又译作其他"主义"呢？与之相比，同时期的李大钊虽然还不清楚用什么样的汉语语汇翻译Democracy，但他已敏锐地注意到了Democracy可能对中国具有的新意义或新价值。1918年他在一篇为友人书所作的跋中就对Democracy作了这样的解释："我们

---

① 参见顾昕：《"五四"激进思潮中的民粹主义（1919—1922）》，载王焱等编：《自由主义与当代世界》，生活·读书·新知三联书店2000年版，第339页。

② 这里的"事件"（occurrence）一词是在保尔·德曼曾经运用的意义上使用的。德曼是在讨论本雅明论翻译那篇文章时使用这个词的：当路德翻译《圣经》时，某些事发生了——在那一时刻，某些事发生了，并不是说从那以后发生了宗教战争，然后历史的进程被改变了，这些不过是副产品。真正发生的是翻译。[〔美〕德曼：《对理论的抵抗》，第104页，转引自刘禾：《跨语际实践——文学，民族文化与被译介的现代性（中国，1990—1937）》，宋伟杰等译，生活·读书·新知三联书店2002年版，第45—46页］

要求 Democracy，不是单求一没有君主的国体就算了事，必要把那受屈枉的个性，都解放了，把那逞强的势力，都摧除了，把那不正当的制度，都改正了，一步一步的向前奋斗，直到世界大同，才算贯彻了 Democracy 的真义。"①在这里，被李大钊重塑的 Democracy 概念，除了保留了在与君主政体相对立的"新型政体"这层语义的基础上，还增扩了四层含义：第一，它是个人主义的一种价值预设，伸张每一个被抑制的个性是 Democracy 最基本的价值。第二，Democracy 是销蚀特权的溶剂，社会的基本平等是其重要语义。第三，它是一种合理的制度，包括对个性的维护、平等的制度架构、合理的财产分配等。第四，它还意指一种和平的世界秩序，意味着一种国家间的平等关系。这对于任何一个生长在悲惨祖国的中国知识分子来讲，都是对列强构筑的世界格局的一种起码的正义要求。

也就是说，Democracy 已经脱离了它原有的语境，被赋予了"中国欲求"的新含义。随着这些新语义的增扩，Democracy 也就从一个政治概念被转变成一个社会概念，中国的知识者可以用以方便地表达各种社会欲求。

从某种意义上讲，李大钊对政治和社会问题表述的变化，也就是对 Democracy 这个概念进一步"重译"（构造）的过程。1919年以后，李大钊把 Democracy 概念进一步向社会层面推进，使"平等"的语义与价值急剧地凸显出来："战后（指第一次世界大战——引者注）世界上新起的那劳工问题，也是 Democracy 的表

---

① 李大钊：《〈国体与青年〉跋》，载《李大钊文集》（上），人民出版社1984年版，第604页。

现。因为Democracy的意义，就是人类生活上一切福利的机会均等。……应该要求一种Democracy的产业组织，使这些劳苦工作的人，也得一种均等机会去分配那生产结果。""因为Democracy的精神，不但在政治上要求普通选举，在经济上要求分配平均，在教育上、文学上也要求一个人人均等的机会，去应一般人知识的要求。"①

李大钊已经将"劳工问题""经济问题""大众文学问题"都挪借到Democracy概念中加以消解。毫无疑问，解决这些问题的密钥就是"平等"，平等是一个失衡社会稍有良知的知识分子最为朴素的关切。平等被纳入Democracy也是中国民主话语表达与实践的最重要的特色。这里，重要的不是民主与平等两个概念谁能被统裹，也不是两个概念能否并列使用，而是中国的表达者对Democracy这个"德先生"解决中国社会问题所抱的深切期待。

随着平等问题越来越成为中国那些与上层官僚结构失去联系的平民知识分子关切的对象，Democracy这个概念怎样被"重译"也越来越清晰和定型化。1921年在《由平民政治到工人政治》一文中，李大钊明确地将Democracy翻译为"平民主义"，有时也音译为"德谟克拉西"，并对此作了解释：Democracy是现时代社会各方面的一种进步趋势与潮流，而不仅指的是一种制度。他还把苏俄的"工人政治"（Ergatocracy，音译为"伊尔革图克拉西"）看作一种新的德谟克拉西。认为，现代德谟克拉西的意义是对物的管理，而不是对人的统治："真正的德谟克拉西，其目的在废除统治与屈服的关系，在打破擅用他人一如器物的制度。而社会主

---

① 《李大钊文集》（上），人民出版社1984年版，第632—633页。

的目的也是这样。""这样看来,德谟克拉西,伊尔革图克拉西,社会主义,共产主义,在精神上有同一的渊源。"①显然,李大钊是受到"平等"的召唤,把他体认的苏俄式统治类型与中国古典民主语词中所隐含的"人民价值"加以整合,来填充 Democracy 这个概念。他把这种填充的成果命名为"平民主义"。

如果借用保尔·德曼的表述方式,对此可以这样解释:"平民主义"的诞生是中国政治话语实践的一个重要事件,其"重要"不是说它与后来的"人民民主专政"意识形态有着千丝万缕的联系,而只是说,它是中国平民知识分子对 Democracy 的一次"再翻译"。也正因为平民主义这个译名使中国平民知识分子能够便捷地表达对社会各方面的欲求,所以"德谟克拉西"这样的直译也就逐渐为人少用并最终从中国的政治话语中退却了。②

既然要用"平民主义"来重新翻译 Democracy,那就有一个基本问题同样需要解决,"平民主义"的 Democracy 是一个哲学概念,还是一个社会概念,还是一个具体的经济或政治、艺术的概念?为此,李大钊于 1923 年专门写了《平民主义》的小册子。按照李的解释,平民主义更像是一个无所不包的袋子,只要是人间

---

① 《李大钊文集》(下),人民出版社 1984 年版,第 506—507 页。
② 按刘禾的解释,Democracy 最终由翻译取代直译,可能的原因是汉语书写系统的表意性,因为这种特性使汉语更适合于意译或借译,而不是根据音节的直译。[[美]爱德华·赛义德:《世界,文本,批评家》,第 226—227 页,转引自刘禾:《跨语际实践——文学,民族文化与被译介的现代性(中国,1990—1937)》,宋伟杰等译,生活·读书·新知三联书店 2002 年版,第 49 页]这种解释从语言学上有一定的说服力,但把它应用到具体的语境中其解释力是要打折扣的。我认为,舍掉 Democracy 的直译的直接原因应该是该词的音节太长,不符合中国人对名词的使用习惯。相反,短音节的直译我们保留下来并不少。譬如,"苏维埃""维他命""杜马"等。当然,长音节的直译保留下来的也有。譬如,"阿司匹林"等。

善美之物都在里边，甚至连他新近的"苏俄想象"也在其中。他的有些解释是清白无疑的，有些叙说则是含混的。平民主义大体上有这样几层语义：第一，平民主义是一种哲学思想或思潮。它首先所指的是一种气质，或者说它要求一个人在气质上像个平民主义者；它是一种精神的养成，一个知识分子，特别是生长在失衡社会中的中国知识分子更需要培育一种平民主义情怀；除了精神层面之外，平民主义也是对欲望、情感和动机的规束，它要求一个人须把平民主义看作可欲的人生标向；总括起来讲，平民主义就是一种特别的人生哲学，一种像谢勒（Shelley）和惠特曼（Whitman）那样的诗性人生，向着人间最善美的目标前行。遗憾的是，我们从中还是不知道平民主义在哲学上的确切意思。

第二，平民主义是一种最先进的政治类型。这种类型内含了完全废除统治与服从关系结构的人民纯粹自我管理的要求。这个制度大致是这样的：它是人民主权基础上的人民自我管理、自我治理；这里的"治理"是指对国家事务的管理而不是对人的统治。这个制度的新颖之处就在于：它消除了人与人之间的阶级鸿沟，传统的人与人之间的权力隶属关系也随之消解，代之而起的是一种新型的关系结构：无论官员还是普通公民，每个人都是国家事务平等的治理者。平民主义即是一种人人为治的制度。

第三，平民主义是个人与群体、个性与协调性完美统一的社会理想。而构建这种社会形态的主要材料是联邦主义。在李看来，个性的伸展并不意味着个人自以为是，而是使每个人的个性达致一种完美的状态：个性既得到解放，协调性也得到加强。个性与协调性在新的架构下达成了共谋：社会不压制个性，个性也不威胁社会的协调性。到目前为止，只有联邦主义能够做到这一点。所以,平民主义与联邦主义在价值与目标上是一致的,两者有着不可分的渊源。

第四,总括起来讲,平民主义就是政治、经济与社会上的新思潮、新制度、新目标:每个人(特别是智识阶级)应具有平民主义的精神与气质,折断贵族化的审美之剑,打磨平民主义之审美尺子,锻造出上腾九霄的诗性人生;铲除社会一切不平之物,打烂一切异化的政治机器,人人为治,自我管理;无论一个地域、一个民族、一个人都是个性的领地,而不受侵扰;人已超脱出统治与服属的羁绊,社会便是人自由的联合——这才是真正的平民主义。①

《平民主义》一书并没有为我们提供更多的东西,它主要是重述了1918年以来作者自己对Democracy所作的阐释。然而,这个文本的价值在于:它是作者对Democracy解说的定型化和系统化。它不但最终确定了"平民主义"这个译名,而且还对此作了富有诗意的全面述说,尽管有的表述模糊不清,但进一步厘定了中国民主话语的后来走向。

应指出的是,除了"平民主义"这个已确定的译名之外,还存有其他几种译法。几乎在同一个时期,陈独秀把Democracy译为"民主主义",并依据林肯的"by people"(由民)而不是"for people"(为民),来解释民主主义,强调Democracy一词中的人民主体性。他明确反对"民本主义"这样的译法,认为它容易与中国传统的民本思想相混淆。② 同年,陈独秀又发表了《实行民治的基础》一文。在该文中,根据美国哲学家约翰·杜威的民主思想,陈把

---

① 《李大钊文集》(下),人民出版社1984年版,第588—609页。
② 《独秀文存》,安徽人民出版社1987年版,第220页。

Democracy 又译为"民治主义",并对之作出了富有中国意味的解释。他认为,Democracy 包含了四层含义:分别是政治的民治主义;民权的民治主义;社会的民治主义;生计的民治主义。这四种含义中,前两项并不容易从逻辑上进行区分,后两项的界域也不甚清晰。他把 Democracy 独立分列为四项,更多的是为了强调民权与生计在中国的重要性。前两项的内容有:一个真正代表民意的代议机构,一部能够保障人民权利的宪法,受保护的权利包括言论、出版、信仰和居住的自由等。后两项是:消除阶级特权和贫富差悬,实现人格平等和社会平等。

陈用"民治主义"翻译 Democracy 的用意是想说明这一点:他通过诊脉已确知中国的问题所在,并确信自己找到了疗治病痛的剂药。他富有创造性地认为,民治主义是工具,而"社会生活向上"才是目的,并一再告诫,生怕他的读者忘了这一点。这里的"社会生活向上"是让人颇费解的一个表述。我们无法清楚知道它的所指。它是单纯的道德提升与物质进步?还是泛指一种符合德性又符合(西方)现代性的生活样态?文本只是区分了工具与目的,并没有论证为什么"民治"是工具而"社会生活向上"就是目的这个令人好奇的问题。

与政治的民治主义相比,他一方面更强调经济上的民治主义对"目的"的重要性,另一方面又详尽地叙说政治的民治主义元素:

> 我们政治的民治主义的解释:是由人民直接议定宪法,用宪法规定权限,用代表制照宪法的规定执行民意;换一句话说:就是打破治者与被治者的阶级,人民自身同时是治者又是被治者;老实说:就是消极的不要官治,积极的实行

自动的人民自治;必须到了这个地步,才算得真正民治。①

由上可以看出,陈独秀的"民治主义"与李大钊的"平民主义"除了译名的不同之外,其含义是同大异小的。有一点可以肯定,无论是用平民主义还是民治主义翻译 Democracy 这个概念,至少都蕴含了政治和经济这两个要素。陈独秀虽然很少像李那样在人生与艺术方面直接使用平民主义指称 Democracy,但他对待文学的革新与人生目标的重塑方面,无一不缠绕着平民主义的情怀。②

四

美国的政治学教授乔·萨托利(Giocanni Sartori)对 Democracy 一词中的"人民"含义曾给出六种解释:字面上的含义,人民是指每一个人;人民意味着一个不确定的大部分人,一个庞大的许多人;人民意味着较低的阶层;人民是一个不可分割的整体,一个有机整体;人民是绝大多数原则所指的大多数人;人民是有限多数原则所指的大多数人。③ 很显然,萨托利教授的这种解释并不完全符合他的"五四"时代的中国同行对"人民"这个概念的期待。毫无疑问,李大钊等人用"平民主义"译释 Democracy,遵守的并不是他们的前辈严复所倡导的"信达雅"规则,而是对 Democra-

---

① 《独秀文存》,安徽人民出版社 1987 年版,第 250—252 页。
② 参见《独秀文存》,安徽人民出版社 1987 年版,第 95—98 页。
③ See Giovanni Sartori, *The Theory of Democracy Revisited*, Chatham House Publishers, 1987, p. 22,中译本见〔美〕乔·萨托利:《民主新论》,冯克利、阎克文译,东方出版社 1993 年版,第 22 页。

cy 的意义在中国本土能够得以再生的一个祈愿。如果说"平民主义"是 Democracy 中国意义的再发现,那么"平民"就是被创造的新意义的唯一承载者,它是这个"平民主义"话语链上最重要的环扣。甚或也可这样说,"平民"的价值不是由 Democracy 决定的,相反,是因为"平民",所以 Democracy 才有意义。

"平民"这个语汇承载了"五四"知识分子几乎所有的希望:政治上,他们要建立一种平民政体,不但立法权由平民直接行使,而且行政与司法两权也由平民职掌;经济上,废除资本主义生产方式,建立平等的经济制度,使每个人都成为普通的劳动者;教育上,要实行平民教育,使广大的平民成为有知识有文化的人;社会上,通过社会主义的推行,要解决社会普遍存在的劳动、贫民以及妇女问题;文学上,弃绝雕琢的阿谀的贵族文学,建立平易的抒情的平民文学。平民文学的使命是使普通人成为文学叙事的主角,为社会的提升与进步规划方向。①

这里的"平民"与"身份"一词并无多少关涉。它不是由身份决定的,如罗马传统意义上那部分无贵族位阶身份的人,也主要不是指涉中国传统意义上对应"士大夫"概念的"庶民""庶人",它主要是就社会地位的一种判断。在不同的语境下,它所指涉的对象并不完全一致。譬如,政治上主要指向的是那些无权势的人,其反面则是强权的官僚;经济上言指的是那些寡财少产的穷人;若在社会意

---

① 以上材料参见罗家伦:《今日世界之新潮》,载《新潮》第 1 卷第 1 号,1919 年 2 月 9 日;一湖:《新时代之根本思想》,载《每周评论》第 8 号,1919 年 2 月 9 日;光舞:《平民主义和普及教育》,载《平民教育》第 12 号,1919 年 8 月 2 日;谭平山:《〈德谟克拉西〉之四面观》,载《新潮》第 1 卷 5 号,1919 年 5 月 1 日;参见陈独秀:《文学革命论》,载《独秀文存》,第 95 页;周作人:《平民文学》,载《每周评论》第 5 号,1919 年 1 月 19 日。

义上使用,指的就是那些地位相对低下的民众。青年毛泽东对 Democracy 所作的那个"平民主义"表达最为激昂和典型:

> 各种对抗强权的根本主义,为"平民主义"(兑莫克拉西。一作民本主义、民主主义、庶民主义)宗教上的强权,文学上的强权,政治上的强权,社会上的强权,教育上的强权,经济上的强权,思想上的强权,国际上的强权,丝毫没有存在的余地,都要借平民主义的高呼,将他们打倒。①

事实上,"五四"时代的中国知识分子无论是把 Democracy 译为平民主义还是庶民主义,"平民"与"庶民"语词主要被运用于"下层民众"这层意义上,指涉的主要是劳工与农民。下层民众是平民主义的主语。但在具体语境下,每个人指称的对象是有区别的。蔡元培言说的"平民"更多的是"劳工"形象,并喊出"劳工神圣"的口号②;李大钊习惯从整体性上把握"平民"这个用语,有时他也专指"农民",认为农民是美德的化身,是智识阶级临摹的对象:

> 我们青年应该到农村去,拿出当年俄罗斯青年在俄罗斯农村宣传运动的精神,来作些开发农村的事,是万不容缓的。我们中国是一个农国,大多数的劳工阶级就是那些农民。……

---

① 毛泽东:《湘江评论创刊宣言》,载《湘江评论》第 1 期,1919 年 1 月 4 日。又见《毛泽东早期文稿》,湖南人民出版社 1990 年版,第 293 页。

② 1918 年 11 月 16 日,时任北京大学校长的蔡元培在庆祝协约国胜利大会致辞中说:"此后的世界,全是劳工的世界呵!我说的劳工,不但是金工、木工等等,凡用自己的劳力作成有益他人的事业,不管他用的是体力,是脑力,都是劳工……我们要自己认识劳工的价值。劳工神圣!"[蔡元培:《劳工神圣》,载《蔡元培全集》(第 3 卷),中华书局 1981 年版,第 219 页]

在都市里漂泊的青年朋友啊！你们要晓得：都市上有许多罪恶，乡村里有许多幸福；都市的生活黑暗一方面多，乡村的生活光明一方面多；都市上的生活几乎是鬼生活，乡村中的活动全是人的活动；都市的空气污浊，乡村的空气清洁。

青年们呵，速向农村去吧！日出而作，日入而息，耕田而食，凿井而饮。那些终年在田里工作的父老妇孺，都是你们的同心伴侣，那炊烟锄影，鸡犬相闻的境界，才是你们安身立命的地方呵！①

虽然，像蔡元培这样的知识分子在使用"劳工"一词时也把知识分子（"脑力劳工"）包括在内，但这仅仅是为了语言逻辑上的周延，"脑力劳工"并不是言者希望的主语。恰恰相反，正是在"劳工"即美德的映照下，中国智识阶级才有了自惭形秽的觉悟。值得注意的是，中国知识分子在表达"劳工"概念时，又特别关注"人力车夫"这个要素。"人力车夫"是他们用以观审和表达劳工阶级品质的一个最重要的工具，也是中国知识分子审视自我与批判社会的显微镜和放大镜。它是"劳工"概念的主要所指，是中国知识分子共同言说和想象的主语。问题是，为什么中国知识分子把"人力车夫"作为观审"劳工"概念的聚焦点？在解释这个问题之前先看看他们是如何表达"人力车夫"的。

陈独秀曾对"人力车夫"有过这样的修辞：

"肚子饿极了，我们两天没得吃了。想问对门借点米熬粥喝，怎奈他们的口粮还没领下来，也在那里愁眉叹气。"

"好冷呀！老天为什么要下雪？这风雪从窗户吹进来还

---

① 《李大钊文集》（上），人民出版社1984年版，第651页。

不打紧,只是从屋顶漏湿了一家人这条破被,怎么好!"

"我的可怜的丈夫,他拉车累的吐血死了,如今我的儿子又在这大风雪中拉车,可怜我那十二岁的孩子,拉一步喘一口气!"①

此文的标题为《贫民的哭声》。从这"哭声"中,我们听到的不只是一个知识分子对下层民众的同情与怜悯,也听到了"平民主义"的 Democracy 那颗不安而急促的心。引号的使用表明了文本的作者与叙事者的分离,并通过引号的指引作用,使读者身临其境,与"我"一起倾听和泣诉苦难。"车夫"的苦难虽需要拯救,但这苦难也缔造了"车夫"的美德。

鲁迅那篇脍炙人口的《一件小事》就是对"人力车夫"意义与美德的一次发现。众所周知,文中有三个人物:穿皮袍的"我"、车夫和假装被撞倒的"老女人"。文本的基本策略是将"我"与"车夫"相比照,让"我"在"车夫"高大形象中自觉地显露渺小。而这种自觉的差别意识的形成又进一步唤起了"我"的羞愧之心,让这个穿"皮袍"的"我"在"车夫"面前自惭形秽,进而使"我"欣喜,犹如新人,因为"车夫"影照出了一个正确的人生标向,而"我"也确信自己有了向这个方向迈走的信心。②

---

① 《独秀文存》,安徽人民出版社 1987 年版,第 409 页。
② 在这篇短文里,"皮袍"这个物件的符号意义极为明显,它造成了文本的强烈对比效果,极具修辞意义。而文本中的那个假装被撞倒的"老女人"则是一个不太好理解的角色。因为她的身份与"车夫"一样,同属天生具有美德的劳动阶级。为什么作者非要把她书写为道德并不高尚的人呢? 我认为,要理解这个角色,关键在于那个"老"字。这里,年龄与身份是分离的。在"五四"新文化的语境里,"老年"代表的是过去、传统与历史,而"青年"代表的是现在、未来与希望。也就是说,年龄的象征意义要大于身份意义,这也符合"五四"时代的进化主义的话语体系。

与鲁迅相比,老舍对"人力车夫"的想象与认知要复杂得多。但也正因为《骆驼祥子》,我们可以得到求解中国知识分子为什么要把劳工概念对象化为一个"人力车夫"形象的线索。

　　"人力车"又称"洋车"。这两个词的区别在于:前者在表述其对象时,假定了一种中立性,而后者那个"洋"字却带有情感评价,也可以说是诠释时的剩余价值,它公开宣布了一个中国言说者对于贴上此类标签的舶来品所表明的从敌意到钦慕的主体姿态。

　　　　洋车是舶来品,与现代的都市文化、半殖民主义、帝国主义一同被带入中国。当祥子梦想通过占有一辆洋车来掌握自身的命运时,作为奴役和剥削的舶来之象征的洋车,便与祥子赋予它的地方的/农民的象征主义相冲突。

　　　　这一冲突摧毁了祥子试图超越自己身处的贫困、不安全、无家可归、依赖性等等不利环境而付出的所有努力,而他的结局要比开始的时候更为悲惨。小说戏剧性的展开,以祥子把奴役的象征完全误认为自由的许诺为转移。资本主义,同一切有效的意识形态一样,恰恰依赖于这一类误认,即让他/她的个体错误地以为能够成为一个自由的主体,能够选择自己的从属(bondage)形式。①

　　这是我所看到的对祥子/人力车最有见识的一种读解。这也可以解释为什么中国的言者要用"人力车夫"表达劳工概念的原因。《骆驼祥子》无疑是一个杰出的文本,它既解释了人力车所造就的苦难,也揭橥了造就这种苦难的原因。而有些中国知识分子

---

① 刘禾:《跨语际实践——文学,民族文化与被译介的现代性(中国,1990—1937)》,宋伟杰等译,生活·读书·新知三联书店2002年版,第164—165页。

最终发现"无产阶级"的 Democracy 或"人民民主专政",并从负面的意义上体认"资产阶级"Democracy 并进行批判,可能都是对这种原因进一步追寻的结果。

当然,从平民主义的 Democracy 过渡到"人民民主专政",在思想逻辑上还有许多环节。譬如,还依赖于中国的智识阶级对从人力车夫到一般农民的美德的进一步发现,以及在这种美德映照下智识阶级的自我审视、自我贬损等。

在美德的发掘上,鲁迅的《一件小事》还只是隐说,而其他人则公开倡导智识阶级应该以下层民众为师。1919 年在《平民教育》上发表了一篇署名"德"的文章。这位"德先生"把自己所在的智识阶级与一般民众作了这样的观照:

> 念书人是什么东西,还不是"四体不勤,五谷不分",无用而不安生的社会的蠹民吗?……所以我们此后应当觉悟,教育是应当给一般有用的人民——平民——受的……。我们这些人,好称是受了高等教育的人了,但是请问回到家里扛得起锄,拿得起斧子,凿子,擎得起算盘的可有几个?
>
> 再翻回头来,看看那些大睁着眼不识字底可怜底平民,却实实在在我们的衣食生命都在他们掌握之中。他们才是真正的中国人真正的社会的分子。①

在这里,"德先生"还是笼统地使用"平民"一词,虽然他的"平民"指涉的主要是劳工和农民,但还没有像他后来的朋友们那样能够清晰地运用"工农"概念。我们再看一看陈独秀对码头工人的演讲。在这个演讲中,陈使用了"做工的人""劳动者"等概

---

① 德:《教育的错误》,载《平民教育》第 9 期,1919 年 12 月 6 日。

念来表达他的问题：

> 世界上是些什么人最有用最贵重呢？……我以为只有做工的人最有用最贵重。
>
> 这是因为什么呢？
>
> 我们吃的粮食，是那种田的人做的，不是皇帝总统做官的读书的人做的；我们穿的衣服，是裁缝做的，不是皇帝总统做官的读书的人做的；我们住的房屋，是木匠瓦匠小工做的，不是皇帝总统做官的读书的人做的……可见社会上各项人，只有做工的是台柱子……
>
> 中国古人说："劳心者治人，劳力者治于人。"现在我们要将这句话倒转过来说："劳力者治人，劳心者治于人。"①

陈的这段话除了恭维他的听众之外，还告诉了我们一个令人惊奇的故事："通常是鞋匠革命，为的是好当大老爷；但在我们这里，却是大老爷想要充当鞋匠。"②陈并不是真的要做"鞋匠"，他要做的是鞋匠们的操纵者、启蒙者，并通过这种操纵而为他们代言。

正如论者所言，这话似乎是在恭维劳动阶级，但由于作品的叙述者是从一个特定的角度说出的——他透过火车车窗向田野远远望去——就像陈独秀在特定的场合恭维码头工人一样——因此这番颂扬就像是知识分子开出的空头支票一样随风而去，他们想与劳动阶级亲近的欲望仅仅停留在"劳心者治于人"的口号

---

① 参见《独秀文存》，安徽人民出版社1987年版，第300—301页。
② 〔法〕亨利·特罗亚：《神秘沙皇——亚历山大一世》，迎晖等译，世界知识出版社1984年版，第327页。

以及"作牛作马"的类比之上。①

在他们师长的感召之下,青年学生开始践行 Democracy 的平民主义意义。平民教育演讲团、工读互助团等组织在北京大学相继建立起来了。然而,具有反讽意味的是,他们歌颂的平民大众并不真正理解他们,而且对这帮"老爷"为什么想当"鞋匠"也始终抱着清醒的疑惑。②

问题是,这些平民大众的"鞋匠"为什么如此地吸引这些有智识的"老爷"?为什么这些"老爷"有着如此强烈的道德自卑感?对此,我想依照俄国思想家的方法尝试性地作出解释。

高尔基在谈到 19 世纪俄国"平民知识分子的民主文学"时敏锐地点破了这个问题的枢纽:

> 这派作家都有一种无力感,都感觉到自身力量的渺小……

---

① 刘禾:《跨语际实践——文学,民族文化与被译介的现代性(中国,1900—1937)》,宋伟杰等译,生活·读书·新知三联书店 2002 年版,第 209 页。

② 对听这类演讲的场景的下列描述能说明这个问题:"今天是星期天,长辛店方面,工场的工人休息,都往北京游逛去了;市面上的善男信女都到福音堂作礼拜去了,剩下可以听讲的就可想而知。……虽然扯着旗帜,开着留声机,加劲的演讲起来,也不过招到了几个小孩子和几个妇人罢了。讲不到两个人,他们觉没有趣味,也就渐渐引去。这样一来,我们就不能不'偃旗息鼓''宣告闭幕'啦。……到赵辛店,一点多钟,到不了五、六人,还是小孩,……土墙的底边,露出了几个半身妇人,脸上堆着雪白的粉,两腮和嘴唇又涂着鲜红的胭脂,穿上红绿的古色衣服,把鲜红的嘴张开着,仿佛很惊讶似的,都总不敢前来。"[张允侯等编:《五四时期的社团》(二),生活·读书·新知三联书店 1979 年版,第 167—168 页]这个段落很能说明问题,言者用"堆着雪白的粉""鲜红的胭脂"来表达听众的脸部特征,这极具审美意义,而其意义早已被作者优越的前提决定。这儿要紧的不是对这些被他们颂扬和恭维的大众应不应该这样描写,而是这种描写与他们的颂扬形成的比照,以及描写本身所包含的权力,因为只有智识阶级才有权决定审美。"把鲜红的嘴张开着"一语更让人惊讶,这真实地反映了智识阶级对大众难以克服的轻蔑。

这种对自己的社会脆弱性的感觉激发了俄国作家注意到人民，激发他们必须唤起人民的潜在力量，并且把这力量化为夺取政权的积极的思想武器。也正是这种无力感，使得绝大多数俄国作家成为激烈的政治煽动者，他们千方百计阿谀人民，时而讨好农民，时而奉承工人。①

对中国的知识分子而言，他们的这种"无力感"还来自其自身的平民身份。中国的这些知识分子大都是因为知识改变了工农身份的人。他们虽有下层生活的记忆，但他们与现存的官僚权力结构却没有直接关系，是属于被排斥在现存权力结构之外的人。因而，他们无法利用现存的权力关系去达到改造社会的目标，而他们唯一可以依赖的对象就是一般民众。他们歌颂和奉承大众，但他们未必真正地欣赏大众。

在中国，这种道德上的自卑感也得之于传统的支持。这个传统就是士子们因官场失意而由自恋、自赏走向自轻、自贱的文人传统。郑板桥的家书为我们提供了这方面的写照：

> 我想天地间第一等人，只有农夫，而士为四民之末。农夫上者种地百亩，其次七八十亩，其次五六十亩，皆苦其身，勤其力，耕种收获，以养天下之人。使天下无农夫，举世皆饿死矣。我辈读书人……一捧书，便想中举、中进士、做官，如何攫取金钱，造大房子，置多田产。（《范县署中寄舍弟墨第四书》）

为什么在平民主义的语境里只有下层民众是意义与美德的化

---

① 〔俄〕高尔基：《俄国文学史》，缪灵珠译，上海文艺出版社1962年版，第7页。

身,而知识分子的生活代表的却是腐朽、堕落和病态?当然,民众的意义与美德需要那些病态的知识分子去发现和言说,这是须稍加注意的。问题是,他们怎样证明只有种地与做工才是最有意义、最符合美德的行为,而知识分子的书写、传授与研究就是低下的、病态的?

我认为,这里是劳动概念,而不是身份概念起关键作用。正如上述,平民主义语境下的"劳动"一词一般不包括知识者和管理者的行为,更多时候是特指"做工"与"耕种",所以用"劳作"一词更为恰切。"劳作"会让人产生诗性的联想:诸如"大地""麦田""收获"等。正如车尔尼雪夫斯基所论证的那样:

> 在农民,"生活"这个概念同时总是包括劳动的概念在内;生活而不劳动是不可能的,而且也叫人心烦的。辛勤劳动,却不致令人精疲力竭那样一种富足生活的结果,使青年农民和农家少女都有非常鲜嫩红润的面色——这照普通人民的理解,就是美的第一个条件。上流社会的美人就不同了,她们的祖先都是不靠双手劳动而生活过来的,由于无所事事的生活,血液很少流到四肢去,手足的筋肉一代弱似一代,骨骼也愈来愈少;而其必然的结果是纤细的手足——社会的上层阶级觉得惟一值得过的生活,即没有体力劳动的生活的标志。①

那些平民知识分子挖掘出农民在满足"吃食"这种人类最基本价值方面的意义,并不是一件太困难的事情:从"鲜嫩红润的面色"、粗壮的"骨骼"这些象征着农人"劳作行为"符号中较容易发现诗意;劳作的特征,譬如,"弯腰""流汗""号子""嬉笑",劳作的

---

① 转引自叶平:《纯情的手势》,作家出版社 2005 年版,第 8 页。

程式(日出而作,日落而息),劳作的环境(土地、自然的色彩)都会成为发现美与美德的最重要素材。若再把这些特征进一步延伸和哲学化,那么,形成诸如"纯朴""诚实""正直"等表达德行的概念也就不难了,而对每一株禾苗的"专注投入",是诸多优良品质中最难得的——这也是当今著名的商贾大亨比尔·盖茨泄露出的成功秘诀①;按节气定期地施肥、浇水、除草以及收获、储藏庄稼,也容易使人联想到"规律"和"知识"这些概念,所以"拜农民为师"的吁说也就变得好理解。

另一方面,富有诗意的生活方式并不能改变这样一个基本事实:他们的劳作与他们的所得并不成比例。对于一个对"饥饿"有着刻骨铭心体验的农家出身的知识分子来讲,由这幅带有残酷色彩的人间图画所激发出的正义之感、不平之心是容易理解的。何况,他们那双用来打量世界的智慧之目也更容易发现:当耕作者的收获之物并不能使他们免于"饥饿"时,那些不耕种的人却正在享受着大鱼大肉。人间的尊卑贵贱,世事的怪诞不平,很容易使这些知识分子把问题的解决方案判定在"平等"的身上。这也可以解释为什么平民主义的 Democracy 最推尚平等价值。

只要把"平等"作为译释 Democracy 的关键词,那么就会促使这类知识分子最终把目光投向社会制度,衍生出"阶级"的概念就是非常自然的,而且也就使得 Democracy 概念有了新的"阶级"质素。当"阶级"定型化成为表达社会问题的"最终概念"时,平民主义的"德先生"临终前也就衍生出了两宗:一支姓"资",另一支姓"无"。

---

① 他说:"如果一个人每天自觉地用一个小时去思考同一个问题,那么五年后他将会在这一方面取得成就。"(转引自叶平:《纯情的手势》,作家出版社 2005 年版,第 14 页)

后者是正宗。只是早时的"无"姓，还不叫"无产阶级民主"或"社会主义民主"（人民民主专政），而是叫"无产阶级狄克推多"（"狄克推多"系"独裁者"之音译）。早在1920年，陈独秀凭借阶级概念就能发现资产阶级掺了假的"德谟克拉西"并对那些"瞎了眼"的中国德谟克拉西主义者进行了严厉批评：

> 他们只有眼睛看见劳动阶级底特权不合乎德谟克拉西，他们却没眼睛看见戴着德谟克拉西假面的资产阶级底特权是怎样。他们天天跪在资产阶级特权专政脚下歌功颂德，一听说劳动阶级专政，马上就抬出德谟克拉西来抵制，德谟克拉西到（到"字原文如此——引者注）成了资产阶级底护身符了。我敢说：若不经过阶级战争，若不经过劳动阶级占领权力阶级地位底时代，德谟克拉西必然永远是资产阶级底专有物，也就是资产阶级永远把持政权抵制劳动阶级底利器。①

传教士的西方背景最终证明了他们在中国的Democracy事业的失败。而从"庶民""平民""劳工""农民"到"劳动阶级""无产阶级"，从"平民主义"到"无产阶级狄克推多"，中国自己的民主话语最终定格在中国式的完成时态。在本文行将结束之际，让我们重温一下李大钊在1918年向中国知识分子发出的呼请："我们要想在世界上当一个庶民，应该在世界上当一个工人。诸位呀！快去做工啊！"②这句话是李大钊在庆祝协约国胜利大会的讲演中说的。我相信李说的这话不全是在恭维劳动阶级。这个讲演的

---

① 《独秀文存》，安徽人民出版社1987年版，第370页。
② 《李大钊文集》（上），人民出版社1984年版，第596页。

题目叫《庶民的胜利》。也就是说,他或许真的相信,协约国在第一次世界大战的胜利就是民主主义的胜利,庶民的胜利。而且他也相信庶民照样也会在中国取得胜利。

打这以后,"庶民""平民"这些概念就极具象征意义地成了重构中国"民主—德谟克拉西"(Democracy)这一语境的有用工具。《庶民的胜利》标题本身就是一个标志,象征着一个"庶民时代"的开始,一个"庶民"重新被发现的历史的到来。而"庶民的胜利"也就成了中国的民主概念自身的标识。

而我的问题是:"庶民能说话吗?"①

---

① "庶民能说话吗"是斯皮瓦克的一句名言,请参阅 G. C. Spivak, "Can the Subaltern Speak?", in C. Nelson & L. Grossberg (eds.), *Marxism and the Interpretation of Culture*, University of Illinois Press, 1988, 转引自刘禾:《跨语际实践——文学,民族文化与被译介的现代性(中国,1990—1937)》,宋伟杰等译,生活·读书·新知三联书店 2002 年版,第 221 页。

民权词义考论

王人博

新年第一期,我们向读者推荐一篇值得细读,值得品味的大作。何大之有?其一,命题之大。"民权"何也?诚如作者所言,乃中国宪制文化之核心内容。无民权则无宪政,行宪政必民权,此乃中国有识有志之士述论百年有余而未解之题,亦是国体政治之实质问题。其二,蕴含之大。民权虽为政治问题,但却是历史文化的生成,所以它反映的是特定历史文化的特质,无论是中国式的民族诉求还是西方式的宪政诉求,都必然受历史文化的制约。因此,民权问题实际有极为深刻广阔的历史文化内涵,涵盖了许多社会政治、文化、道德问题。其三,眼界之大。谈民权不能不谈民本,亦不能不谈民主。但同为近代性话语,它们彼此之间的关联如何?是自生还是他生?是主动创造还是被动回应?上下几千年,纵横东西方,作者一一涉猎,无开阔大眼界,绝难把握。其四,文魄之大。开篇破题、立论和批判,不数言已将述论推向颇高的境界。继之又以物境、联想和记忆将古今中外的同一或非同一话语连接诠释,贤人智者招之即来,呼之听用,颇有作宇宙文章之势。其五,功夫之大。文章读来,每件探微钩沉,旁征博引,逻辑严谨,思考缜密。细细品之,知其决非一日之功所能成就。撮列以上五点,权作本刊推荐之语。(本段内容为本文原刊发期刊的"编者提按"。——编者注)

一

有缺陷的方法论

民权概念是中国宪制文化中的核心元素,这是无大疑义的。本文要提出的问题是:近代以来,中国的知识分子是如何认识和运用民权概念的?民权的话语所表达的是一种中国式的民族意义诉求,还是西方式的宪政诉求?怎样诠释民权概念的中国语境(context)?

民权与其他近代性话语和实践一样,大都由西方及其文化衍生、激发。但这并不是说,中国的近代性完全是西方性的。问题是,中国的知识者在遭遇西方物质和精神的过程中是被动地模仿了西方的"民主"还是积极地、创造性地运用了民权这一独特的概念?中国学界对此的认识和解释,主要受西方两种方法论的影响:一是美国的费正清学派;二是"中国中心观"。以费正清为代表的哈佛学派根据"挑战—回应"的理论范式,认为中国的近代化就是在西方挑战下的一个被动的"受刺"过程,即是说,中国人在西方强大的压力之下,只能逆来顺受,被动回应。与此相应,中国诸多的近代性话语和实践也就成了一个模仿西方的结果。在这种语境下,民权话语的使用以及运用方式的差异,当然地成了判定是学习西方还是固守传统,是进步还是守旧的尺度。这也是我们当下学术主流话语在评断中国近代性时所秉承的标尺:主张西方式民主的为进步派,反对的为顽固派。西方对中国的近代性肯定是有意义的,无论是正面的,还是负面的,但西方之于中国近代性的意义不能被无限地夸大。事实上,晚清时代的中国,既有西方带来的"外患",也有穷途末路下的中国封建社会自身的"内忧",在这双重压力之下,中国人既有应对,也有自己主动性的思考和选择。即是说,"挑战—回应"的范式无法接纳中国的"主体性"这一根本性的要素。对近代的中国而言,"主体性"一词包含了太多太复杂的意义。虽然,在近代的世界格局之中,中国的角色不断地被边缘化,但沮丧之余中国仍有自己的智慧、谋略,既有学习也有创造,民权话语的创设和运用便是一例。

与哈佛学派的理论范式相反,"中国中心观"的兴起则代表了西方另一种学术趋向。美国学者柯文《在中国发现历史——中国中心观在美国的兴起》一书则是代表。该书引发了这样一种观点:中国的近代性并不是西方刺激的结果,而主要是由中国社会内部自我生发出来的。① 随着日本学者沟口雄三的《中国前近代思想的演变》在中国的翻译出版,作为反抗"挑战—回应"的"西方中心主义"范式的"中国中心观"在中国学界受到了热烈欢

---

① 参见〔美〕柯文:《在中国发现历史——中国中心观在美国的兴起》,林同奇译,商务印书馆1989年版。

迎,这是易于理解的。① 沟口先生为了反抗"近代"一词作为西方"优越地位的指标",对中国的"民权思想"作了"中国中心主义"的分析。② 在该文中,沟口先生虽然从中国出发分析了中国"民权"的特色,但他回避了一些重要问题:民权概念在中国是如何形成的?是在遭遇西方之前还是之后?怎样来界定中国的民权概念?它与西方的民主主义话语之间有无关联?是怎样的一种关联方式?

这些问题的被消解恰是"中国中心观"的缺陷之所在。民权作为一个近代性的概念在中国的传统文化"基体"中是不存在的,中国传统的"民权资源"在近代性的民权概念之下可以得到解释,而不是相反。在对待中国的民权问题时,应有这样一个基本前提:什么是诠释意义上的民权,什么是概念性的民权。对此,"中国中心观"的分析框架首先是混淆的。

无论是"西方中心主义"的"挑战—回应"范式还是"中国中心观"都不是观察和分析中国问题的确当的方法和路径,在研究民权问题时尤其如此。我以为,一种比较妥帖的方法应该是在充分吸取上述两种理论的合理元素之基础上,充分注意近代这个特定的"场域"。本文不是把"近代"作为带有强烈西方色彩的一个"进步性"概念,而是作为一个中性的时空概念,并通过民权话语的复述来解读中西在这个时空中所构成的复杂关系。前一种理论范式的可借鉴之处在于它凸显了一个成功了的"西方"对一个

---

① 参见〔日〕沟口雄三:《中国前近代思想的演变》,索介然、龚颖译,中华书局1997年版。
② 〔日〕沟口雄三:《中国民权思想的特色》,孙歌译校,载夏勇编:《公法》(第1卷),法律出版社1999年版。

接连遭遇失败和挫折的中国提供了一种复杂的"诱惑力";后一种理论范型则认识到了中国由这种"诱惑"而产生的某种"联想"和唤起的某种记忆。由此出发,我想用"物境(circumstances)、联想、记忆"这三个元素作为分析民权问题的工具或路径。

方法:物境、联想和记忆

"物境"一词是用来说明中国的民权概念、民权话语建构所因应的问题的。民权话语在近代中国的形成、流行,并不是把民权作为解决国家权力的来源、归属和分配问题的一种制度性架构来看待的,而是首先把它设想为一种能解决中国国家和社会衰败、滞弱的器具。即是说,民权概念、话语在近代中国这个特定的时空中形成并不表明中国传统国家、社会已进化至接纳民权体制这样一种文明程度;恰恰相反,是因为中国在西方面前的"退步"、落后需要民权的"疗效"。民权是中国遭受一系列挫折的产物,而不是进化的结果。这里所说的"挫折'有两层意思:一是指中国人在与西方对照中发现自己的"落伍"而产生的挫败感;二是指中国传统国家、社会自身显露出的深刻危机。

"联想"一词可以确当地描述西方压力下的中国反应方式。在物质和军事上遭遇西方之后,中国就彻底地改变了对世界的传统认知模式。从传统的"朝贡制度"到"条约制度",中国不仅丧失了"中央大国"的政治权力,而且也失去了文化上的"话语霸权",传统话语的优越感只能退缩到儒家派别的内部。条约制度带来的耻辱感促使中国人不得不真正正视西方。中国的儒者可以蔑视西方的道德,但不能不认真地看待西方的强力。从魏源的"师夷长技以制夷"到张之洞的"中学为体,西学为用",中国的儒者在西方的文明的冲击下产生了一种诱人的"联想":"以夷为师"。这反映了身处弱势文明之下的儒者面对西方的强势,必然形成的复杂心理。英人哈耶克氏对这种"联想"有过很好的解释。他认为,使西方世界得以完全充分地利用了的那些能够导致文明发展的东西,并不必然地成为非西方世界发展的动力。接受过西方训练和教育的非西方知识分子往往会自觉地承担起向其人民传播思想和知识的使命,然而这些知识分子在接受西方训练和教育的过程中,所习得的并不是西方早先建构文明的方式,而主要是那些由西方的成功所引发的各种替代性方案的梦想。① 中国近代的早期儒者虽然没有接受过西方训练,也没有受过西方的正式教育,但西方在中国成功的"事实"是最好的老师,而老师可以在学生的身上产生某种诱人的联想。当年轻的士子梁启超大声疾呼"问泰西各国何以强?曰:议院哉!议院哉!"之时,从现时态的西方身上可以联想到将来时态的中国。作为议院核心元素的民权不管它在西方文明体中的"建构过程和方式",它的存在状态就可激发中国人对"富强"的一种想象力,可以成为一种"替代性的方案"。正是这种由西方而产生的想象力,催动了中国有关民权概念的创造和使用,促使民权话语在知识界流行。

联想既是对对方的一种省视,也是对自己的一种观照。对民权—富强的想象明显地关联着中国国家和人民在国际中的卑贱地位,关联着中国人的沮丧情绪。近代为中国带来的精神创伤最终须靠民族的强盛治愈。而在当下,若要使联想减低因此可能产

---

① 参见 Fridrich A. Von Hayek, *The Constitution of Liberty*, University of Chicago Press, 1960, p. 3。中译本见〔英〕弗里德利希·冯·哈耶克:《自由秩序原理》(上),邓正来译,生活·读书·新知三联书店1997年版,第3页。

生的自卑感,就需从自我的关照中找到自信心和自尊心的某个支点。联想能够唤起某种民族的记忆。中国在西方面前的挫败感可以从自己的民族记忆中得到慰藉。民族记忆就像一个人的成长经验,它可在人生的挫折中发挥唤起自尊和自信的作用。有着某种民族记忆的支撑,联想就可转化为一种创造力。可以说,民权概念被近代中国的知识者创造出来时,中国的"民"已是四分五裂,他们散布于中国的各个阶层和社会各个角落,各自在忍受着既相似又不同的痛苦。"民权"一词便是一声吆喝、一种召唤,希望通过某种方式能够把社会各个角落里的人们召集起来,为中国的强盛而应征"入伍"。"民权"也意味着对复兴"重民"传统的呼唤,或者说民权概念本身就是为了唤起"民本"的民族记忆。"所谓'民族记忆',像其他文化产品一样,似乎不存在先验的神性。与其说是一种文化心理的积淀,不如说是特定历史条件的产物。"①民权概念的推行需要重构历史上的"民本",这样既可以向西方表明民权的西方话语在中国照样有着渊源,在这方面中国毫不逊色;另一方面,民权也可以消解"民"在实际上早已存在的社会鸿沟和隔膜,意味着民的代言人欲与民众打成一片。因此,民权概念本身是"唤起民众"的最雄辩的修辞,而诉诸《尚书》和《孟子》等伟大经典的"民本"的"宏伟叙述"(master narrative),是唤醒民族记忆并使之升华的最佳再现方式。

近代中国的物境使中国的知识者对西方因民权而强盛的成功经验产生了丰富的联想(不管西方的强盛是否真的由民主所

---

① 陈建华:《"革命"的现代性——中国革命话语考论》,上海古籍出版社2000年版,第38页。

致),民权便成了解决中国问题的可替代性方案。为了医治由联想可能出现的自卑感和挫败感,中国的知识者便从民族的"民本"记忆中找到了灵丹妙药。民族的民本记忆无疑是缓解由西方民主的诱人联想可能产生的疼痛的一剂解药。

二

来源:中国与西方、明治日本

康有为说:"仆在中国实首创言公理,首创言民权者,然民权则志在必行,公理则今日万不能尽行也。"①康把自己看作近代中国倡导民权的第一人,这符合他的性格。对此,曾作为康有为的门人的梁启超在他的《南海康先生传》一文中也有类似说法。尽管如此,这也很难证明康梁师徒的说法就是真实的。康梁的这种叙事方式,并不能排除他们是借助了当下流行的民权概念对事件进行叙事的可能性。梁启超在追述他主笔的《清议报》时,就认为提倡民权是该报的唯一宗旨,尽管事实上《清议报》并非如此。这里的"民权"更多的是在诠释意义上使用的,或者说,在这里梁启超主要是把"民权"作为表达该报主旨的一种修辞方法。由此,我们可作这样一种判断:梁在追忆有关事件时,民权话语已流行于知识界,而这种流行可能与该报有关,也可能无关;康梁师徒可能是民权的鼓吹者,但康有为未必是使用民权概念的第一人。

---

① 汤志钧编:《康有为政论集》(上册),中华书局1981年版,第476页。

有学者考证,"民权"一词既不见于中国典籍,也不是康有为的发明,而是西文 democracy(民主)的日本译法。日人之所以把 democracy 译作"民权",是因为"民权"一词更能凸显"人民权力"之义。① 这个说法似乎并不能成立。日本学者沟口先生在《中国民权思想的特色》一文的开篇即分别了民权概念在中日间的重大差异:

> 两者之间横亘着难以逾越的两国传统之差异,即一方是根植于中国易姓革命思想传统;另一方则是根植于日本万世一系的天皇观这一历史事实。这种不同,成为导致两者的政府与国民观、君民观相异之母体。
>
> 换言之,日本明治时期的民权不包含对天皇(国体)的反乱权。反之,中国清末时期的民权则含有对皇帝(王朝体制)的反乱权。这种差异,乃是两国不同的历史基体所导致。②

上述言论虽不能证明汉语中的民权语词与日文"民权"的渊源关系,但至少已侧面告示了"民权"是西文 democracy 的日译的说法存在问题,因为既然日本的民权概念包含了对天皇权的敬畏之意,又怎么能说"民权"一词比"民主"更能凸显"人民权力"呢?

据日本学者实藤惠秀考证,democracy 在近代日语中被译作

---

① 韦杰廷和陈先初两位学者便是以此为据而展开对孙中山民权主义的研究的。参见韦杰廷、陈先初:《孙中山民权主义探微》,广西师范大学出版社 1995 年版,第 24 页。

② 〔日〕沟口雄三:《中国民权思想的特色》,孙歌译校,载夏勇编:《公法》(第 1 卷),法律出版社 1999 年版,第 3 页。

"民主"。而《日本国语大辞典》和《日本语大辞典》也把"民权"和"民主"分列两词进行解释:民权是指人民参政的权利(suffrage);人民的人身和财产的权利(civil rights)。"民主"是指人民的主宰者地位和人民主权。这就证实了"民权"是 democracy 的日文译法的说法不确。

事实上,对民权语词的来源问题,中国早期的学者早有述及,只是并未引起中国当代学术界的注意而已。据何启、胡礼垣的考释,民权的中文词汇很可能是由日文的"自由"(liberty)经中国的知识者转译而来:

> "里勃而特"译为自由者,自日本始。虽未能尽西语之意,然以二字包括之,亦可谓能举其大由。自由二字而译为民权者,此必中国学士大夫,读日本所译书者为之,其以民权二字译"里勃而特"一语,吾无间然,独惜译之者于中外之理未能参究其同,阅之者或至误猜其意。(何启、胡礼垣:《劝学篇书后·正权篇辨》)

何启和胡礼垣的说法或许有一定的根由,但上述日本两部辞书仍是把"自由"和"民权"作为两个词来分述的。而在中文文献中它们也是被分成两个词,如,严复的《原富》按语中即同时出现有"自由""民权"二词。日文的"自由"一词含义颇繁,作为西文的译语则有二:一是 freedom,二是 liberty。前者主要指精神的自由,后者主要指政治的自由。法学意义上的"自由"指的是法律上的权利。从这个意义上讲,"民权"也可理解为法律意义上的"自由"。中国的知识者或许正是在日文的"法律自由"的意义上使用民权一词的。①

词性的变异

严复虽然在其著作中把民权和自由分为两词来使用,但民权的"自由"之核始终为严复所强调。他认为,民主就是"民有权而自为君者"②。并进一步解释说,"夫制之所以仁者,必其民自为之。使其民而不自为,徒坐待他人之仁我,不心蕲之而不可得也。就令得之,顾其君则诚仁矣,而制犹未仁也……在我者,自由之民也;在彼者,所胜之民也。必在我,无在彼,此之谓民权"③。在近代中国宪制文化史上,这是我所看到的对民权语词最明确、最有心意的一种解释。不管民权语词是否由日本的西文译法而来,这表明处在近代物境中的中国知识者对问题有着自己的独特观察、见解和诉求。

我所感兴趣的问题是,既然"民权"与西文的 liberty 一词相通相感,为什么中国的知识者还要将其分为两个独立的词汇?为什么用"自由"(liberty)的语词就可表达清楚的问题,其不嫌累赘地非要另设一词?"民权"符号代表的是一种什么样的诉求?我也注意到,戊戌前后的中国知识者虽然也接受和使用"自由"一词,但它始终不如"民权"这个语汇在知识界那样流行和持久。究其原因,除了来自西方的"自由"一词本身在中国的语境中容易引

---

① 有关这方面的考论可参见谢放:《戊戌前后国人对"民权""民主"的认知》,载《二十一世纪》2001 年 6 月号。
② [法]孟德斯鸠:《孟德斯鸠法意》,严复译,商务印书馆 1981 年版,第 96 页。
③ 王栻主编:《严复集》(第 4 册),中华书局 1986 年版,第 972 页。

起误读而不能准确地表达某种诉求之外①,重要的是"民权"语词能与身处近代物境中的中国建立起更为密切的联系,更能清晰地表达言说者的意愿、希求和期待。而且,民权概念自身也有贯通传统、唤起民族记忆和缓解传统政制的压力以及抑制结构性骚动的作用。

在中国的知识者看来,中国所遇到的最大问题是皇权体制运行机制的失灵:由传统民本话语提供的君民和谐关系受到了极大的破坏,一方面表现在民对国事的漠不关心和麻木不仁;另一方面也表现在君对民缺少关怀和不负责任。而作为连接君民关系纽带的"臣"也已腐坏,君臣民三者间的隔阂使政令无以下达,民瘼无以上闻,这就导致了政府效率极其低下和反应迟钝。这也是中国在西方面前跌倒而爬不起来的主要原因。看一看中国知识者对传统皇权政制的怨恨,就知道他们为什么喜欢用民权这个词。这种怨恨在严复这个对西方的政制有真正认识的知识者那里是最典型的:

> 秦以来为君,正所谓大盗窃国者耳。国谁窃?转相窃之于民而已。既已窃之矣,又惴惴然恐其主之或觉而复之也,于是其法与令蝟毛而起。质而论之,其什八九皆所以坏民之才、散民之力、漓民之德者也。斯民也,固斯天下之真主也,必弱而愚之,使其常不觉,常不足以有为,而后吾可以长保所窃而永世。(见严复:《辟韩》)

---

① 作为中国早期的自由理论大师的严复已意识到自由概念在中国产生的负面价值,所以他最后不得不用"小己自由"和"国群自由"这两个矛盾的用语来表达他的诉求。[参见王栻主编:《严复集》(第 4 册),中华书局 1986 年版,第 985 页]

陷于沮丧中的康有为则直接把中国的不幸归因于传统的皇权体制："吾国行专制政体，一君与大臣数人共治其国，国安得不弱？"（康有为：《请定立宪开国会折》）。在这种情绪之下，按照西方的标准对中国的衰败作政治上的分析是自然的。

对皇权体制的怨恨态度与他们使用的民权概念的性质有着直接的关系。从上述的引证中可以看出，西文的 liberty 主要是一个与个体相关的概念，是个体生命在法律中的定位。这意味着，当我们在 liberty 上提出要求时，这是一个法律问题而不是政治问题。日本人基本上把握了 liberty 一词的要害，而将民权理解为一种法律上的自由。然而，中国的知识者在从日本语汇的接受中，因物境的转移，所以概念本身的性质便发生了变异，只是这种变化的方式比较隐蔽而已。

对此，我们可以从以下的材料中得到确证。与有些学者的考论恰恰相反，在中国知识者使用民权语汇时，他们也同时把西文中的 democracy 一词译作"民主"并与中国古籍《尚书》中"天惟时求民主，乃大降显休命于成汤"中的"民主"一词的不同意旨作了比较准确的区分。据考释，早在1875年6月12日出版的《万国公报》340卷所刊的《译民主国与各国章程及公议堂解》一文，对"民主"一词就已作了准确的解释。该文称："按泰西各国所行诸大端，其中最关紧要而为不拔之基者，其治国之权属之于民，仍必出之于民而究为民间所设也……治国之法亦当出之于民，非一人所得自主矣，然必分众民之权汇集之于一人，以为一国之君，此即公举国王之义所由起也，而辅佐之官亦同此例矣。"该文已把"民主"概念中的"权属"以及统治主体问题说得清清楚楚，当是 democracy 的本义。由此可知，至迟于1875年由西文 democracy 而来的中文"民主"一词的意旨已由《万国公报》向国人作了比较准确的介绍。随后,严复于1895年3月在《直报》发表的《原强》一文所说"以自由为体,以民主为用"一语中的"民主"亦当是 democracy 的意译。Democracy 还被严复译为"庶建",他在其译作《法意》中说:"庶建乃真民主,以通国全体之民,操其无上主权者也。"《法意》中西译名表:"庶建 democracy,本书中又作民主。"又据梁启超转引严复所言:"欧洲政制,向分三种:曰满那弃(monarchy)者,一君治民之制也;曰巫理斯托格拉时(aristocracy)者,世族贵人共和之制也;曰德谟格拉时(democracy)者,国民为政之制也。"这些都大致符合 democracy 的本义。①

与民权概念相比,民主一词对中国传统的政治话语的颠覆更为突出、更为直接。中国的知识者弃掉民主一词而用"民权"来表达他们的诉求,这并非出于一种对君主制的热爱和真诚的守护,而更多的是一种策略的选择。换句话说,在把表达法律诉求转变为表达政治性诉求时,中国的知识者发现民权一词本身具有一种遮蔽功能。民权既可以改变词性,又能起到遮蔽这种改变的作用。否则,他们就无必要在分别民主、民权词义上极力下功夫。其结果是,他们越想凸显两者的区别,就越要擦干民权伤害君权的痕迹,而这种痕迹就越明显:"民权者,其国之君仍世袭其位;民主者,其国之君由民选立,以几年为期。吾言民权者,谓欲使中国之君世代相承,践天位于勿替,非民之国之谓也。"(何启、胡礼垣:《劝学篇书后》,《新政真诠》五编,第44页)如果说,民权的价值

---

① 对"民主"一词的来源的考释,主要来自谢放:《戊戌前后国人对"民权""民主"的认知》。

就在于能使君权地位更加稳固而世代相传,那是不需要民权概念的。他们既想在皇权体制下分享政治权力,又要使统治者相信民权对自己更有好处。除非中国皇帝都是傻瓜,否则民权的真正政治意旨是无法掩饰的。戊戌后的梁启超对此并不是真的不解:

> 吾侪之倡言民权,十年于兹矣,当道者忧之嫉之畏之,如洪水猛兽然,此无怪其然也,盖由不知民权与民主之别,而谓言民权者,必与彼所戴之君主为仇,则其忧之嫉之畏之也固宜,不知有君主之立宪,有民主之立宪,两者同为民权,而所训致之途,亦有由焉。凡国之变民主也,必有迫之使不得已者也。(《饮冰室合集》文集之五,第4页)

统治者之所以视民权如洪水猛兽,其主要原因并不是知识界乱用了民权与民主两个概念,而是因为民权被转变为一个政治词汇后,在民权与君权之间必然产生的紧张关系。民权的言说虽然含混不清但意志坚定,而且受到某种明确的意图指导和操纵。具体说来,中国的知识者从一开始诉求的就是民权的政治意义,为了达到这个目的他们必须认真地选择策略。其策略之一即是用"人人有自主之权"的表述来冲淡民权的"反君权"的色彩。

何启、胡礼垣说,"凡以善善从长,止问可之者否之者人数众寡,不问其身份之贵贱尊卑也,此民权之大意也,其所以为此者,则由于人人有自主之权故"[①]。什么是"人人有自主之权"?对此,梁启超在《时务报》第9期撰文解释说,"西方之言曰:人人有自主之权。何谓自主之权?各尽其所当为之事,各得其所应有

---

① 何启、胡礼垣:《胡翼南全集》(卷十八),文海出版社1976年版,第1028页。

之利,公莫大焉,如此则天下平矣。……权也者,兼事与利言之也。使以一人能任天下所当为之事,则即以一人独享天下人所当得之利,君子不以为泰也"。这里的要害处不在于"人人有自主之权"的用语是否妥当,而在于"各尽其所当为之事,各得其所应有之利"一语的虚与委蛇。问题的关键是,以什么作为确定"当为之事"和"应有之利"的标准和法则呢?又有什么样的依靠来保证"人人有自主之权"不是一句美丽的废话呢?有意回避政治结构,绕开有关君权的政治话语可以使"人人有自主之权"的表述具有一种模糊性的空间,以避免君权政制的激烈反应,这是此种言说有意选择的方式。即便如此,"人人有自主之权"的表述以及"当为之事""应有之利"的解释所潜藏的政治性诉求也是难以遮蔽的。被中国学界视为"维新派"的"对立面"的王仁浚就曾袒露"人人有自主之权"一语所隐含的真正的政治意味,以及其中所潜藏的民主政制诉求。① 被学术界视为王氏同类人物的张之洞更是一针见血地指出了民权概念对君权政制的危险性:"民权之说,无一益而有百害……""使民权之说一倡,愚民必喜,乱民必作,纪纲不行,大乱四起。"他解释说:

> 考外洋民权之说所由来,其意不过曰国有议院,民间可发公论,达众情而已,但欲民申其情,非欲民揽其权。译者变其文曰民权,误矣。……近日撷拾西说者,甚至谓人人有自主之权,益为怪妄。此语出于彼教之书,其意言上帝予人以性灵,人人各有智虑聪明,皆可有为耳。译者竟释为人人有自主之权,尤大误矣。泰西诸国,无论君主、民主、君民共

---

① 参见〔清〕苏舆编:《翼教丛编》,上海书店出版社2002年版,第58页。

主,国必有政,政必有法,官有官律,兵有兵律,工有工律,商有商律,律师习之,法官掌之,君民皆不得违其法。政府所令,议员得而驳之;议院所定,朝廷得而散之。谓之人人无有自主之权则可,安得曰人人自主哉?(张之洞:《劝学篇内篇·正权第六》)

张之洞从议会制、民众的议政权利以及法律的至上性等方面来诠释民权概念甚是到位、甚是妥帖,只是张氏太自作聪明了,他或许并不知道,他所言明了的民权大义恰恰是民权鼓吹者想遮盖起来的。很显然,张氏的民权概念的三个要素,对中国而言恰恰是政治问题而不是法律问题。一个问题若是与政治沾上了边,在中国就成了一个讳莫若深的禁忌了,对这一点,张之洞作为一个深谙中国文化的儒者怎么能不知道呢?仅此而言,这并不能说明张之洞、王仁浚辈更有才智,而是说民权的中国鼓吹者的策略不到家。

张之洞在这一点上是对的:中国的知识者的民权言说是把一个法律意义上的日本化的概念,转换为一个与政治体制相关的中国化的政治性概念的一种实践,它所指向的是中国的传统皇权体制,隐含了分享皇权的政治要求。

《孟子》的新意义

由上可知,民权的中国言说者不愿意使用"民主"一词表达他们的诉求,主要不是因为他们反对西方 Democracy 所代表的那种价值和意义。相反,正是因为他们看到了民主给西方带来的成功结果,他们对西方的政制产生了诱人的联想,对之解决当下的中国问题抱有深深的期待。作为一个软性概念的民权,它不仅排除了"人民取代君主"的可能性,而且还利用语言的模糊性来遮蔽概念本身对"君权实行限制"的关键语义,看上去民权概念所要求的只是能够让被统治者与统治者的关系更加协调而已。显而易见,用民权概念来表达政治诉求比"民主"语汇更具优越性:它能消解"民主"所蕴含的对君权政制进行颠覆的危险,并为表达政治的某种期望创造一个模糊的空间并充分保持语义中的弹性,以便把"统治者"和"被统治者"这两个关键要素都能统合于一个概念中,以减轻现实政治结构可能对新概念所造成的压力。从表面看起来,民权是一个非常保守的概念,但在"保守"之中又潜有很深的用意。它通过与现实妥协、与君权合作的方式来取得中国社会最大限度的支持和认同,而且这样也便于通过民族记忆来打通传统的"民本"与西方化的"民主"之间的关节,在共同的民族记忆中使话语本身更具有中国性质,以缓解因对西方的联想而可能产生的挫败感和"不适应症",使"民权"在中国化的语境中得以再生。

这就是为什么梁启超在分析中国贫弱问题时很自然地把传统的"民本"与民权概念联系起来的原因:"三代以后君权日益尊,民权日益衰,为中国致弱之根源。"他甚至断言,"春秋大同之学,无不言民权者"。[梁启超:《湖南时务学堂课艺批》,《戊戌变法》(二),第548页]民族记忆是民权话语在中国得以通行的最为有力、最为可靠的支持。

由西方化的"民权"而唤起中华民族的"民本"记忆的首先当数王韬辈人。王韬说,"天下之治,以民为先。所谓民为邦本,本固宁也"。(王韬:《弢园文录·重民中》)"国之所立者,而君听命于民者也。"(王韬:《格致书院课艺》)陈炽也说,"天生民而立君,君者,群也,所以为民也"。(陈炽:《报馆》,《庸书》外篇卷上)何启、胡礼垣则认为,"政者,民之事而君办之者,非君之事而民办之者。事既属乎民,则主亦属乎民"。(何启、胡礼垣:《新政论议》,《新政真诠》二编)

言说者对民本话语的偏爱,部分是由于他们对现实糟糕的君主政治的关注,在历史上这个不成问题的东西已由西方"民主"政治的催逼被纳入到严肃的政治学视野里,在某种意义上,这对于改变中国的现实状况是十分重要的。然而,同时,这一新的观审也可能冒言说者与他的对象——"民权"的真正意图——分离的危险。问题是,这种民本的记忆所表达的仅仅是言说者传承了他们的儒家先辈对不幸的民众投以人道主义的怜悯?或是对无道的君主从意识形态上进行规劝?还是坚持把民权概念注入一种中国化的底气?对此,我们必须给中国的民本传统以关注。

在中国的典籍里,统治者与被统治者关系的理想式样被设定为近乎神话的"父母——赤子"。《尚书》的《洪范》说,"天子作民父母",《康诰》则说,"若保赤子,惟几其康乂",便是这种式样的表述。"尊君保民"就成了周代官方主导的政治话语,这也是整个《尚书》不断重复的主题。

"民本"一词最早见于《尚书·夏书》的"五子之歌":"民为邦本,本固邦宁。"在前儒家的典籍中,它主要是把"民"作为国家构成的基本人口以及统治的主要对象而叙述的。《春秋左传》文公十三年(前614年)邾文公说:"天生民而树之君,以利之也。民既利矣,孤必与焉。"这也仅仅陈述了一个基本的事实:民人构成了国家的基础和统治对象,而且其人口数量庞大。强调被统治者的"先占性",目的是让统治者意识到关怀被治者的利益对统治是有利的,而并不指涉统治的合法性(Legitimacy)问题。这也是为什么在中国任何一个暴君在满足自己私欲的时候都要以"为了民众利益"的名义进行的原因。

下面这段话可以进一步说明这个问题。《春秋左传》中襄公十四年(前559年)晋师旷说:"天生民而立之君,使司牧之,勿使失性。……天之爱民甚矣,岂其使一人肆于民上,以从其淫而弃天地之性?必不然矣!"在"天命"的两头,一头是治者,一头是被治者,被治者虽然有来源上的"先占性",但他们也因此而永远失去了统治的权利;相反,治者虽然没有被治者的那种"天命",但他却得到了永久的统治权。在这个前提下,让被治者吃饱饭是最起码应具有的政治德行。在中国的传统政治话语里,所谓的"民性"只不过是满足百姓吃饱穿暖的最低需求而已。在人类历史上,还没有一种政治理论认为民众的缺衣少食更有利于统治的。对此,并不需要大惊小怪。当然,民本的语义在儒家那里有了进一步的拓展,实际上,也正是儒家把"民为邦本"的表述提升为一种民本主义的意识形态。《孟子》是对有关民本主义阐释最详尽、最深刻的儒家文献。《孟子·尽心下》载:

孟子曰:"民为贵,社稷次之,君为轻。是故得乎丘民而为天子。"(〔东汉〕赵岐《孟子注疏》:"君轻于社稷,社稷轻于民。"〔宋〕朱熹《四书章句集注》:"丘民,田野之民。")

这是儒家的政治民本主义的经典表述。这里要特别注意文本对"贵"和"轻"两个概念的使用。在中文的表达中,"贵"一般对应的是"贱",而"轻"对应的则是"重"。《孟子》文本为什么要改变这种对应关系呢?很显然,这里的"贵"的语义并不比"重"

更有分量,它所表达的还是由《尚书》提供的逻辑理路,意味着"民"与"君"在国家构成的序列之别,而不含有在地位上重要与否的判断。"贵"并不意味着地位的高贵,"轻"也不意味着不重要。与《春秋左传》相比,《孟子》所改变的只是问题的叙事方式,用"民贵君轻"的价值判断代替了"天生民立君"的事实陈述,这种改变蕴含了儒家"认真看待民众的温饱"的这样一种意识形态,它为中国的王权统治提供了基本的合法性。《孟子·离娄上》载:

> 桀纣之失天下也,失其民也。失其民者,失其心也。得天下有道,得其民,斯得天下矣。得其民有道,得其心,斯得民矣。得其心有道,所欲与之聚之,所恶勿施尔也。民之归仁也,犹水之就下。([宋]朱熹《四书章句集注》:"民之所欲,皆为致之,如聚敛然。民之所恶,则勿施于民。")

在儒家的民本主义思想体系中,"天命""民心"是最重要的概念,它关涉政治统治以及政权转移的道义问题。①《易传·革卦》说,"天地革而四时成,汤武革命,顺乎天而应乎人,革之时义大矣"。这里的"人"也可理解为"民心",即民众的意愿。汤武革命的正当性就来自上承天命下顺民心。"由于承天命的证明往往是君主的德性和人民的意愿('崇德贵民'),革'命'的理由(所谓正当性)也就与革命者的德性和人民的意愿相关。"②正是在这样的语境下,《孟子·梁惠王下》对汤武革命作了如下的评价:"贼仁

---

① 参见刘小枫:《儒家革命精神源流考》,上海三联书店2000年版,第34—38页。
② 同上注,第35页。

者谓之贼,贼义者谓之残,残贼之人谓之一夫。闻诛一夫纣矣,未闻弑君也。"由民本导源的儒家革命理论为传统中国的朝代更替提供了正面的说明。在儒家的革命话语中,与"民"相系的"民心"是判定暴君"纣王"与圣贤"汤武"德性的标尺,是被革命者与革命者争夺的对象。"民"可以成为圣人革命大业中的最高砝码,但它自身永远成不了革命伟业中的主角。简言之,"民心"的向背可以测定统治者的德性,但这不意味着人民自身就具有革命权。这也是为什么古今帝王即便靠革命起家,得政之后都不乐意儒生再谈革命的原因。①

儒家知识分子是这样一些人,他们既把自己看作君主政治的道德评判者,又充当民众的代言人,虽然他们在审美以及对事物的判断上与一般民众迥异其趣。他们既经常对君主提出劝告性的意见,又时时强调"君主统治"的不可或缺。这样,通过对君主的道德规劝,他们便争取到了民众面前的"话语优势";通过强调民众服从统治的重要性,他们又在君主面前取得了政治舆论的支配权。因此,当我们阅读了"民为贵,君为轻"的语录时,不要忘记他们还说了这些话:"君子者,天地之参也,万物之总也,民之父母也。"(《荀子·王制》)在中国历史上,即便那些激烈批判君权的儒生,也是以主张"君为民主"为前提的。那个提出"明君论"的罗隐就说,"万姓所赖在乎一人,一人所安资乎万姓,则万姓为天下之足,一人为天下之首"。(《两同书·损益》)竭力反对君权的陈亮也说,"君臣,天地之大义也,君臣不克其终,则大道废而人道

---

① 譬如,汉景帝听了今文家辕固生和黄生的辩论后发话:"食肉毋食马肝,未为不知味也;言学者毋言汤武革命,不为愚。"(《汉书·辕固传》)

阙也"①。那个以反君权而久负盛名的黄宗羲都声言:"原夫作君之意,所以治天下也"。(《明夷待访录·置相》)他说,"古者以天下为主,君为客,凡君之所毕世经营者,为天下也"。(《明夷待访录·原君》)在儒家的民本主义的话语里,"民为本"与"君为主"是连为一体的。"君主民本"是儒家所设计的最为理想的政治模本,也是他们民本主义话语的关键词。

  近代的知识者在重述这些儒家民本语言的一开始就遇到了麻烦:如何能把儒家民本传统的内在价值与他们西方化的民权概念协调起来？梁启超对此表现得很自信。他曾说,在光绪年间,他们一班朋友曾私印许多《明夷待访录》送人,"作为宣传民主主义的工具"(梁启超:《中国近三百年学术史》,第47页)。他们这样做有两方面的目的,既想把民本作为"工具"并由此使儒家的民本传统向西方化的民权靠拢,又使西方化的民权概念与儒家民本传统对接的同时减弱政治性的杀伤力。他们知道,如果一个人同时读了《孟子》和卢梭的《民约论》,那么《孟子》的意义对他和他那些读过《孟子》和《尚书》的前辈是完全不一样的。因为《孟子》的意义在新的背景下发生了变化,因而用《孟子》作解答的问题也发生了变化。这也可回答上面提出的问题:民本记忆的唤起并不意味着他们要回到《孟子》,相反,它象征着真理性的《孟子》经典现已变成了西方化的一种工具。问题是,在把《明夷待访录》作为宣传民权的"工具"时就不怕民权意义同时被消解？民权的言说者如此费劳伤神所带来的结果是让人黯然神伤的:他们既损害了儒家的传统,也不同程度地消解了民权的革命意义。

---

  ① 〔宋〕陈亮:《陈亮集》(增订本·上册),中华书局1987年版,第39页。

民权是受到西方(代议)民主制的深刻影响又不同于西方民主的一个概念,因为民主概念虽有人民构成政府来源以及政府对人民负责的含义,但其核心是君主(政府)受制于人民(人民主权),其语意空间并不是君民孰贵孰轻这样的一种关系结构。就其语境而言,民权是一个既由民本资源所支持并超越了民本的语义,又有西方民主的因素,但存有不少距离的概念,它是中国知识分子把传统民本思想与西方激进的民主概念相调和而创造的中国人可以接受的一个新东西。或者说,它是西方民主转换为中国语境的产物,是把君民轻重关系改变为平衡关系的一种隐喻式表述。①

三

浮士德式的言喻

梁启超曾说,"君权与民权合,则情易通"。(梁启超:《古议院考》,《时务报》第10期)这句话有两层意思:"合"代表的是言者所诉求的一种政治结构;"通"意指的是言者对政治本身的期待。民权是介于法律意义上的"权利"(Rights)与政治意义上的"权力"(Power)之间的一个概念。具体说,它既表达了在君主政制下人民参与政治事务的一种隐晦的政治要求,并潜藏着"限制君权"的诉愿;又蕴含了人民享有政治发言权的法律要求。这也含有言者的这样一种自信:只要上述两个条件得以满足,就会在

---

① 参见王人博:《宪政的中国语境》,载《法学研究》2001年第2期。

政治上克服统治者与被统治者之间的互不信任的弊端,统治者与人民就会协调一致。"合"与政治上的"通"有着必然的联系。统治者与其人民的协调一致是政治畅达的先在条件。这也是由《尚书》而确立起的"天子作民父母","若保赤子惟民其康乂"的中国传统政治理想在西方语境下的近代表达。西方所能改变中国的不是中国的理想,而是实现理想的路径:儒家提供的是"君主民本",近代知识分子设想的则是"民权与君权合"。在这一理路里,其价值序列应作如下排列:民权→合→通。从"民权"基点出发依次上升。把这个图式倒过来也可以这样表述:"通"的理想有赖于"合";"合"的目标依靠"民权",民权并不是一个自足的概念。当言说者激进地把民权表述为"人人有自主之权"时,千万不要误认为那是一个西方化的民主概念,因为他们在想把"权利"交给普通民众的同时又为它附加了一个更高的要求。

　　汪康年认为,民权有三大好处:第一,民权有利于强化君权。因为中国时下的统治权并不真正掌握在君主手中,而是由胥吏所操纵。"君主高高在上,深受蒙蔽,虽屡饬洁己守法,但下面总是阳奉阴违。"所以只有兴民权,让普通士绅民众享有一定的政治发言权,才能使"千耳万目,无可蒙蔽。千夫所指,无可趋避。令行禁止,惟上之从"。第二,民权有利于培养民众的爱国心。"人民无权,则不知道国家是大家共有的。人民有权,则知道要把国家的事情当作自己的事情:'民之与君,声气相接,亲爱之心,油然自生','使民共乐,民然后乐其乐;使民共忧,民然后忧其忧'。如此万众一心,必能谋生存,达自强。"第三,民权有利于"国权"。"以君权与外人相敌,力单则易为所挟;以民权与外人相持,力厚则易于措辞。""夫天下之权势出于一则弱,出于亿兆人则强。"①

中国的民权话语关联着诸多政治元素:统治者、被统治者、政治关系的合理性以及政治价值。"民权"首先隐含了中国知识者的这样一种不满:中国的统治者忘却了儒家的道德训诫,没有与民众建立起亲密关系,致使政治管道不通,国家陷于萎靡不振的渊薮。用上引梁启超的话说:"三代以后君权日益尊,民权日益衰,为中国致弱之根源。"当然,在已变换了的物境下,仅仅依赖儒家的民本训诫是不够的,他们似乎找到了克服这种弊端的新法门。很显然,民权肯定是一种中国从未见过的新药,对其药效的期待是不言而喻的。在对西方的联想中,中国的知识者真正认识到被统治者在政治结构中的重要性。他们与传统儒家不同,后者对被统治者(民)所表达的是一种道德的关怀和怜悯;他们表现的首先不是道德上的怜悯而是希望政治上他们具有一定的力量(power)和权利。在政治结构中重新审视和安排被统治者(民)的作用和地位就成了解决中国问题的关键。民权的重要性由此显露出来:"民"在政治上得到一定的武装以后,中国传统的政治结构就会改变,随着某种政治均衡的出现,两个相互对立的阶级之间也会产生一种亲和力,中国由此取得了一种共同意志和集体行动的力量。民权不仅有利于政治关系的和谐,而且其自身就是合理性的表征。统治者与被统治者双方都会从中获益。

民权有利于培养民众的爱国心、有利于政治关系的和谐、有利于共同意志和集体力量的形成并最终成为国家强盛的推进

---

① 汪康年:《论中国参用民权之利益》;廖梅:《汪康年:从民权论到文化保守主义》,上海古籍出版社2001年版,第97—98页。

器,这是中国民权言说者的共同诉求。梁启超说:

> 地者积人而成,国者积权而立,故全权之国强,缺权之国殃,无权之国亡。何谓全权？国人各行其固有之权;何谓缺权？国人有有权者,有不能自有其权者;何谓无权？不知权之所在也。无权恶乎起？曰:始也欲以一人而夺众人之权,然众权之繁之大,非一人之智与力所能任也,既不能任,则其权将糜散堕落,而终不能以自有。(《时务报》第9期)

民权是解决中国问题的一个扣结,它紧系着政治的振兴、国家的强盛。只要这个扣结被解开,加诸中国的枷锁也就自然松脱了。这说明,面对愈来愈紧迫的西方压力,中国的知识者在欧、美、日纷繁的政治文化思潮中探寻着能够解释"富强"奥秘的一脉:西方人借以概括自身传统的种种概念被他们匆忙而热切地攫取。

他们或许知道,民众通过民权可以变得很有力量,但这种"力"并不必然转化为国家性的力量。因为力量并不能使民众当然地变得更有美德———一种符合国家强盛要求的爱国心。力量可以成为民众向国家提出自己要求的本钱,也可以转化为对国家的某种报偿,这都是未可知的。这里的"民权"犹如充满了力量的浮士德,他的力量既可能由魔鬼糜费斯特(又译为"梅菲斯特")引诱出来与国家作对,也可能听从上帝的召唤而为国家服务。正如西方学者在评价梁启超时所言,"梁启超和他同一时代的人在评价许多政治权利时,总是认为民众拥有了这些权利就能为国家服务,而没有考虑到民众拥有了这些权利亦能保护自己的利益"①。

陈述与预言:一种必要的浅薄

随着人类的历史进入一个新的一百年,中国的问题也发生了某些变化。最重要的是,随着场域转移,民权的语义也有了进一步的拓展和分化。言说者的"在场"与"缺席"某种程度上决定了语言的不同意义。言者"不在场"的优势,使得民权话语本身的表达也由模糊变得清晰,由隐晦变得直露。但我所强调的是,随着民权话语的改变以及语义的分化,民权的表述结构在质性上并没有发生变化。或者说,由戊戌前后所形成的"民权原理"一直是中国的民权言者于自觉或不自觉中始终持守的。

亡命后的梁启超远离了中国政治场域,这意味着中国传统的"表达规则"对梁启超已失去约束力,他有了一种从未有过的松弛和自由。这种"放松的自由感"也体现在他对民权的新的表达中。梁启超对"君权"问题已没有什么顾忌了,他弃绝了这以前的"君权"概念而为民权找到了一个新的对应物:国权。"民权兴则国权立,民权灭则国权亡,为君相者而务压民权,是之谓自弃其国,为民者而不务各伸其权,是之谓自弃其身,故言爱国必自兴民权始。"②"国权"是当时中国知识界比较普遍使用的一个概念,其语义复杂而模糊。根据梁启超的不同用法,"国权"主要包括以下几层意思:第一,就国家普遍的对外关系而言,它大体上与"主权"概念同义,没有特殊的指谓。第二,主要指一种国家地位,它蕴含了

---

① R. Randle Edwards, L. Henkin & A. J. Nathan, *Human Rights in Contemporary China*, Columbia University Press 1986, p. 152.

② 参见《饮冰室合集》文集之三,第73页。

一种具体的诉求:中国作为一个国家在与西方列强的关系中,应该具有的独立地位。第三,在第二层意思的基础上又包含了国家自主、平等的权利要求。① 即是说,"国权"并非是一个政治学上的严谨概念,而是包括梁启超在内的中国知识者用以表达中国的国家诉求的一个语词。随着对应物的变换,民权的意义也发生了某些微妙的变化。梁启超已不再把民权作为一种与统治者平衡的力量看待,而是明确地指谓人民享有和应该享有的自由权利。

与之不同,作为民权言论的后起者,孙中山把他的政治主张称作"民权革命",并于 1905 年正式提出了他的"民权主义"学说,后又作了"民权主义"的专门讲演。民权主要被理解为人民的"力量"。②

孙中山的民权留待后文作详细的评述,这里主要以梁启超为个案对民权的中国话语作进一步的解释。在梁启超的民权表述结构里,国家、人民、政府概念是其构成的核心元素。这里,要特别注意这些概念对民权表达所具有的意义。"国家"是梁启超的民权言论最为关注的对象,也是在民权的表述结构中处于最高级的一个价值。他说,"国也者,积民而成,国之有民,犹如身之有四肢五脏筋脉血轮也"(《饮冰室合集》专集之四,第 1 页)。这是梁启超依据德国政治学家伯伦知理的国家学说,对国家作生物有机体说的阐释。在梁启超看来,国家与人一样兼具"精神与形体",是由相当于"肢体各官"的政府各部和议会等形体以及相当于精神的宪法所组成的有机体。国家即为有机体,"不成有机体

---

① 参见《饮冰室合集》文集之五,第 9 页;文集一十四,第 30—31 页;专集之四,第 40 页。

② 参见孙中山:《三民主义》,岳麓书社 2000 年版,第 69 页。

者不得谓之国家,中国则废疾癎病之机体也,其不国亦宜"。(《饮冰室合集》文集一十三,第71页)作为一个健全的有机体的国家首先有赖于它的"四肢五脏筋脉血轮"的健康。这样,"国"与"民"被整合在一起,而且作为有机体承担着各自的功能。梁认为,连接处于民族帝国主义阶段的西方列强与面临必须实现民族主义的"部民"国家中国的,是"政府"。而在政府和人民之上,"别有所谓人格之国家者,以团之统之,国家握独一最高之主权,而政府人民者皆生息于其下也"。(《饮冰室合集》文集之十,第1页)然而,在论述政府与人民的关系构成问题时,梁启超又放弃了"国家有机体说",导入的是卢梭的契约论,并在同一文中又把卢梭与伯伦知理进行比较:

> 伯伦知理之学说,与卢梭正相反对者也。虽然卢氏立于18世纪,而为19世纪之母,伯氏立于19世纪,而为20世纪之母。自伯氏出,然后定国家之界说,知国家之性质、精神、作用为何物。于是国家主义乃大兴于世。前之所谓国家为人民而生者,今则转而云人民为国家而生焉。使国民皆以爱国为第一之义务,而盛强之国乃立。19世纪末世界之政治则是也。而自今以往,此义愈益为各国之原力,无可疑也。(《饮冰室合集》文集之六,第114页)

这样,首先在价值层面为把卢梭的"社会契约论"转换为"政府契约论"埋下了伏笔。当他在《论政府与人民之权限》这篇著名的论文中把政府与人民的关系表达为一种契约关系时,这意味着契约类型发生了改变。他说,"谓政府与人民立于平等之地位,相约而定其界也,非谓政府界民以权也"。因为,"政府若能界民权,则亦能夺民权"。随着"社会契约"被转换为"政府契约",其价值诉求也发生了转移。作为有机体的国家并不是"契约"的对象,因而契约对国家而言并不发生效力,相反,国家是优位于契约关系的一个价值实体。民权并不是在国家的层面而是在"政府契约"的层面被导入的。正像有机体需要它的肢体健全一样,国家也需要它的政府和人民有一个合理的关系。而来源于"契约"的民权,无疑是这种关系合理构成最不可或缺的元素。梁启超的民权言论正是由此展开的。

在"民权—国权"的表述结构中,国家与人民、国权与民权便形成了一种双向关系。由于(中国)国家的未来命运如何取决于人民的状态,所以,从国家来讲,它首先应确立和保障民权:"国民不能得权利于政府也,则争之。政府见国民之争权利也,则让之。欲使吾国之国权与他国之国权平等,必先使吾国中人人固有之权皆平等,必先使吾国民在我国所享之权利与他国民在彼国所享之权利相平等。"(《饮冰室合集》专集之四,第40页)对于国家来讲,一个人格健全的"人"如同有机体的一个活性细胞一样重要:"自由者,权利之表征也。凡人所以为人者有二大要件,一曰生命,二曰权利。二者缺一,时乃非人。"(《饮冰室合集》文集之五,第45页)民权是国权的起点,但要使民权转化为国权的"活性剂"还需要"合""积""结""团"这些环节:

> 一部分之权利,合之即为全体之权利。一私人之权利思想,积之即为一国家之权利思想。故养成此思想,必自个人始。

> 国民者一私人之所结集也,国权者一私人之权利所团成也。

> 国家譬犹树,权利思想犹根也。其根既拔,虽复干植崔嵬,华叶蓊郁,而必归于槁亡,遇疾风横雨,则摧落更速焉。(《饮冰室合集》专集之四,第36、39页)

从民权方面来讲,它也必须生存于与"国家"或国权所建构的关系中。脱离了"国家"的表述结构,民权的价值是要打折扣的。就像国家依赖于每一个健全的个人一样,个人也必须在国家的庇荫下安身立命:"今世之识者,以为欲保护一国中人人之自由,不可不先保护一国之自由。苟国家之自由失,则国民之自由亦无所附。当此帝国主义盛行之日,非厚集其力于中央,则国家终不可得安固。"(《饮冰室合集》文集一十四,第30—31页)

梁启超的民权表述是由西方的许多不同元素构成的。其中,国家的概念主要是来自德国伯伦知理的有机体学说;政府与人民的关系构成方式主要来自卢梭的"契约论";自由民权言论则是来自英国穆勒的《论自由》。① 这些来自西方的不同原理,在西方各有自己的学理及逻辑命脉,相互之间很难通约,甚至可以说:其中的任何一个原理与另一个都是颠覆与被颠覆的关系。然而,梁启超把这些相互扞格的学理统摄于自己的民权言论中,使其成为建构民权叙述结构的有用材料。尽管这些元素在一个新的结构中彼此间并不那么和谐,但叙述的侧重不同,倒使这种叙述结构具有了层次性的特色。日本学者对梁的这种叙述结构评价说,"梁启超的阐述以个人为出发点,以国家之优位为归

---

① 参见〔日〕土屋英雄:《梁启超的"西洋"摄取与权利——自由论》,载〔日〕狭间直树编:《梁启超·明治日本·西方——日本京都大学人文科学研究所共同研究报告》,社会科学文献出版社2001年版,第120—155页。

结。……当他的国权和民权论从'国民'的观点展开时就倾向于民权主义,从'国家'的观点展开时就倾向于国家主义,可以说有两个轴心,正像椭圆有两个焦点一样"①。这种评述并不确当,叙事的"轴心"并不是两个,而是一个:梁启超在建构其民权表述结构时,从来不是把民权看作可与其他价值相脱离的东西,而是在结构上与国权相关联的问题。即是说,在梁的表述里,民权不是一个概念,而是一组关系概念。在这个"轴心"里,不同时期的梁启超在叙事时有所侧重而已,譬如,有时他侧重于民权,有时则偏重于国权。

  对中国的民权言论出现的这种现象,国外的学者认为那是中国知识者没有真正理解西方的自由主义所致。② 问题果真如此吗? 据日本学者的研究,梁启超在阅读穆勒的《论自由》一书时,他并不是"误读",而是作了"有意"的选择,除了把穆勒的自由所关联的"社会""个人"这两个概念转译为"政府""人民"之外,梁启超还把穆勒的一个最重要的思想——"社会性暴虐"的命题加以隐匿,用"合群"这样一个中国化的论题取而代之。③ 这说明,不是梁启超没有真正理解西方的自由主义,而是西方的知识分子与中国的知识者的问题意识不同。同样讲自由民权,穆勒告

---

  ① 〔日〕狭间直树:《〈新民说〉略论》,载〔日〕狭间直树编:《梁启超·明治日本·西方——日本京都大学人文科学研究所共同研究报告》,社会科学文献出版社 2001 年版,第 86 页。
  ② R. Randle Edwards, L. Henkin & A. J. Nathan, *Human Rights in Contemporary China*, Columbia University Press 1986, p. 152;另可参见〔美〕张灏:《梁启超与中国思想的过渡:1890—1907》,崔志海、葛夫平译,江苏人民出版社 1995 年版。
  ③ 参见〔日〕土屋英雄:《梁启超的"西洋"摄取与权利——自由论》,载〔日〕狭间直树编:《梁启超·明治日本·西方——日本京都大学人文科学研究所共同研究报告》,社会科学文献出版社 2001 年版,第 135—143 页。

诉他的读者要注意"社会性暴虐"的危险,而梁启超告诉他的中国听众要怎样做到"合群"。问题至此,可以这样说,20世纪以后,梁启超的民权言论在不同时期确有变化,但不变的是他在戊戌前后就已建立起的民权叙述结构。

我要说的是,一个中国的民权主义者并不是一个不懂西方的人,在很多方面他们是有意识地拒斥了西方某些东西的,因而一个中国的民权言者首先是一个通晓"西方原理"的人,哪怕只是一种肤浅的方式。一个手持长矛杀死传教士的"义和团"乡民不是中国的知识者,仅仅是个勇莽的战士。而一个中国知识者则意味着他知晓中国需要什么,如果这被看作浅薄,那也是一种必要的浅薄。

四

西方性

中国的"民权"是来自西方的一个概念,但如果再把中文的民权一词还原成西方的概念,那是非常困难的。据我所知,在西文中,与中文"民权"比较接近的是"Civil Rights"这个词组。对此,中文有时把它译作"公民权",有时译为"民权"。譬如,我们把美国的"Civil Rights Act"就译作"民权法案"。然而,当我们把美国的"Civil Rights"表述为"民权"时,问题就变得复杂了:首先,中国人使用的"民权"与美国使用的"Civil Rights"在语义上存在很大差异,这在下面分析。其次,"Civil"这个词,既可以译作中文的"公民的""国民的",也可以译作"市民的",但在西语里,"市民"与"公民"是两个不同的概念,前者言指的是其"社会"意义,如"市民社会"的表达。后者指谓的是政治或国家层面的问题,如"公民政治"的表述。"公民权"肯定属国家性的权利。然而,当我们把西语中的"Civil Law"译作"民法"时,这种法律在西方特别在法国和德国被看作是社会性的,它是"私法"的代表。在法、德的法律系统中,国家与社会的分野,是"公法"与"私法"二分的基础。即是说,Civil 这个词既可以译作"公民"的,也可以译作"私民"的,只要"私"不是在贬义上使用。因此,用民权一词来指谓西方的意义,是很容易发生语义混乱的。

在美国,"Civil Rights"是有具体指向的,与中文的民权意义不同。它主要与公民(私民,以下皆统称为"民")免受歧视的法律问题相关。按照美国的习惯,民权(Civil Rights)往往与"民自由"(Civil liberties)一同被定义。公民自由被看作"对政府专横行为的防备。公民自由就是那些在宪法和《权利法案》中列举的权利"[1]。而民权则是"旨在保护公民免遭来自政府机关或私人方面的非法行为的政府积极行为"[2]。民权与公民自由的主要不同在于:公民自由是对一定政府行为的禁止;而民权则是"政府用来实施其社会契约义务以保护公民的'生命、自由和财产'之基本权利的创制"[3]。从民权与政府的关系说,民权是一个行动概念,它是政府积极引导的结果;从价值取向看,民权诉求的价值主要是一种特定意义上的平等,它隐含了对自由的限制。而这种限制在美国人看来是符合自由主义原理的,因为一种完整的自由主义理

---

[1] 〔美〕彼得·G. 伦斯特洛姆编:《美国法律辞典》,贺卫方等译,中国政法大学出版社 1998 年版,第 320—321 页。
[2] 同上注。
[3] 同上注,第 321 页。

论必然包含对自由进行限制的观念,如 J. S. 密尔的"损害原则"。① 从权利陈述的普遍性层次来看,这里的民权不是指特定的权利(某人在某时采取行动的权利),也不是指自由酌定权(某人有选择做或不做某事的权利),而是一种权利集合。即"一组与某些特殊活动或对象有关的自由酌定权"②。这也可从对其表述采用英文复数形式——Civil Rights 看出。具体讲,它是指民可不受歧视地享用公共设施、就业、入学、参加选举、购买和租用住房等一组免受歧视的平等权利。

这里的平等权利既可能是国家性的,也可能是社会性的。当共同体的成员作为公民参与到公共性中,这里的民权就是国家性的,如平等的选举权和被选举权;当那些成员作为私民参与其私人生活时,这里的民权就是社会性的,它意味着生活于同一共同体的社会成员,不管民族、肤色,都有不受歧视对待的要求和权利。在第二层意义上,民权可能关涉社会身份的认同问题。

关于"认同"(identity,又可以译作"身份"),查尔斯·泰勒(Charles Taylor)有这样一种解释:

> (认同)经常同时被人们用这样的句子表达:我是谁? 但在回答这个问题时一定不能只是给出名字和家系。如何回答这个问题,意味着一种对我们来说是最为重要的东西的理解。知道我是谁就是了解我立于何处。我的认同是由承诺(commitment)和自我确认(identification)所规定的,这些承诺

---

① 参见〔英〕约翰·密尔:《论自由》,许宝骙译,商务印书馆1959年版,第84页。

② 〔美〕J. 范伯格:《自由、权利和社会正义——现代社会哲学》,王守昌等译,贵州人民出版社1998年版,第101页。

和自我确认提供了一种框架和视界,在这种框架和视界之中我能够在各种情景中尝试决定什么是善的,或有价值的,或应当做的,或者我支持或反对的。换言之,它是这样一种视界在其中,我能够采取一种立场。①

认同对一个人如此,对一个族群也如此。它关系到一个人或一个族群安身立命的根据,是确定自己身份的尺度。对美国来讲,如果我们可以把"美利坚"看作一个共同体,那么生存于其中的既有白人也有黑人。要让黑人族群从共同体的认同中来确定自己的身份,并使之归属和效忠于共同体,那么共同体成员间的"平等对待"就如此重要。换言之,消除族群间的人为的隔阂,确定身份的平等,应该是美国民权的核心部分。相反,如果黑人族群在共同体中发生认同危机,那么共同体本身就有发生骚动、分裂的危险。

在西方,与"认同"概念相关联的民权可能最早出现于中世纪。根据法国著名史学家基佐提供的文字②,我们知道,"城墙"既是中世纪的城镇进入封建制度结构的象征,又是与这种制度充满紧张的悬隔物。以"城墙"为界,墙外是贪婪的封建领主,墙内是力量弱小的城镇市民。虽然大家都在封建制度的屋檐下,但市民的认同感一直存在问题。而这种"共同体"内部的紧张随着如下的事件而加剧:

> 城墙外住着一个有权势的人,可以不经他们同意随心所

---

① Charles Taylor, *Sources of the Self: The Making of the Modern Identity*,转引自汪晖:《汪晖自选集》,广西师范大学出版社 1997 年版,第 37 页。
② 参见〔法〕基佐:《欧洲文明史——自罗马帝国败落到法国革命》,程洪逵、沅芷译,商务印书馆 1998 年版。有关中世纪城镇市民的论述,见该书"第七讲",第 116—132 页。

欲向他们征税,可以召集他们的民兵,送去打仗,而不必问他们同意与否(《欧洲文明史》,第 117 页)。

> 每当附有市镇领地的领主一时贪心大发,他的暴虐就施加到市民身上。……商人们外出经商回来,不可能平平静静地进入市镇。大道和通往家乡的路上不断有领主和他的手下人拦路打劫。勤劳工作刚刚重新开始,也正是安全最没有保障的时候。一个人的生计就这样被横加干扰,期望中的成果被洗劫一空,没有什么比这更使人恼火的了(《欧洲文明史》,第 122—123 页)。

领主的暴虐使市民对封建制度下的"共同体"产生了认同危机,随着这种危机的加重,社会性的骚乱也开始出现。这种骚乱被基佐称之为"造反"。"11 世纪平民自治是真正的造反的结果,是真正的战争,是市镇居民向他们的领主的宣战。"(《欧洲文明史》,第 124 页)持续不断的骚动,使市镇最终脱离了封建制度,建立了自己的"城市共同体",市民重新有了自己的归属和效忠的对象。战争的最终结果是平民与对手缔结了和平条约,这种条约被称作"自治特许证",即市民与领主的和约。"特许证"既是对市民身份的重新确认,又是市民享有"城镇自治权"的凭证。由此开始,脱离了封建制度结构的市民便享有了与自己身份相关的民权——自治权。民权是市民的身份确认,也是他们浴血奋战所得的奖赏,从此开始,欧洲的历史也翻开了新的一页。

西方的民权既是经验的,也是理性的;但无论从何处观审,西方的民权与中国的民权话语并不是同出一源,而是各有自己言说的指向和理路。关于西方的民权,已经说得够多了,再回到中国的问题。

中国性①

与西方不同,中国的民权并不是一种"现时态"的话语,而是对(中国)国家的未来表达的一个欲求。当知识者想把民权问题置于"现时态"来加以思考时,他们发现"现在"的中国正处在通向"未来"的路上,为此,中国必须先打点行装为未来做好准备。因为在现时态中,中国的"民"与西方的"民"并不处于一个层位,他们是"民族"的西方绅士与"部族"的、粗野的、蒙昧的中国乡民的区别。要得民权,首先要培植出民权的主体。这样,民权在现时态上便被转换为一个怎样培植具有"现代性"人民的问题。

在他们看来,一个合乎民权要求的主体必须与一定的"智性"相联系。民权与民智之间有着内在的关联。"开民智"便是通向民权的第一步。梁启超说,"权者,生于智也,有一分之智,即有一分之权。……使其智日进者,则其权亦日进。……权之与智,相倚者也。……昔之欲抑民权,必以塞民智为第一义,今欲伸民权,必以广民智为第一义"。(梁启超:《论湖南应办之事》)对这一问题在理论上系统阐发的是严复。严复的理路是,一个关系国家强盛的重要方面就是"利民"。利民才能富国强国。而欲利民必首先使"民各能自利";而民能自利又须以其获得自由民权为基础;而后者的取得当以"民各能自治"为前提;而有无这种自治的能力取决于民的智性的优劣。因此,民智的提高与增进乃是"现在"中国的头等大事,它不仅直接关涉"未来"的民权,而且也

---

① 中国性(Chineseness)概念是本文从列文森的著作中借用的,有关这个概念的使用,请参阅〔美〕列文森:《儒教中国及其现代命运》,郑大华、任菁译,中国社会科学出版社 2000 年版,第 167 页。

决定了中国国家的强弱和兴衰。据此,严复把一个国家民族的治乱兴衰与民智的关系看成草木和土质的关系,他甚至认为,各个民族的生存能力与脑形的大小成比例关系。(严复:《天演论》导言八、十五按语)从社会有机体出发,严复把这一关系越来越推向了极端。

中国的民权言者借来了西方的词汇,而消化的方式则是中国的。"开民智"是典型的中国语言,与西方的"启蒙"有着不同的路向。"启蒙"(enlightenment)的原意是"点亮""掸去灰尘"的意思。康德在回答何为启蒙运动时说:

> 启蒙运动就是人类脱离自己所加之于自己的不成熟状态。不成熟状态就是不经别人的引导,就对运用自己的理智无能为力。当其原因不在于缺乏理智,而在于不经别人的引导就缺乏勇气与决心加以运用时,那么这种不成熟状态就是自己所加之于自己的了。Sapere aude! 要有勇气运用你自己的理智! 这就是启蒙运动的口号。①

作为一个中国的阅读者,我对康德这个概念所感兴趣的是中西的"启蒙"有何不同。在康德的概念里,启蒙意味着自我克服"不成熟状态"的一项伟业,而这种"不成熟"状态之所以能够被克服,是因为自我的原体是具有理性"光源"的,现时的自我只是理性之光被遮蔽、蒙上了灰尘而已,启蒙就是掸去灰尘,用理性之光点亮自己。或者说,启蒙就是自我除却偏见与愚昧。它不是通过"别人引导"而开启理性之光,而是自己照亮自己。换言之,非

---

① 〔德〕康德:《答复这个问题:"什么是启蒙运动?"》,《历史理性批判文集》,何兆武译,商务印书馆1990年版,第22页。

要经别人的引导才能运用自己的理智,这不是启蒙,恰是被康德看作人的"不成熟"状态的表现。

中国的"开民智"与之有着不同的喻指。"开民智"中的"民"不同于西方"启蒙"中的人,民并不是一个具有理性光源之体,而是一个不靠别人"引导"(准确地说是教化)永远处于混沌状态的不觉者。在中国文化中,"民"字有许多同源字,都有"迷蒙和混乱"的意思,如"泯""惛"等。甚至作为玉的"珉"也往往被称为假玉,由于它们缺少真玉的光泽,因而君子不屑一顾(参见《荀子·法行》)。几种古代经典还定义"民"为"冥"或者"冥"的同源字"瞑",即黑暗和混沌的意思。董仲舒曾说过:

> 民之号,取之瞑也。使性而已善,则何故以瞑为号?……性有似目,目卧幽而瞑,……譬如瞑者待觉,教之然后善。当其未觉,可谓有善质,而未可谓善……民之为言,固有瞑也。随其名号,以入其理,则得之矣。(《春秋繁露·深察名号》)

西周文字中的"民"字指瞎了的眼睛,因为它没有瞳子。"民"是缺少眼睛中最重要的部分——瞳子的人。段玉裁认为,《说文》把"民"定义为"众萌",特别用了"萌"字以表示精神上的黑暗和无知。"萌"字的第二个意思是"发芽",这和董仲舒把"民"说成可以唤醒的沉睡着的人是一致的。① 同样有关民的认知也可以转化为中国近代性的民权话语。

在孙中山的民权主义话语里,人被分成三等:先知先觉;后知

---

① 参见〔美〕郝大维、〔美〕安乐哲:《孔子哲学思微》,蒋弋为、李志林译,江苏人民出版社1996年版,第104—105页。

后觉;不知不觉。而后一种类型就与中国文化中的"民"同义:

> 这四万万人当然不能都是先知先觉的人,多数的人也不是后知后觉的人,大多数都是不知不觉的人。现在民权政治,是要靠人民作主的,所以这四万万人都是很有权的。全国很有权力能够管理政治的人,就是这四万万人。大家想想现在的四万万人,就政权一方面说,是像甚么人呢?照我看起来,这四万万人都像阿斗。中国现在有四万万个阿斗,人人都是很有权的。(孙中山:《三民主义》,第138—139页)

在这种语境之下,孙中山说出了其他民权言者所谓"开民智"的真正意蕴:

> 民权思想,虽然是由欧美传进来的,但是欧美的民权问题,至今还没有办法。我们现在已经想出了办法,知道人民要怎么样,才对于政府可以改变态度。但是人民都是不知不觉的多,我们先知先觉的人,便要为他们指导,引他们上轨道去走,那才能避了欧美的纷乱,不蹈欧美的覆辙。(同上,第145页)

我注意到,只要使用"人民"这个词汇,孙先生总是抱着尊敬的态度,但一旦改换成"民众",其态度则是蔑视的。譬如,他在抱怨众人接受"君权神授"时说,"无知识的民众,不晓得研究这些话,是不是合道理,只是盲从附和,为君主去争权利,来反对有知识的人民,去讲平等自由"。(同上,第99页)对此可以作这样的解读,"智未开"的人就是"民众","智开"的人就是"人民",当然,任何不知不觉的人最终得救都需先知先觉者的引领。

中国过去的圣人们对百姓的读书识字不感兴趣,现在的圣人们的"开民智"则是要把人彻底变成瞎子。当我们为儒家的"民为贵,君为轻"话语感到欣慰的时候,千万别忘了,那些被视为"尊贵的人"都是些没有瞳子的盲人。中国的民权意蕴由"开民智"的言路全部托出了。正像孙中山先生所说的,民权就是让这些不知不觉的人当皇帝(这叫人民掌握政权),另外再让先生那样的先知先觉者组成政府(这叫政府掌握治权):"我们先知先觉的人,便应该先来造好这种机器,做一个很便利的放水掣,做一个很安全的接电钮,只要普通人一转手之劳,便知道用他,然后才可以把这种思想做成事实。"(同上,第161页)

可以这样说,近代以来的民权言论在本性上并未脱离中国的"圣人政治论"的路数,如果要在民权与一般政治之间再作细微的分别,那么前者就是"圣人民权论"。

中国现代性的
椭圆结构

——"八二宪法"中的"建设者"述论

王人博

当下中国,社会主义价值与现代性始终是国家所追求的双重目标。中国的现代时间包括"革命时间"与"当下时间",而同为现代时间意识的革命与建设并非前后之决然二分。"建设者"是一个具有现代性的功能身份概念,它的出现与"八二宪法"的时间观、时间意识密切相关。宪法中的"建设者"作为一种时间维度的存在物,正处于这一进步主义时间坐标的"现在"位置上。工人阶级分享了执政党的阶级优势,成为其执政的"阶级基础","建设者"分享的则是在国家现代性目标中的功能特性,成为执政的"群众基础"的一部分。国家现代性既需要具有革命血统的工人阶级保证它的社会主义性质,也需要"建设者"等其他社会阶层对国家现代性的实际贡献。"建设者"受制于宪法所构筑的"国体语境"(阶级性),同时又独立于这一语境,而与国家现代性联系在一起。就其来源而言,其所属的"新的社会阶层"既是国家现代性的伴生物,又是促进国家现代性实现的重要主体,其意义将由"未来"(目标)给付和规训。"建设者"的现代功能身份与政治身份的二元构造,说明了党在实现国家现代化的进程中,其理论已发生衍变的事实。

出现在"八二宪法"中的"社会主义事业的建设者"(以下简称"建设者")这一用语一般不会引起读者或研究者太大的注意,"一晃而过"并不违反阅读或研究的通行机制,因为宪法文本有太多更重要的内容需要关注,比方说权利与制度。然而,任何一个新的用语,其背后都可能蕴含着一种思想、观念生成的大问题,而将它揭示出来则是阐释者的任务和目的所在。本文先从宪法中的时间问题开始。

一、宪法的时间意识

"建设者"的出现与"八二宪法"的时间观、时间意识密切相关。"现代时间意识"被称作"八二宪法"的一种标志,也是"建设者"存在的时间维度。

中国的现代时间包括"革命时间"与"当下时间"。"革命时间"存有三个时间节点:其一,宪法序言所指向的"新民主主义革命",这一革命既被赋予了中国"现代时间"的开始的意义,也被看作推进这一时间进程的恰当方式和路径,而作为革命结果的中华人民共和国的诞生,呈现的既是这一事件的完成时态,也是革命时间的另一个开始。其二,1949年至1978年的中国历史进程。这一时间段落通常被称作"社会主义建设时期"。然而,这一过程本身也是中国现代革命(无产阶级革命)的另一种叙事,"建设"是革命的存续方式。特别是从20世纪60年代中期至70年代中期这一历史时段,革命符号替换了建设的指代,"抓革命,促生产"是其原则性标志,革命的旋转成为达至社会主义目标的时间累积。其三,在"八二宪法"中,"革命"已经隐退在文本的幕后,但革命时间并不单纯是与"八二宪法"相对峙的"过去",而是不断涌入当下,参与"现在"的塑造。"革命时间"与"当下时间"作为现行宪法的现代时间意识,既具有前后相继的绵延特点,也呈现出一种并置状态,带有时间的空间化(spacing of time)特征。

"一九四九年,以毛泽东主席为领袖的中国共产党领导中国各族人民……取得了新民主主义革命的伟大胜利,建立了中华人民共和国。从此,中国人民掌握了国家的权力,成为国家的主人。"(《宪法》序言第五段)中华人民共和国——一个完全不同于"过去"的中国——是中国的"创世记",也是中国"现代时间"的真正开始。而革命既是"新"中国的锻造者,也是现代时间的开启者。《宪法》序言第一至第四段的内容[①],汇成了"现代时间"的"过去",其存在价值就是为"现代时间"的绽出作准备。革命终结了过去,又与过去相逢、汇合。"革命"确证

---

① 《宪法》序言第四段:"一九一一年孙中山先生领导的辛亥革命,废除了封建帝制,创立了中华民国。但是,中国人民反对帝国主义和封建主义的历史任务还没有完成。"这一表述可被看作现代时间的"过去时"。

了"过去"的意义,也把"过去"作为自己的"传统"带向未来。反过来讲,没有"现代时间"的绽出,"过去"就只是时间的流逝,并不带有任何的历史意义。这便是宪法"现代时间"中的"革命时间"。

而作为"现代时间"的"当下时间"集中在序言第七段:"我国将长期处于社会主义初级阶段。国家的根本任务是,沿着中国特色社会主义道路,集中力量进行社会主义现代化建设。"这被看作"八二宪法"中关于"现代时间意识"的经典表述。作为现代化属性规范者的现代性①,无论人们对之有多少歧见和争议,指向一种特定的时间意识却是共同的:"只有在一种特定的时间意识,即线性不可逆的、无法阻止地流逝的历史性时间意识的框架中,现代性这个概念才能被构想出来。在一个不需要时间连续型历史概念,并依据神话和重现模式来组织时间范畴的社会中,现代性作为一个概念将是毫无意义的。"②中国接受现代性(现代化)也是以这种不可逆的、进步的历史时间意识为前提的。当导源于西方世界的现代化随着西方殖民的脚步不断拓展、衍变为一种全球性的历史进程时,中国也被迫地被纳入了这一时间之中。在这种线性的带有进步趋向的时间坐标

---

① "现代化"与"现代性"是两个既相联系又相区别的概念。现代性是比现代化更为晚出的一个概念,但二者指的都是同一个历史过程,及这一过程中的人类的现代境遇问题。一般而言,现代化理论所关切的是现代化的起点、动力、标准问题,也可以抽象化为一种"现代化的观念"。现代性理论所思考的重心是现代化的意义、价值和后果,带有反思性特点。本文是在近似意义上使用这两个概念,除非有意识地作出区分,不再标注。

② 〔美〕马泰·卡林内斯库:《现代性的五副面孔——现代主义、先锋派、颓废、媚俗艺术、后现代主义》,顾爱彬、李瑞华译,商务印书馆2002年版,第18页。

上,中国发现了自己的"落后"。"落后"不只是感到比别人差,而且是意识到自己与之处在不同的时间里。一个走在前面,而另一个还囿于后面的"过去"。在现代性的时间意识里,"过去"从时间的流逝状态被赋型为"传统"意义,既与"现代"断裂、相隔,又可能成为进步的拖累。时间决定了一切:"东西文化的差异,其实不过是时间上的……是时间上的迟速,而非性质的差异。"① 因而,"赶超"就成为中国知识精英、政治精英持守的现代性观念,并具有高度的意识形态化色彩。即是说,自鸦片战争以来,无论中国的政治派别之间有多少纷争,追求以"富强"概念为表征的现代化使他们政治权力争夺有了高调合法性,一种被普遍接受的意识形态。"从此以后,所有要求改革与拯救社会的思想与运动,都以实现现代化为自己的目标……孙中山先生有自己的独特的现代化中国的想象……——客观而言,20 世纪中国历史的巨大的纷争,并不是要不要现代化之争,而是现代化的构成、条件与实现方式之争,是'谁'的现代化之争。"② 作为现代中国"创世记"的中华人民共和国诞生后的 1954 年,中国的政治家便清晰地、明确无误地提出了国家现代化的要求和目标③,十年之后正式提出"四个现代化",二十年

---

① 《瞿秋白文集:政治理论编》(第二卷),人民出版社 1988 年版,第 14 页。
② 胡传胜:《现代化理论的三个视角》,《南京大学学报(哲学・人文科学・社会科学版)》2001 年第 3 期。
③ 周恩来在 1954 年 9 月第一届全国人民代表大会第一次会议上所作的《政府工作报告》中提出:"我国的经济原来是很落后的;如果我们不建设起强大的现代化的工业、现代化的农业、现代化的交通运输业和现代化的国防,我们就不能摆脱落后和贫困,我们的革命就不能达到目的。"[中共中央文献研究室编:《建国以来重要文献选编》(第 5 册),中央文献出版社 1993 年版,第 584 页]

之后又重申"四个现代化"①。而首次出现"四个现代化"表述的国家根本法,是 1978 年宪法。这是合乎中国历史和政治逻辑的形式,一种现代革命理想与现代性欲求相并置的"复调结构"。②

"八二宪法"所表述的"国家的根本任务是……集中力量进行社会主义现代化建设",则是一种现代时间意识的明示和确证,"根本任务"既规定了"当下",同时又指向了"当下"的意义。具体说来,"当下"并不是一个自然时间概念,而是随身携带着由"革命"规定的现代时间意义,即"社会主义时间"。"社会主义"作为人类理想,被中国的马克思主义者切分为两个时间段落,一个"现在"的"初级阶段"和一个"未来"的愿景。"现代化"之所以被作为中国的现代时间来把握,是因为它受中国社会主义"现在"的规约。"现代化"在"社会主义初级阶段"这个时间框架内被赋予了意义和价值。那又如何确证"初级阶段"自身的正当性呢?这由两方面提供保证,一方面,"初级阶段"是中国革命所至的时间,由革命提供它存在的时间维度。汉语的"革命"一词有两个来源,

---

① 1963 年 1 月,周恩来在上海科学技术工作会议上指出:"我国过去的科学基础很差。我们要实现农业现代化、工业现代化、国防现代化和科学技术现代化,把我们祖国建设成为一个社会主义强国,关键在于实现科学技术的现代化。"(中共中央文献研究室编:《周恩来经济文选》,中央文献出版社 1993 年版,第 518 页)1964 年 12 月,周恩来在第三届全国人大第一次会议上正式提出"四个现代化":"从第三个五年计划开始,我国国民经济的发展,可以按两步来设想:……第二步,在本世纪内全面实现农业、工业、国防和科学技术的现代化,使我国国民经济走在世界的前列。"(同上,第 652 页)1975 年在第四届全国人大第一次会议上,周恩来又重申了这一目标。

② 1975 年,作为政府工作报告的现代化叙事与党的修宪报告以及随后出现的宪法文本的革命叙事具有极大的差异性,前者内含了现代化"重申"的意义,而这种重申本身又隐喻了对革命极端修辞的稀释;后者则是革命极端修辞的代表。这两种叙事方式的并置,说明了这一时期中国政治的多面性和复杂性。

一为中国古典所提供,如《周易·革卦》云:"天地革而四时成。汤武革命,顺乎天而应乎人,革之时大矣哉。"一为近代以来对英文"Revolution"(革命)的翻译。通过翻译,汉语的"革命"一词便与英语的 Revolution 建立起了一种对等关系。然而,这种对等关系是虚置的,汉语革命一词改写了 Revolution 的意义,是 Revolution 在中国这一异域的意义再生。① Revolution 在英文中最基本的含义是"旋转",即把一种不正确的东西倒转过来,具有"回复"的意思。1688 年英国革命之所以被称为"光荣革命",通常被认为是没有流血的革命。这只是其中的一义,更为根本的原因是,英王的行为被视作破坏了英国已形成的"合理状态",而革命就是回转,回复到以前那种合理状态中去。汉语的"革命"一词则与其相反,带有"创生""创造"的含义。正如"天地革命"才有了"四时",汤武革命则是创造了新世界。中国的现代革命追求的是"新中国",而不是回复到中国过去的任何一种既定状态。革命连接着"新",并通向"新"。正是因为中国现代革命创造"新",从"无"到"有",所以才有了社会主义的"现在"以及社会主义未来的许

---

① 正如论者所言:"当概念从一种语言进入另一种语言时,意义与其说发生了'转型',不如说在后者的地域性环境中得到了(再)创造。在这个意义上,翻译已不是一种中性的、远离政治及意识形态斗争和利益冲突的行为。相反,它成了这类冲突的场所,在这里被译语言不得不与译体语言对面遭逢,为它们之间不可简约之差别决一雌雄,这里有对权威的引用和对权威的挑战,对暧昧性的消解或对暧昧性的创造,直到新词或新意义在译体语言中出现。"(见刘禾:《语际书写——现代思想史写作批判纲要》(修订版),广西师范大学出版社 2017 年版,第 35 页)

诺。① 另一方面，作为"现在"的"初级阶段"，它最终的意义是由"未来"（国家目标）决定的。"把我国建设成为富强民主文明和谐美丽的社会主义国家"（《宪法》序言第七段）则是未来（目标）为"现在"（"初级阶段"）提供的规范意义。即是说，作为目标的未来是一个带有合目的性的时间许诺，中国的现代化进程就像一条矢量时间之河，一直流向未来，不可逆转。虽然，这一进程中可能包含着反复、停顿、紊乱，但其方向始终是朝向未来的。在进步主义的现代时间链条上，因为有了"未来"的目的设定，历史也就变成了现在的过去，未来成了透支的现在。因为时间的前后相继，"现在"也就从一种漫无目的的游逛状态中摆脱出来，变成了瞻前顾后，其存在的意义由未来确证和担保。而宪法中的"建设者"作为一种时间维度的存在物，正处于这一进步主义时间坐标的"现在"的位置上，其意义则是由"未来"（目标）给付和规训。

在"八二宪法"序言中，理解起来比较困难的是第八段。它夹在序言中间，缺少上下文语境，略显突兀。然而，若再加细究又觉得这段文字另有意义："在我国，剥削阶级作为阶级已经消灭，但是阶级斗争还将在一定范围内长期存在。"这里，虽然没有出现"革命"二字，但"阶级斗争"作为两种敌对力量的博弈，身在革命时间，是中国现代革命的产物。作为马克思主义者的中国改革者曾意味深长地说过，"现在我们正在做的改革这件事是够大胆的。但是，如果我们不这样做，前进就困难了。改革是中国的第二次

---

① 关于汉语里的"革命"与"Revolution"的关系以及"革命"一词的不同运用，参见陈建华：《"革命"的现代性——中国革命话语考论》，上海古籍出版社2000年版；刘小枫：《儒家革命精神源流考》，上海三联书店2000年版。

革命。这是一件很重要的必须做的事,尽管是有风险的事"①。这里的"第二次革命"不应被看作关于改革的一种修辞,而是一种智性的判断。这说明,作为"现代时间"的中国革命,在"八二宪法"中并没有与"当下时间"完全断裂,成为纯粹的历史存在。中国的现代化建设便是中国改革设计者认识现在所需的过往实践的统合。这里所体现的时间观便是空间感的时间观,革命岁月流动于当下,而当下的实践又成为"革命记忆"涌入,"过去"与"现在"并非处在时间连续性中的一前一后,而是过去与当下两种时间记忆的同位空间并置。这也说明,同为现代时间意识的革命与建设并非前后的决然二分,这是"八二宪法"一个醒目的标志。

正是在革命时间与当下时间的并置中,"建设者"与工人阶级(包括其他劳动者)相遇。后者带着革命岁月的荣耀记忆进入到当下的"现代时间",而"建设者"却是当下时间的产物,它虽然也有自己的记忆,但它却无法与工人阶级分享。国家现代性既需要具有革命血统的工人阶级保证它的社会主义性质,也需要"建设者"等其他社会阶层对国家现代性的实际贡献。他们彼此在现代时间相逢,相互打量,相互审视,又都从未来的许诺中寻取自己当下存在的意义和价值。

二、宪法规范的相邻性

"建设者"出现在"八二宪法"序言第十自然段。作为宪法的一个新概念,它是于 2004 年通过宪法修改的程序被直接嵌入文

---

① 《邓小平文选》(第 3 卷),人民出版社 1993 年版,第 113 页。

本的句段之中的,处在本自然段的中间位置。对它的出现,修宪者给予了一个权威性说明:

> 在统一战线的表述中增加社会主义事业的建设者。宪法序言第十自然段第一句明确规定,"社会主义的建设事业必须依靠工人、农民和知识分子,团结一切可以团结的力量"。随着改革的深化、开放的扩大和经济社会的发展,我国的统一战线不断扩大。党的十六大明确提出,在社会变革中出现的新的社会阶层"都是中国特色社会主义事业的建设者"。据此,宪法修正案(草案)在宪法关于统一战线的表述中增加"社会主义事业的建设者"……统一战线包括的"劳动者""建设者"和两种"爱国者",一层比一层更广泛,社会主义事业的建设者包括全体社会主义劳动者和在社会变革中出现的新的社会阶层。这样修改,有利于最广泛、最充分地调动一切积极因素。①

由上可知,它的出现涉及三个问题:一是宪法规范语境的开放性。因为宪法原有表述中有"社会主义的建设事业必须依靠工人、农民和知识分子,团结一切可以团结的力量"。后面一句的表达在语境上已经向新的可能性敞开,而"建设者"恰好处在敞开的位置上。二是在社会实践层面,"统一战线"呈现扩大趋势,而把"建设者"纳入到这一政治框架之中是这一趋势的重要特征。其三,也是最重要的,作为国家和人民的执政党——中国共产党在其重要文献中已经把在社会变革中出现的"新的社会阶层"定义

---

① 王兆国:《〈中华人民共和国宪法修正案(草案)〉说明》,载《解放军报》2004年3月9日。

为"都是中国特色社会主义事业的建设者"。作为党领导制定(修改)的宪法,将其"转译"为宪法表述也是情理中的事情。"建设者"由执政党发明,宪法刻录,说明党与宪法之间具有内在的传接性。或者说,"建设者"能否被置于宪法规范的开放语境中,主要也是党基于执政的性质、地位以及其他因素所考虑的:"修改宪法,必须有利于加强和改善党的领导,有利于发挥社会主义制度的优越性,有利于调动广大人民群众的积极性,有利于维护国家统一、民族团结和社会稳定,有利于促进经济发展和社会全面进步。"①

"建设者"作为社会的一种新兴的现代性力量被宪法所标示,成为宪法的新主体,被看作具有加强和改善党的领导以及其他重要价值。这是党所作出的判断,而其原理和逻辑关系则蕴含在党的不同文献之中。也就是说,"建设者"并不是由宪法发明的,而是来源于党的政治文献,一般认为是形成于 2001 年,由时任党和国家领导人在庆祝中国共产党成立 80 周年的讲话中提出的:

> 改革开放以来,我国的社会阶层构成发生了新的变化,出现了民营科技企业的创业人员和技术人员、受聘于外资企业的管理技术人员、个体户、私营企业主、中介组织的从业人员、自由职业人员等社会阶层。而且,许多人在不同所有制、不同行业、不同地域之间流动频繁,人们的职业、身份经常变动。这种变化还会继续下去。在党的路线方针政策

---

① 王兆国:《〈中华人民共和国宪法修正案(草案)〉说明》,载《解放军报》2004 年 3 月 9 日。

指引下，这些新的社会阶层中的广大人员，通过诚实劳动和工作，通过合法经营，为发展社会主义社会的生产力和其他事业作出了贡献。他们与工人、农民、知识分子、干部和解放军指战员团结在一起，他们也是有中国特色社会主义事业的建设者。①

而次年的中共十六大政治报告又进一步确立了这一概念："在社会变革中出现的民营科技企业的创业人员和技术人员、受聘于外资企业的管理技术人员、个体户、私营企业主、中介组织的从业人员、自由职业人员等社会阶层，都是中国特色社会主义事业的建设者。"②而新修改的《中国共产党章程》对此的表述是"社会主义事业的建设者"，宪法援用了这一名称。

这意味着党对这一新型社会力量的认知也有一个逐步明晰的过程。从"也是"，到"都是"，从"有中国特色社会主义事业的建设者"的提出，中经"中国特色社会主义事业的建设者"的表述，最后定型为"社会主义事业的建设者"。"建设者"不仅与"特色社会主义"相联系，而且也伴随着"社会主义初级阶段"的始终。与之相对应，"建设者"也就从一个策略性表述上升为一个主体性概念。

"建设者"既然来自"新的社会阶层"，那它主要也是从社会分层的意义上被定义的，而不是根据阶级身份被创设出来的。但在社会主义这个根本性原则之下，它既独立存在，又无法彻底断

---

① 江泽民：《在庆祝中国共产党成立八十周年大会上的讲话》，人民出版社2001年版。
② 江泽民：《全面建设小康社会，开创中国特色社会主义事业新局面——在中国共产党第十六次代表大会上的报告》，载《求是》2002年第22期。

绝与阶级性的联系。在宪法文本里,有关阶级性的语言构成了它的"外语境",而国家现代性功能和价值的表述是它的"内语境"。外语境始终作为它的制约、规训的因素而存在,内语境则是它的支持性力量,起到证成其正当性的作用。

那么,在此双重语境之下,对于"建设者",宪法是如何表述的呢?

《宪法》序言第八段:"在我国,剥削阶级作为阶级已经消灭,但是阶级斗争还将在一定范围内长期存在。"

《宪法》序言第十段:"社会主义的建设事业必须依靠工人、农民和知识分子……"

《宪法》第1条第1款、第2款:"中华人民共和国是工人阶级领导的、以工农联盟为基础的人民民主专政的社会主义国家。社会主义制度是中华人民共和国的根本制度。……禁止任何组织或者个人破坏社会主义制度。"

《宪法》第6条第1款、第2款:"中华人民共和国的社会主义经济制度的基础是生产资料的社会主义公有制,即全民所有制和劳动群众集体所有制。社会主义公有制消灭人剥削人的制度,实行各尽所能、按劳分配的原则。国家在社会主义初级阶段,坚持公有制为主体、多种所有制经济共同发展的基本经济制度,坚持按劳分配为主体、多种分配方式并存的分配制度。"

《宪法》第11条第1款、第2款:"在法律规定范围内的个体经济、私营经济等非公有制经济,是社会主义市场经济的重要组成部分。国家保护个体经济、私营经济等非公有制经济的合法的权利和利益。国家鼓励、支持和引导非公有制经济的发展,并对非公有制经济依法实行监督和管理。"

《宪法》第13条第1款、第2款:"公民的合法的私有财产不受侵犯。国家依照法律规定保护公民的私有财产权和继承权。"

《宪法》序言的第八段属于修宪者所说的,"可改可不改的、可以通过宪法解释予以明确的不改"①的范畴。"阶级斗争"这个提法在现行宪法中仅出现过一次,而且与整个宪法的基调和叙事风格形成了强烈对比。在宪法文本的整体语境下,这不应被看作一种"强调",而是"革命时间"有意识的存留,即对社会主义国家的阶级属性的提示。很显然,这个段落与"建设者"的存在没有逻辑关系。然而,"剥削阶级""阶级斗争"这样的用语又能让人产生某种联想,会唤起对"建设者"的身份属性的阶级记忆。这是因为,宪法文本的句段之间是一种相邻的并置空间,它们在文本语境中既互相区分,又相互缠绕,完全剥离语境的理解是不存在的。

《宪法》序言的第十段是"建设者"所处的位置。它显然不同于工人、农民、知识分子,后者作为党以及党领导的国家所依靠的力量,既享有文本上的优先性,也具有阶级身份的优越性。换言之,工人、农民、知识分子在党所领导的社会主义国家之所以成为"依靠的力量",首先是因为他们的政治属性,然后才是他们的职业属性(劳动者),这种双重身份决定了他们在社会主义事业中的核心角色。而"建设者"的身份是一种对现代职业属性的表达,在文本中受"工人、农民、知识分子"语境的限制和框定。

《宪法》的第1条被中国宪法学者看作对中国国体的表达。工人阶级是这个国家的领导者,工人与农民之间的联盟关系是中

---

① 王兆国:《〈中华人民共和国宪法修正案(草案)〉说明》,载《解放军报》2004年3月9日。

国社会主义国家的基础,这是保证国家社会主义性质的核心条款。同时这也进一步确认了工人(包括知识分子)和农民的国家主体地位。"建设者"只有在这个基本前提下才具有自身的正当性与合法性。与之相联系的经济制度——公有制是保证国家社会主义性质的经济基础和物质基础,这实际上又从经济制度层面进一步确认工人、农民、知识分子在社会主义性质上的价值和地位。"建设者"只有在"公有制"这个根本原则之下——而不是公有制自身——才能找到自己存在的空间。

与之相比较,《宪法》的第 6 条第 2 款、第 11 条、第 13 条的表达才是属于"建设者"的"自我条款"。那些表述既是"建设者"得以成立的条件,也是对"建设者"存在的正当性和合法性的宪法确认。

"建设者"受制于宪法所构筑的"国体语境"(阶级性),同时又独立于这一语境,而与国家现代性联系在一起。就"建设者"的来源而言,它所属的"新的社会阶层"本身既是国家现代性的伴生物,同时又是促进国家现代性实现的重要力量主体,"建设者"自身便是一个具有现代性的功能身份概念。

三、阶级与阶层

中国共产党作为一个坚持马克思主义学说的执政党,在领导中国这样一个相对落后的大国实现现代性目标的过程中,遭遇了这样一个问题:既要实现国家现代性,又要保证现代性的社会主义性质。即是说,党必须同时实现国家的两个价值:社会主义与现代性。而其中所关涉的"建设者"概念,从根本上说来是国家现代性的产物。没有实现国家现代性的使命,就没有"建设者"。在现代性目标被置顶的前提下,"阶层"概念的价值开始显现,知识分子就是一个鲜明的例证。国家的现代化程度与生产力的高低密切相关,这是现代中国共产党人的共识。中国的马克思主义者曾提出"科学技术是第一生产力"这样的论断。如果说,科技是先进的生产力,那么,科技的主要承担者就是工人阶级队伍里的知识分子。科技总是与脑力劳动联系在一起,知识分子作为与工农相区别的社会阶层,其价值也主要体现于此。"建设者"也一样,从客观方面讲,现代化的发展主要依赖于两个因素,一个是科技,一个是资本,而这两者又都与"建设者"有关。

相比因科技和资本方面的优势而与现代性的直接关联,"建设者"与社会主义之间的联系显得间接而隐晦,需要在"社会主义初级阶段"概念里悉心发掘。换句话来说,这种联系植根于一个更深层的理论问题,即社会主义与现代性的关系。而这两者的关系在马克思主义那里并没有作为问题提出来。这是因为,马克思主义学说中的社会主义是建立在现代性基础之上的,社会主义意味着社会高度的现代性,意味着国家逐步地自行消解。而且,马克思和恩格斯最初在阐释自己的学说时使用的是"共产主义"而不是"社会主义"。从19世纪中叶以后,马克思、恩格斯才较少使用"共产主义"而更多地使用"社会主义"这个术语。

马克思、恩格斯在阐述社会主义理论和实践时,虽然也涉及生产力的发展问题,但这主要是在发达资本主义基础上所提出的一种社会要求,其理论的重心着力于社会主义这一制度类型的内在属性和价值:

> 无产阶级革命,矛盾的解决:无产阶级将取得公共权

力,并且用这个权力把脱离资产阶级掌握的生产资料变为公共财产。通过这个行动,无产阶级使生产资料摆脱了它们迄今具有的资本属性,使它们的社会性有充分的自由得以实现。从此按照预定计划进行的社会生产就成为可能的了。生产的发展使不同社会阶级的继续存在成为时代的错误。随着社会生产的无政府状态的消失,国家的政治权威也将消失,人终于成为自己社会结合的主人,从而也成为自然界的主人,成为自身的主人——自由的人。①

在当前同资产阶级对立的一切阶级中,只有无产阶级是真正的革命阶级。其余的阶级都随着大工业的发展而日趋没落和灭亡,无产阶级却是大工业本身的产物。②

社会主义就是宣布不断革命,就是无产阶级的专政,这种专政是达到消灭一切阶级差别,达到消灭这些差别所由产生的一切生产关系,达到消灭和这些生产关系相适应的一切社会关系,达到改变由这些生产关系产生出来的一切观念的必然的过渡阶段。③

引证这些文字是为了说明这样一个看法:马克思、恩格斯的社会主义理论和实践是建立在高度发达的资本主义工业基础上的,也只有这个基础存在,社会主义的不断革命才能使人成为真正"自由的人"。现代性与社会主义在马克思、恩格斯那里是一体的,而且在物质形态上社会主义比资本主义更具现代性。

---

① 《马克思恩格斯选集》第3卷,人民出版社1995年版,第759—760页。
② 《马克思恩格斯文集》第2卷,人民出版社2009年版,第41页。
③ 《马克思恩格斯文集》第2卷,人民出版社2009年版,第166页。

然而，马克思、恩格斯的社会主义革命理论和实践，最终不是在西欧而是在大工业相对比较落后、资本主义发展并不充分的俄国取得了胜利。这个转变是列宁主义诞生的前提条件。列宁面对俄国问题时自然不同于马克思、恩格斯的"欧洲视角"。列宁的社会主义理论和实践也就转变为这样一个问题——在坚持社会主义内在属性和价值的同时，如何实现国家的现代性："当无产阶级夺取政权的任务解决以后，随着剥夺剥夺者及镇压他们反抗的任务大体上和基本上解决，必须要把创造高于资本主义社会的社会制度的根本任务提到首位；这个根本任务就是提高劳动生产率。"[①]1920年，他又特别强调，必须"把全部注意力转移到这种经济建设上去"[②]。"如果我们不能恢复我国的经济，那末我们就落在而且将来还要落在资本主义列强的后面，我们就会挨打。"[③]对于后面这句话，我们中国人更是倍感亲切，相似的遭遇会产生类似的感情。"落后就要挨打"的教诲，更使得国人感同身受。

这里的社会主义已不能当然地嵌入现代性，后者越来越凸显为社会主义国家必须面对的问题。随着中国革命的胜利，社会主义革命也不断地下移，分别在亚洲、美洲的朝鲜、越南、老挝、古巴等贫穷落后的国家取得了胜利。如何把社会主义自身的内在属性、价值与国家的现代化、现代性协调起来，成了这些国家的难题。事实上，马克思、恩格斯的社会主义与现代性的"整体论"经过俄国社会主义革命，已经分成了社会主义（内在规定性）与（国家）现代性两个部分。社会主义既为国家现代性提供手段和途

---

① 《列宁全集》第27卷，人民出版社1972年版，第235页。
② 《列宁选集》第4卷，人民出版社1972年版，第381页。
③ 《列宁选集》第4卷，人民出版社1972年版，第384页。

径,同时又是现代性价值的厘定者、规定者;而国家现代性则成了保证社会主义实现不可或缺的物质基础。"贫穷不等于社会主义"是其集中表达。对此,中国的马克思主义者把社会主义分成"初级阶段"和"高级阶段"两个既独立又相联系的部分。而有关社会主义与国家现代性的问题则集中在"初级阶段":"我们不要资本主义,但是我们也不要贫穷的社会主义,我们要发达的、生产力发展的、使国家富强的社会主义。"①这两句话说得清清楚楚,在社会主义的初级阶段,以"富强"为标志的国家现代性追求是主要目标,而社会主义则是达到这一目标的有效途径。那么,社会主义的内在价值又是什么呢?答案就是"共同富裕":"共同致富,我们从改革一开始就讲,将来总有一天会成为中心课题……社会主义最大的优越性就是共同富裕,这是体现社会主义本质的一个东西"。"社会主义的本质,是解放生产力,发展生产力,消灭剥削,消除两极分化,最终达到共同富裕。"②国家的现代性追求不能扔弃社会主义的内在价值,这一点被中国的马克思主义者反复强调,并对现实存在的,丢掉"共同富裕"这一社会主义内在价值而出现"两极分化"的可能性提出了严厉警告:"社会主义的目的就是要全国人民共同富裕,不是两极分化,如果我们的政策导致两极分化,我们就失败了,如果产生了新的资产阶级,那我们就真是

---

① 《邓小平文选》第 2 卷,人民出版社 1994 年版,第 231 页。"根据我们自己的经验,讲社会主义,首先就要使生产力发展,这是主要的。只有这样,才能表明社会主义的优越性。社会主义经济政策对不对,归根到底要看生产力是否发展,人民收入是否增加。这是压倒一切的标准,空讲社会主义不行,人民不相信。"(《邓小平文选》第 2 卷,人民出版社 1994 年版,第 314 页)

② 《邓小平文选》第 3 卷,人民出版社 1994 年版,第 364、373 页。

走了邪路了。"①

"建设者"与社会主义的联系恰在于它对接上了"共同富裕"这一社会主义的内在规定性与核心价值。这一价值在法学意义上也可以被看作现代性基础之上的"平等",即全中国人民具有平等地分享中国现代化建设成果的权利。而如何把国家的现代性追求与社会主义平等价值协调起来,则是中国社会主义现代化实践的根本问题。一方面,为了确保国家的社会主义性质,必须坚持国家的"工人阶级领导",这也是宪法规定的现行国体;另一方面,为了实现"社会主义初级阶段"全面建成小康社会的主要目标,又需要"建设者"这类角色,聚合起社会各个阶层的力量,调动起各方的积极性。

事实上,"工人阶级"与"建设者"是两个完全不同的理论表达。前者属于马克思主义的阶级理论范畴;后者与现代性理论相关,只能在社会分层理论中被发明出来。为了使"建设者"与工人阶级建立起理论联系,先把工人阶级抽象化而加以悬置,然后再把它拆分为若干阶层,这样一来,"建设者"就不是与工人阶级而是与工人阶级"内部阶层"发生逻辑联系。这是国内学界处理此问题的通行方式。②

---

① 《邓小平文选》第3卷,人民出版社1994年版,第111页。
② 参见陆学艺主编:《当代中国社会流动》,社会科学文献出版社2004年版;陆学艺主编:《当代中国社会结构》,社会科学文献出版社2010年版;李强:《社会分层十讲》,社会科学文献出版社2008年版。论文可参见闵锋:《工人阶级的内部结构及其相互关系》,载《中国工运学院学报》1992年第2期;刘继兴:《当前我国工人基本状况的分析与思考》,载《社会学研究》1991年第1期;仇立平、顾辉:《社会结构与阶级的生产——结构紧张与分层研究的阶级转向》,载《社会》2007年第2期。

中文的"阶级"和"阶层",是来自英语"Class"和"Stratum"的翻译。在社会理论中,它们分别代表了两种不同的视角和进路。"严格来说,阶级指的是具有类别特征的社会群体,而阶层指的是具有等级差距的社会群体。"①前者是马克思主义政治理论的特征,它强调的是所有权关系以及阶级之间的利益冲突和对权力结构的影响;后者是马克斯·韦伯的分析路径,它所坚持的是所有权关系之外的因素对社会分层的影响,其理论意图是解构阶级概念的分析功能。国内学界普遍是在承认马克思意义上的工人阶级这一概念的同时,又运用韦伯的理论把工人阶级进行阶层化处理,使"建设者"成为一个与工人(阶级)相并置的社会阶层。阶层视角接替了阶级分析:"20多年来,我国大多数社会分层研究是以市场经济的假定为取向的。这类研究的最鲜明的特点是以职业为社会分层标准,或者以韦伯的权力、财富、声望等,从多元的角度(这种多元有时还把职业、群体、收入混在一起)研究中国的社会分层。"②

虽然,韦伯的社会理论使用的仍是阶级概念,但是它通过重新定义,使"阶级"成为一个与马克思的定义完全不同的分析范畴,以建构自己的社会理论。"建设者"概念和理论上的安排基本是循着韦伯的思路:

> "阶级"在这里不是确定的意义上的共同体,而仅仅是某一种共同体行为的可能的(和经常的)基础。在下述情况

---

① 李春玲、吕鹏:《社会分层理论》,中国社会科学出版社2008年版,第11页。

② 仇立平:《回到马克思:对中国社会分层研究的反思》,载《社会》2006年第4期。

下,我们想说是一个"阶级":1.对于为数众多的人来说,某一种特殊的、构成原因的生存机会的因素是共同的;2.只要这种因素仅仅通过经济的货物占有利益和获取利益来表现;3.即它是在(商品和劳务)市场的条件下表现的(阶级状况)。①

韦伯的阶级(阶层)概念所依托的是"市场处境",而不是市场背后的所有权关系和由这种关系决定的权力结构。这就把根植于所有权关系对立基础上的阶级冲突,转化为"市场处境"下资本、技术和劳务转移或交换的和平机会,并通过市场机制确定市场场域里的每一个人的地位和生活机遇。人在市场里的处境就是他的阶级地位。阶级就是那些市场处境相同的群体。这样一来,马克思关于阶级冲突的阶级概念就变成了(因为市场处境不同)若干个不同阶层的分层理论。马克斯·韦伯的这一运思在中国社会主义市场经济条件下,给那些为不同社会群体寻找理论出路的研究者提供了依据。"建设者"恰好成了"韦伯理论链条"上的一个重要环扣。"建设者"是资本或技术的拥有者,在"市场处境"里,是那些具有相同境遇和经济利益的人。工人阶级则以不同阶层的"劳动者"身份与"建设者"一道出现在市场里,一方出售他的劳动力,另一方则依赖于"建设者"的资本或技术。他们之间的不同就是包含在市场交换中明确的经济利益的差异。"建设者"也就成了社会主义市场经济成长过程中出现的一种自然现象。

---

① 〔德〕马克斯·韦伯:《经济与社会》(下卷),〔德〕约翰内斯·温克尔曼整理,林荣远译,商务印书馆1997年版,第247页。

但需要深思的是,工人阶级(无产阶级)作为马克思主义革命理论的主体有它的阶级规定性。马克思、恩格斯、列宁以及中国的马克思主义者对其都有完整的论述。而作为一个历史范畴,马克思主义的经典作家对其也有阐发。工人阶级随着社会大工业的发展而发展,其内容也得到不断丰富和充实。① 然而,无论工人阶级的内涵怎样充盈,它都不是从阶层这一视角被认知的。在工人阶级范畴中,"工农"并不是两个互不隶属的独立阶层,而是被看作具有类似阶级基础的同盟者。所以,中国的现行国体才有"工人阶级领导的、以工农联盟为基础的"这样的断语。工人阶级有其内在的构成要素,而不是不同阶层在其内部的累积和相加。"知识分子是工人阶级的一部分"的论断,是从知识分子的阶级属性着眼的,而不是把知识分子作为一个阶层归属到工人阶级里面去的。② 用社会阶层去填充工人阶级概念,这并不意味着工人阶级的发展变化,而是消解了工人阶级这一概念的解释力。因为任何一个概念外延的扩大都意味着概念内涵的减少。从这一意义上说,西方出现"工人阶级终结"的断言也就不难理解了③。

中国的现代化事业需要工人阶级,无论现代化在它身上有多

---

① 马克思曾根据资本主义社会阶级结构变化的动向提出"商业无产阶级""脑力劳动无产阶级"和"总体工人"等概念:"随着劳动过程本身的协作性质的发展,生产劳动和它的承担者即生产工人的概念也就必然扩大。为了从事生产劳动,现在不一定自己动手;只要成为总体工人的一个器官,完成他所属的某一种职能就够了。"(《马克思恩格斯全集》第44卷,人民出版社2001年版,第582页)

② 参见《邓小平文选》第3卷,人民出版社1994年版,第91页。

③ See Andre Gorz, *Farewell to the Working Class: An Essay on Post-industrial Socialism*, Pluto Press, 1982.

少希求,"阶级"都是工人阶级概念得以成立的唯一理论基础。"阶级"被解构,工人阶级也就散失了。马克思是阶级理论的大师。他一以贯之地坚持把生产资料的占有关系(生产关系)作为阶级划分的标准。这在他的重要著作《资本论》中有清晰的表述。① 然而,马克思本人并没有给"阶级"下过定义。下定义的是列宁。在列宁的定义里,生产资料和劳动的占有关系仍被看作阶级概念的核心要素②。这是马克思阶级理论第一次被定义化。随着俄国社会主义革命的胜利,国家的资本主义生产资料的私有制也被公有制所取代。然而,列宁以后的马克思主义者并没有回答这样一个问题:生产资料已经公有制的社会主义国家,仍坚持把"生产资料与劳动的占有关系"作为划分阶级的唯一标准是否合理? 阶级概念是否还需加入其他要素? 事实上,世界上所有社会主义革命取得胜利的国家(包括列宁的苏联在内)实行的都并非马克思意义上的生产资料的"全民所有制",而是"国家—集体所有制"。在实践中,这种所有制实际上又是以"单位公有制"的形式运行着。国家或集体所有制的企事业单位被划分为若干个不同行业、规模、效益的部门,该部门的管理者与一般工人(职工)之间,无论在权力的行使或是利益的分配上都具有极大差异性,而

---

① 恩格斯在《共产党宣言》1888 年英文版中增加了这样一个注释:"资产阶级是指占有社会生产资料并使用雇佣劳动的现代资本家阶级。无产阶级是指没有自己的生产资料,因而不得不出卖劳动力来维持生活的现代雇佣工人阶级。"

② "所谓阶级,就是这样一些大的集团,这些集团在历史上一定社会生产体系中所处的地位不同,同生产资料的关系(这种关系大部分是在法律上明文规定了的)不同,在社会劳动组织中所起的作用不同,因而取得归自己支配的那份社会财富的方式和多寡也不同。所谓阶级,就是这样一些集团,由于它们在一定社会经济结构中所处的地位不同,其中一个集团能够占有另一个集团的劳动。"(《列宁全集》第 37 卷,人民出版社 1986 年版,第 13 页)

各个部门的"领导干部"是该部门权力和利益事实上的支配者;公有制下的各类部门由于所处的国家地位不同,受国家的重视程度不一样,工人(职工)之间的权力和利益也就存在很大差别。这也衍生出另一个问题:生产资料的公有制是否能够确保建立在这一基础之上的公共权力必然具有公共性质?马克思意义上的"权力异化"现象是否存在?经济基础能够说明权力的性质,但它无法保证权力都能像它的性质那样运作。在社会主义的现实语境中,作为每一个个体包括工人在内,他不仅与公有制相联系,而且也处在各类权力的关系中。社会主义国家的阶级概念除了谨记马克思的教诲之外,是否还应在公有制基础之上增加属于上层建筑性质的"权力"这一要素?在现代社会,权力已渗透到社会各个角落,它成了比财产、财富更具力量的一种资源。财产、财富未必能直接转化为权力,而权力可以组织财产和财富。权力既能干预经济的运行,也能支配人自身。从这个意义上说,财产和财富只是权力的存在形式而已。"阶级的基础是与地位有关的权力差异,即与权力预期值有关的社会功能结构。……个人由于发挥了与权力有关的社会功能而成为一个阶级的成员……他属于某个阶级是因为他在一个社会组织中占有某种地位,也就是说,阶级的身份来自对社会功能所承担的责任。"[1]只要权力存在,就必然有统治阶级和被统治阶级的区分。阶级概念加入了"权力"这一维度,其自身自然会更加丰满,其解释力也会更强:"阶级必须从权力这个方面理解而不是从收入、财富或者生活习惯,尽

---

[1] R. Dahrendorf, *Class and Class Conflict in Industrial Society*, Stanford University Press, 1959, pp. 148–149.

管按照后面这些标准都可以区分为不同的阶级。因为如果从一开始把阶级理解为一种权力的话就可以把它当作是一个动态的关系而不是静态特征的集合。而把阶级看作是一个权力问题的同时也可以把阶级、种族和性别有机地联系在一起,但是如果静态地看待阶级的话就可能把它与种族、性别分离开来了。"①

要理解工人阶级在中国社会主义现实中的地位,重要的不是探讨它"应该如何",而是它"实际如何"。只有进一步理解阶级概念,才能揭示出现实社会中的工人阶级的实际状况,卸掉加诸它身上那些过多的政治寄寓和理论负载,还它一个清白。

而作为阶层概念的"建设者",要解决的问题是如何从阶级身份而不是单纯从国家现代性的功能方面靠近社会主义。

四、政治身份

当下的中国,一方面要不断向现代化迈进,一方面又要坚守国家的社会主义价值。这两者之间有重合的一面,也有各自不同的面向。固然,"贫穷不等于社会主义",而"富裕也不等于社会主义"。社会主义价值与国家的现代性始终是国家所追求的双重目标,"建设者"概念恰好处在这个双重的坐标轴上,在"革命时间"与"当下时间"的交叉点上。就其现代的功能身份而言,"建设者"是通过现代性的分层理论而被确证,即作为一个"新的社会阶

---

① 丁晓钦:《当代国外马克思主义阶级理论研究》,载《马克思主义研究》2009年第12期。

层"而获得正当身份的。然而,只有这样一种身份远远不够,因为这并不能确保它在社会主义框架下,同样正当与合法。一句话,它还需具有一种与"社会主义"相匹配的政治身份。这个身份被定义为党(扩大了)的"群众基础","群众基础"即是它的政治身份。

中国共产党从领导人民取得胜利的革命政党转变为领导国家实现现代性的执政党,这对党的执政能力和执政方式提出了挑战。一方面,中国共产党作为一个马克思主义性质的政党,它必须坚持其执政的阶级基础,把工人、农民和知识分子作为自己依靠的力量。若舍弃了他们,漠视他们的意志和利益,党和国家的性质就会发生变化。另一方面,作为实现国家现代性的领导者,党不能不注意到社会的变化,特别是除工、农、知识分子之外对"现代性"本身具有自身优势和特点的"新的社会阶层"的出现,党必须扩大和增强自己的执政基础。在现代性语境下,能够增强执政党执政能力的因素通常被表述为"群众基础",而"建设者"就是被涵括在这个基础之内的。工人阶级分享了执政党的阶级优势,成为其执政的"阶级基础","建设者"分享的是在国家现代性目标中的功能特性,成为执政的"群众基础"的一部分。而这一政治身份的获得要在"革命时间"里寻找依据,即一种有别于其现代功能身份论证路向的、与执政党的革命性质相一致的政治确证。作为一个"新的社会阶层","建设者"是从社会分层理论中被推导出来的;而作为"群众基础",它则是阶级理论视角下的产物。群众基础的"面"要大于"阶级基础",表达的是执政党的社会影响力。只不过,即便作为社会阶层的工人与"建设者"都构成执政党的群众基础,其重要性及表现方式也是不同的。工人、农民和知识分子是党的群众基础的基本面,而"建设者"则属于"扩大"的部分。要弄清"建设者"的这种复杂身份,关键在于"群众"这个概念。

"群众"作为一个描述性词语,并不是现代才有的,中国古时就已存在,如"知者未得治,则功名未成也;功名未成,则群众未县也;群众未县,则君臣未立也"(《荀子·富国》)。"是故权利不能倾,群众不能移也,天下不能荡也。"(《荀子·劝学》)又如,"宰制万物,役使群众,岂人力也哉?"(《史记·礼书》),这里的"群众"泛指"许多人"或"众人",并不特别指向"集聚"这一含义,更不具有任何的政治意味。而且,在中国传统文化中,无论从使用的频率,还是重要性上,"群众"一词都无法与"民"这个带有强烈政治意向的词语相提并论。

中国现代意义上的"群众"概念既是对西方思想理论中的"Crowd"(英语)、"Foule"(法语)、"Massen"(德语)的翻译,也是对西方"群众理论"的改写。西方政治学中的群众理论有两点值得注意:其一,它主要指向的是不特定的群体聚合,关注个体于其中的心理、行为,以及该群体对参与其中的个体的心理和行为的影响,而不论这一聚合起来的群体的身份或等级:"群体并不是与平民、公众、穷人、无知者、无产者或乌合之众同义的,也不是与社会精英或贵族相对的。"① 群众是为了行为的目的而聚集成的群体,这与中国现代的"群众"概念着力于其阶级地位和身份具有根本性的差异。其二,西方的思想者、研究者,从柏克、托克维尔、泰

---

① 〔法〕塞奇·莫斯科维奇:《群氓的时代》,许列民等译,江苏人民出版社2003年版,第99页。

纳、勒庞、塔德、弗洛伊德到奥尔特加、卡内提、莫斯科维奇等人,都着重从负面描述群众的特征。①

中国共产党人以马克思列宁主义为指导,结合中国社会特性实现了对西方群众理论的中国化再造。"再造"主要是围绕无产阶级政党自身的性质、事业、使命而进行的。即是说,中国共产党在保持自身性质的前提下,要完成自己的使命和事业,必须审慎地思考和判断它与中国各种力量、各个社会阶层之间的关系,分清自己要达到的目标,依靠的对象,并把这些不同的对象纳入到与自身(身份、事业、目标)的关系范畴加以权衡。"群众"这一概念就是在这种关系中被改写和确定的。

"群众"是一个关系概念,其地位、价值只有被置于与无产阶级政党的关系中才能被识别。在这一过程中,能够在党的事业和使命中发挥正面作用或潜在地发挥正面作用的群体就被称为"群众"。这样一来,"群众"就从一个没有姓氏的无名者转变为在党的事业和使命中具有正当身份的成员。"人民群众"是其统一的姓氏。

被改写的"群众"概念还体现在党与群众之间的各自角色身份的不同。党作为"先锋队",始终处在主导者的地位,"群众"则

---

① "第一,独立的人格丧失,'群众人'变成了没有脸孔的无名氏。'有意识的个性被群体的无意识的人格所淹没',完全受无意识的因素的控制,并且服从于一种'独特的集体逻辑'。(参见〔法〕古斯塔夫·勒庞:《革命心理学》,佟德志、刘训练译,吉林人民出版社 2004 年版,第 76 页)第二,其心理和行为具有非理性、情绪化的特征。他们易受传染和暗示的影响,判断能力低下,目光短浅,盲从,轻信,对事物过于敏感,易冲动。第三,既具有革命、破坏性,又容易追随领袖和屈从于权威。容易受到'群众领袖'的煽动、利用、操纵和奴役。第四,就道德水平而言,其犯罪倾向和自我牺牲的英雄主义两个方面都超过个人。"(见丛日云:《当代中国政治语境中的"群众"概念分析》,载《政法论坛》2005 年第 2 期)

是被主导的角色。党根据自身的性质和使命以及与此关系的远近而将"群众"进行分类，区分出"依靠的对象"和"团结的对象"，其中又可以具体分为三类：作为尊重、信任和依靠的对象；作为组织动员的对象；作为关心、服务的对象：

> 上述三类行为必须在以下几组关系中才能理解，即党与群众、政府与群众、干部与群众、领导（领袖）与群众。这几组关系的前项是上述三组行为的主体，他们是主动者，作为后项的群众是行为的客体，是受动者。在这几种关系中，已经暗含着"上—下"关系，"中心—外围"关系或"核心—边缘"关系。这种关系构成对群众的基本政治定位，即在现实政治关系中，他们是处于下位者，上位者虽然能够信任和依靠他们，但他们的关系并不平等。①

作为先锋队的党，在处理它与群众关系时所坚持的根本原则是"群众路线"。而这一路线的重要功能之一就是"动员"，即把包括"建设者"在内的群众吸引到党的事业上来。"动员"是个复杂的概念，蕴含了领导者与群众之间的互动。对领导者而言，动员包含着"说服"，没有说服就谈不上动员；对群众而言，接受说服是动员成功的标志。说服能否奏效取决于两个因素：沟通的实际效果和接受说服的基础。前者依赖于领导者向群众传送的信息与群众切身利益关系的密切程度；后者意味着，使群众意识到党的事业与他们的利益之间的一致性是群众接受说服的基础，这一点对"建设者"尤为重要。动员的最终目的是群众的积极参

---

① 丛日云：《当代中国政治语境中的"群众"概念分析》，载《政法论坛》2005年第2期。

与,而实际中也可能出现这种情况:群众的自发性与领导者的计划相冲突。被动员起来的群众未必都能被有计划地控制在领导者的意图之内。解决此类问题依靠领导者与群众不断地交换意见,并最终达成一致。这要求"群众路线"具有既能把党与群众黏合在一起,又能把党(领导者)与群众区别开来的复杂机制。①

---

① "群众路线"的基础是相信群众,群众参与的热情和积极性则有赖于领导者自身的工作方法和政治艺术。党的领导者如若不能准确地掌握群众的心理诉求和实际需要,就不会赢得群众的信赖和尊重,所谓的群众路线也就成了一种单纯的意识形态宣传。党的领导者应该是群众工作的专家,善于从经验中进行概括,而不是先入为主地去实施某个概念或理念。"群众路线"不是来自马克思列宁主义的某些概念和教条,而是植根于党的领导者手边的实际工作。"调查研究"作为一种实践方式,其标准是有效性,它是密切联系群众的最佳途径。群众并非是全为自己利益盘算的盲众,但利益需求的满足却是某种觉悟生成的媒介。"为群众谋利益"不仅仅是党的领导者的一种政治意识形态,而且也是确保党的事业和使命顺利完成的真正基础。无论党的领导者与群众之间的关系如何亲密,党的领导者的利益并不等同于群众自身的利益。对群众而言,维护自身的利益是他们献身于党的事业的一个必要条件。毫无疑问,"调查研究"是准确掌握利益差异性的恰当途径,也是密切联系群众,与"群众打成一片"的主要实践方式。相反,"脱离群众"则意味着对这一原则的背离。关于这一思想,中国的马克思主义者有一个经典表述:"凡是正确的领导,必须从群众中来,到群众中去。这就是说,将群众的意见(分散的无系统的意见)集中起来(经过研究,化为集中的系统的意见),又到群众中去作宣传解释,化为群众的意见,使群众坚持下去,见之于行动。"[《毛泽东著作选读》(下册),人民出版社1986年版,第569页]"群众路线"不是从书页中来的,而是一种实践的产物。它是在实践中形成的经验。而经验随着不断积累则成了运用于指导实践的政治范式,当这一范式被不断地强化、应用,最后就变成了一种意识形态标准。任何"经验"都有自己的局限性。"当下"与未来的发展不可能与"过去"形成经验的环境、条件完全一致。经验是某种模型,模型再完美也无法穷尽现实与未来以不可预测的方式所带来的复杂性,"经验失效"是经验局限性的集中反映。中国的马克思主义者对"经验失效"有深入的思考,对已经变化的环境与条件十分警觉,《实践论》是对这一问题所作的理论阐释,是对从教条主义泥坑里爬出来后又坠入狭隘的经验主义陷阱的思想预防。尽管如此,"群众路线"作为一种从实践得来的经验,然后又上升为一种理论指导范型的实践性思(转下页)

"群众路线"既是党与群众关系的构造模型,也是党处理与群众关系的指导原则。而群众与党的关系的远近以及在党的事业中的价值大小是与其所处的地位相联系的。这可能出现两种情况:根据阶级的归属不同,"群众"分别从政治意义上被定义,如"积极群众""一般群众"。"建设者"作为党所团结的对象与作为"依靠对象"的工农相比,应当属于后者。而在社会分层的意义

(接上页)想还是值得深入研讨的。构成这个理论范型的有三个主要元素:领袖、党的各级领导干部和群众。从领袖的角度来讲,要保证向他的各级下属下达正确指令或命令的一个必要条件就是亲自到"群众中去"倾听群众意见,然后再把这些意见集中起来进行系统化的工作进而转化为一项指示或是命令。这是一件复杂的工作,若要在这样一个人口众多、地缘广袤的国家里进行各种调研,那可能意味着调研者一天都无法回到他的办公室。还有一种策略就是,领袖要求他的各级干部(下属)像他那样在自己的所辖范围内走到群众中去,然后再把实践中取得的信息和材料进行"集中",形成政策。但这也存在一个问题:领袖本人实际上并不能保证他的每一个下级都能像他那样认真地调研,从而保证信息与材料的可靠性。从各级干部来讲,他们扮演的角色更为复杂,一方面要执行"上面"的指示和命令,因为他们是"下属";另一方面,他们又必须扮演一个"总指挥"的角色,根据自己所辖范围的条件灵活地调整已下达的指示或命令。这是一个容易引起含混或模糊不清的领域:如果指示与命令执行得不如人意,很难判断是指示或命令出了差错,还是因为下级对这些指示或命令进行了不适当的"调整",或是因为群众工作的懈怠。更为关键的是,尽管最高领导人对他的各级干部时常进行"群众路线"教育,但他无法从根本上保证每一个干部像教育的那样去做。当这些掌握了各级领导权力的干部们有了权力和资源,人就容易变得官僚、贪图享乐。"吃苦"并不是每一个干部都能胜任的职业要求。另一方面也必须被强调,作为领袖,不管他多么伟大,都难免会有主观上的弱点,判断也会出错,客观的信息也不一定都准确。当领袖下达了一个不正确的指令时,并不排除各级领导干部会有人主动进行"调整",但要让每一个干部都能如此选择,既不可能也不现实,因为他们是"下属",在"忠诚"与"正直"之间非要作非此即彼的选择,并不是所有人都会选择正直。相反,对于那些喜欢偷懒的干部们来讲,他们不但不会去"调整",而且还会在"实际"方面去迎合这种错误。"大跃进"中的"浮夸风"就属于这种情形。当"群众路线"成为一种意识形态标准,去要求它的每一个干部的时候,难以避免那些喜欢耍花样、走过场的干部搔首弄姿"摆拍",挽裤脚、握个手、抱抱娃则成了他们的标准姿势。

上,"建设者"可能又比工农阶层实际占有更多的社会和组织资源,其真实价值又不能被"一般群众"这一政治身份所涵摄。也就是说,在党与群众的关系中,不同群众之间的地位和价值并不是恒常的,而是变动的。固然,作为"新的社会阶层"的"建设者"是党团结的对象,但这也只是就其政治身份归属而言。在现实层面,他们要成为党执政的"群众基础",还应经过必要的政治中介,即经过党的教育、示范等一系列的转换机制才能完成。这就需要一个与精神、意识、心灵有关的"觉悟"概念的介入。"觉悟"直接参与了群众意义的塑造,也是群众类型、作用大小等相互转换的心理和意识机制。觉悟变了,群众与党的关系的远近也会随之发生变化。这是党的群众理论中的一个关键部分。

历史上,中国共产党是"工人阶级的先锋队",这曾被看作马克思主义政党与其他政党相区别的分水岭。而现在,随着现代化成为党和国家的一个重要目标,党把先进生产力、先进文化以及"最广大人民"这些国家现代性的因素与自身的执政党地位联系了起来。中国共产党既是中国工人阶级的先锋队,"同时是中国人民和中华民族的先锋队"①。"同时"二字在这里不单指向了"时间上的并置",而且也意指了"意义上的并置"。换言之,中国共产党成为"中国人民的先锋队和中华民族的先锋队",并不是由"工人阶级先锋队"身份属性决定的,而是一种平行意义上的双重身份,即阶级属性与功能属性的共存。就功能性而言,"中国人民"无疑是比"工人阶级"要广泛得多的概念,它几乎涵括了中国现代社会所有的社会阶层,当然"建设者"也身在其中。"中华民族"则是就中

---

① 《中国共产党章程》(2017年版)"总纲"第一段。

国人民的族群身份而言的,它意指的是中国境内的各个民族。无论"建设者"来自哪个民族,它首先是作为一个"新的社会阶层"出现的。"建设者"既包含在"中国人民"之中,也与"中华民族"的族群身份相重叠。在先进生产力的旗帜下,"建设者"便是这一生产力主要承担者的一部分,在这方面,"新的社会阶层",特别是"民营科技企业的创业人员和技术人员、受聘于外资企业的管理技术人员"这类"建设者"比普通工人、农民更有优势。在传统表述中,党所指称的"广大人民"通常是指工人、农民和知识分子。而现在所表述的"最广大人民",显然是包括了上述三者之外的其他社会阶层。这个"最"字便是"建设者"正当性的空间,它作为国家现代化事业主体的一部分被纳入"人民"的范畴、成为党的"群众基础",也就成了必然逻辑链条上的一环。革命时期,保证取得胜利的中坚力量无疑是工人、农民组成的"革命群众";正是因为曾经的革命者身份,在建设发展时期,他们又成为了党执政最可信赖的"群众基础"。而"建设者",因为没有像工人阶级那样辉煌的革命履历和身份,它在党所强调的自己的无产阶级政党性质面前,就只能作为"扩大"了的"群众基础"而存在。

就其身份而言,"建设者"是党在现代化进程中发明出来的,在社会主义框架下存在的一个新主体。而"建设者"的现代功能身份与政治身份的二元构造,说明了党在实现国家现代化的进程中,其理论已发生衍变的事实。处在国家现代性路口的中国共产党,从革命性政党转变为领导一个大国实现现代性的执政党,它既不想扔弃也不想偏安于自己的阶级属性,而是放宽了尺寸,成为全中国大众走向现代与幸福的引路人。这意味着其阶级身份向功能性身份扩展的趋向。正是有了这样的身份扩展,"建设者"的产生才有了可能。这一事实表明,在现代性的历史进程中,党既要对自己的阶级属性加以强调,又要对各种社会力量之间实际关系的变化(包括利益、关系、策略)进行调整,"群众基础"变得越来越复杂。

"建设者"作为宪法中的新主体,复合了中国当下诸多复杂的政治和社会因素,中国的当代历史进程也是在社会主义(初级阶段)与现代性两者之间展开的。为了两者的共存和融通,中国的研究者包括宪法学者,不得不在马克思主义的阶级理论与韦伯意义上的分层理论两条线上作战。这就出现了两种范式的共存和并置。一方面,宪法规定的国体就在那里,工人阶级作为社会主义国家的领导阶级,其阶级性必须得到坚持;另一方面,现代性的诉求又需要在阶级理论之外寻求新的解释。这就出现了社会主义理论与现代性理论的"双头鹰"现象:它们并不共享以一个支点为轴心所形成的、逻辑上完全自洽的同心圆理论,而是分别以不同的理论形态被组织在一个"椭圆结构"里,呈现的不是以一个轴心形成的理论圆圈,而是点与点的集合。有关"建设者"的理论便出现在"椭圆结构"的某一个点上。从党和国家的社会主义性质来讲,"建设者"因为没有像工人、农民那种"荣耀的出身",因而它只能是处于"核心"边缘的一个角色;而对国家的现代性价值来说,它实际上又在一个离核心较近的位置上。这种规范与事实的身份差异,主要是由社会主义与现代性两种不同价值所决定的。这也回到了本文第一部分有关"八二宪法"的现代时间问题:与阶级相连的中国革命没有成为"过去",它还存在于当下,在参与中国现代性塑造的同时,也塑造着自己。这是现代性走向东方这个大国之时无法避免的中国特性。

图书在版编目(CIP)数据

洋为中用：中国法政知识考古／王人博等著. —北京：北京大学出版社，2022.3
ISBN 978-7-301-32560-5

I. ①洋… II. ①王… III. ①宪法学—文集 IV. ①D911.01-53

中国版本图书馆 CIP 数据核字(2021)第 275842 号

书　　　名	洋为中用：中国法政知识考古 YANGWEIZHONGYONG：ZHONGGUO FA ZHENG ZHISHI KAOGU
著作责任者	王人博　等著
责 任 编 辑	杨玉洁　靳振国
标 准 书 号	ISBN 978-7-301-32560-5
出 版 发 行	北京大学出版社
地　　　址	北京市海淀区成府路 205 号　100871
网　　　址	http://www.pup.cn　http://www.yandayuanzhao.com
电 子 信 箱	yandayuanzhao@163.com
新 浪 微 博	@北京大学出版社　@北大出版社燕大元照法律图书
电　　　话	邮购部 010-62752015　发行部 010-62750672 编辑部 010-62117788
印 　刷 　者	北京中科印刷有限公司
经 　销 　者	新华书店
	880 毫米×1230 毫米　32 开本　10.125 印张　223 千字 2022 年 3 月第 1 版　2022 年 11 月第 2 次印刷
定　　　价	59.00 元

未经许可，不得以任何方式复制或抄袭本书之部分或全部内容。
版权所有，侵权必究
举报电话：010-62752024　电子信箱：fd@pup.pku.edu.cn
图书如有印装质量问题，请与出版部联系，电话：010-62756370